Kleine Ungeheuer

Die geheime Welt
der winzigen Lebewesen

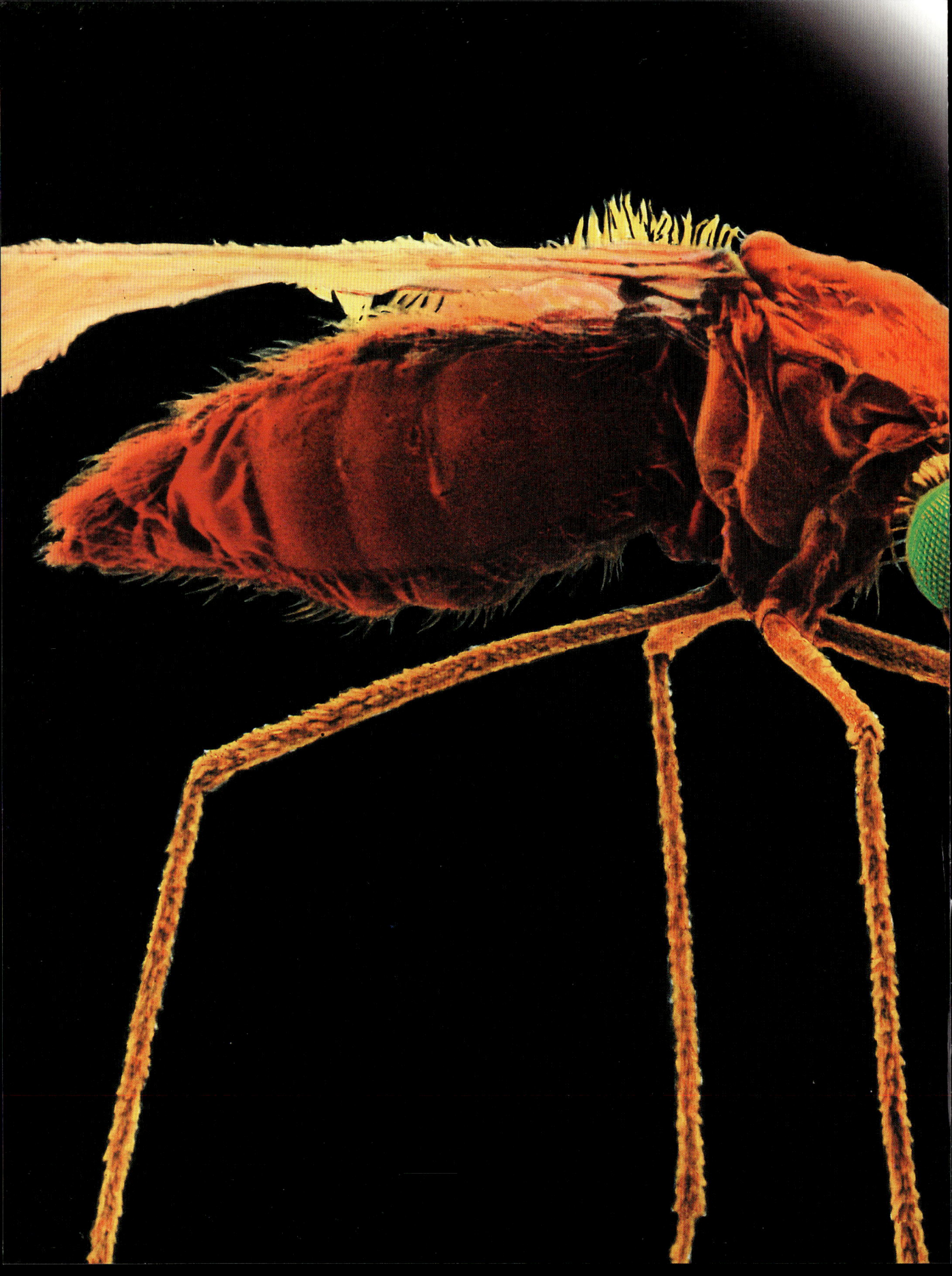

PETER BROOKESMITH

Kleine Ungeheuer

Die geheime
Welt der
winzigen
Lebewesen

GONDROM

© Copyright der deutschsprachigen Ausgabe
by Gondrom Verlag GmbH, Bindlach 1999
© Brown Packaging Books Ltd., London 1999

Koordination und Produktion der deutschen Ausgabe:
MediaCompactService Schabert, München
Deutsche Übersetzung: Dr. Gertrud Scherf
Redaktion: Karin Prager
Schlußredaktion: Ruth Seidel
Satz: Buch & Grafik Design Günther Herdin

Alle Rechte vorbehalten.
Kein Teil dieses Werkes darf ohne schriftliche Einwilligung
des Verlages in irgendeiner Form (Fotokopie, Mikrofilm oder
ein anderes Verfahren) reproduziert oder unter Verwendung
elektronischer Systeme vervielfältigt und verbreitet werden.

ISBN 3-8112-1735-6

INHALT

EINE EIGENE WELT	6
UNTER DER HAUT	36
UNSER INNENLEBEN	62
HAUSTIERE UND DEREN UNTERMIETER	94
DER ZOO IM ZIMMER	120
VERBORGENE WELTEN	146
GLOSSAR	174
REGISTER	175

EINE EIGENE WELT

Zwei Filzläuse, auch Schamläuse genannt, hängen an Menschenhaar. Hier sieht man eine erwachsene und eine junge Laus.

Niemand ist eine Insel", hieß es in einer berühmten Predigt des englischen Dichters und Geistlichen John Donne aus dem 17. Jahrhundert. Wir sind uns dessen zwar meist nicht bewußt, doch beherbergen wir in Kleidung, Bett, Garten, am Arbeitsplatz und sogar im Auto unzählige winzige Untermieter. Jene, die wir bemerken, sind höchst lästig oder quälen uns, indem sie sich von uns ernähren. (Erst wenn sie uns gebissen oder gestochen haben, setzt eine hektische und rachsüchtige Suche nach dem Täter ein.) Nur sehr wenige unserer geheimen Mitbewohner können wirklich gefährlich oder gar tödlich wirken, die meisten sind ausgesprochen harmlos. Einige tun uns sogar gut. Wir spüren ihre Existenz erst, wenn sie nicht mehr richtig funktionieren – dann fühlen wir uns krank.

Das Größenspektrum dieser meist verborgenen Mitwelt reicht von grauenerregenden zehn Metern Länge beim Bandwurm, der sich im Darm von Menschen und Säugetieren festsetzen kann, bis zu Milben, Bakterien und Viren, die für das bloße Auge unsichtbar sind.

Mit all diesen Lebewesen beschäftigt sich das Buch.

Zu Donnes Zeiten war Körperpflege ein Fremdwort, und der Anblick eines verlausten Menschen war ihm wohl ähnlich vertraut wie uns der von Katzenflöhen. Hätte Donne über das heutige Wissen vom menschlichen Körper und seinen außergewöhnlichen, winzigen Bewohnern verfügt, so hätte er vielleicht das Thema seiner Predigt anders gewählt, denn in bestimmter Hinsicht gleicht der menschliche Körper wirklich einer Insel, ja sogar einem Erdteil.

Der Körper des Menschen ist keineswegs ein unabhängiger Organismus. Er enthält auch in Zeiten bester Gesundheit eine Vielzahl von Lebensgemeinschaften. Im Darm verdauen Bakterienstädte unsere Nahrung. Auf der Haut reinigen Milbendörfer unsere Poren von Fett. Nomadisierende Virenstämme können jederzeit in die Bakterienverbände oder unsere Körperzellen eindringen und ihnen zusetzen. Die Bedrohung durch eine feindliche Invasion von außerhalb – etwa durch Pilze, Würmer, Insekten und krank machende Bakterien – ist stets gegeben. Als Wachtposten und Profikiller agierende Zellverbände wehren solche Eindringlinge ständig ab: Nur wenn sie mit Übermacht herandrängen, merken wir wirklich etwas von den Angreifern. Was wir „krank sein" nennen, könnten die Zellen unseres Immunsystems und unsere harmlosen Bakterien als totalen Krieg bezeichnen. Ein Ausschlag oder eine Eiterpustel entspricht auf Mikrobenebene einem Polizeieinsatz oder einem Grenzgefecht.

Wir haben natürlich alle von „Keimen" gehört und wissen, daß der Körper ausgeklügelte Verteidigungsmechanismen einsetzt, sobald sie in den Organismus eindringen. Viel weniger wissen wir wahrscheinlich über die Lebewesen, die tatsächlich von uns leben – einige ständig, andere gelegentlich. Weil unser Umfeld wesentlich sauberer als das unserer Vorfahren ist, wir Körper und Kleidung häufiger waschen, sehen wir die gelegentlichen Bewohner seltener. Der Kontakt mit ihnen dauert im allgemeinen nur so lang, bis wir ihre Anwesenheit entdeckt und sie vertrieben haben. Die ständigen Bewohner sind zu klein, als daß wir sie mit bloßem Auge sehen könnten. Sie stören uns im großen und ganzen ohnehin nicht.

Im Alltag werden wir uns auch der verborgenen Welt dieser Lebewesen kaum bewußt – der Welt der Poren, Drüsen, Haarbälge und -schäfte sowie dem von Schweiß und Sekreten gebildeten Milieu. Mit einigen Aspekten der menschlichen Körperlichkeit, etwa Körperdüften und Gesichtsbehaarung, sind häufig eindeutige Meinungen und Dogmen verbunden. Sie entstammen bestimmten Kulturen und sind für jemanden, der mit diesen

EINE EIGENE WELT **9**

Ein menschliches Haar wächst aus der Haut. Die äußere Schuppenschicht besteht aus den gleichen flachen, einander überlappenden, keratinhaltigen Zellen, die auch die äußere Hautschicht bilden.

Lebensformen wenig vertraut ist, oftmals unverständlich. Ein einfaches Beispiel: Die ersten Europäer wurden in Japan als äußerst unangenehm erlebt, da die Nasen ihrer Gastgeber an ihnen einen leichten Sauermilchgeruch wahrnahmen. Überraschend ist auch, daß einige Moslems die

Gesichtsrasur als eine „moderne Form von Verweichlichung" betrachten, zumal es ja nicht offensichtlich ist, warum Männern überhaupt Bärte wachsen – und Frauen nicht.

Solchen merkwürdigen, faszinierenden, aber größtenteils verborgenen Tatsachen wollen wir in diesem Buch nachspüren. Zunächst bereisen wir die Körperoberfläche des Menschen von den Zehen bis zum Kopf.

Die Rüstung des Körpers

Auf der Wanderung von den Zehen bis zum Scheitel treffen wir überall auf die Haut. Die Haut ist die erste Verteidigungsbastion des Körpers gegen Gefahren von außen und das größte Organ des menschlichen Körpers. Im Durchschnitt hat der Mensch 1,85 Quadratmeter Haut. Sie besteht aus zwei Schichten, der Oberhaut und der darunterliegenden dickeren Lederhaut. Unter dieser befindet sich das Unterhautgewebe, das vor allem aus einer die Muskeln schützenden Fettschicht besteht.

Die Oberhaut setzt sich aus sieben oder acht Schichten flacher Zellen zusammen, die unter dem Mikroskop fast wie Pflastersteine aussehen, was sie gewissermaßen auch sind. Die äußerste Schicht ist tot und besteht aus Keratin, der Substanz, die auch Haare und Nägel aufbaut. Diese äußeren Zellen werden beständig abgeschilfert (ein großer Teil des Hausstaubs besteht aus abgestoßener menschlicher Haut). Am dicksten ist die Oberhaut der Fußsohlen und Handinnenflächen, am dünnsten die der Augenlider. Unterhalb der keratinisierten äußeren Zellen befinden sich mehrere Schichten toter oder lebender Zellen. Nächst der Lederhaut liegt die Keimschicht, deren lebende Zellen neben dem Keratin auch das Melanin produzieren, jenes braune oder schwarze Pigment, das der Haut ihre jeweilige Färbung verleiht.

Die Lederhaut besteht aus Bindegewebe und enthält alle Strukturen, die die Haut zum Sinnesorgan machen. Besondere Nerven, die Berührung,

Hitze, Kälte, Schmerz, Druck und Juckreiz wahrnehmen, verlaufen durch die Lederhaut und stellen die Verbindung zum Gehirn her. Mit den Temperaturfühlern der Haut arbeiten Schweißdrüsen und Blutgefäße zusammen. Sobald sich der Körper erhitzt, erweitern sich die Blutgefäße und können so leichter die Wärme an die Oberfläche abführen, der Schweiß kühlt beim Verdunsten die Haut. Nehmen die Nerven Kälte wahr,

Ein Schnitt durch die Haut eines Weißen. Die äußeren Schichten (rosa und rot) bilden die Oberhaut, deren oberste Schicht aus toten, keratinisierten Zellen besteht.

12 Kleine Ungeheuer

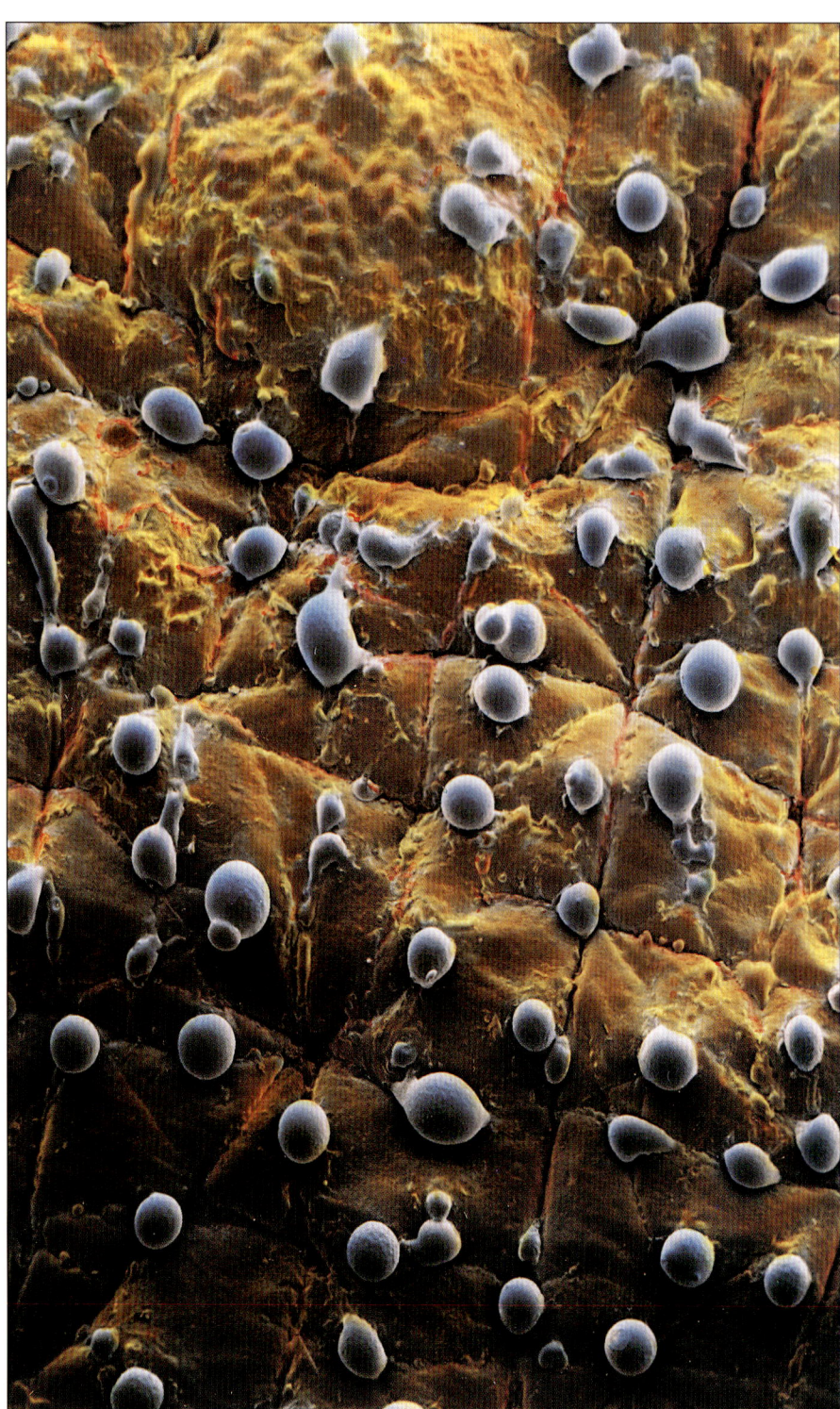

Schweißtropfen quellen aus ekkrinen Drüsen auf dem Handrücken eines Menschen nach einstündigem Training. In der oberen Bildhälfte unterbricht eine kleine Kerbe das natürliche Hautfurchenmuster.

verengen sich die Blutgefäße und halten auf diese Art und Weise die Wärme im Körperinneren zurück.

Der Mensch hat etwa drei Millionen Schweißdrüsen, die zwei verschiedene Schweißarten bilden. Der größte Teil wird von ekkrinen Drüsen produziert, die als winzige geknäuelte Röhren in der Lederhaut liegen und Schweiß – er besteht zu etwa 99 Prozent aus Wasser, der Rest sind Salze – direkt an die Hautoberfläche leiten. Die Handinnenflächen und Fußsohlen sind besonders reich mit ekkrinen Drüsen ausgestattet. Der zweite Typ, die apokrinen Drüsen, entwickelt sich erst in der Pubertät und befindet sich nur an behaarten Körperstellen. Ihr Schweiß erreicht die Haut über die Haarbälge – Kanäle, in denen die Haare zur Hautoberfläche wachsen – und enthält abgestoßene Zellpartikel und Wasser.

Schweiß ist an sich geruchlos: Nur wenn die zahlreichen Hautbakterien ihn zersetzen, entsteht Körpergeruch. Welche Körperteile Schweiß produzieren, hängt vom Auslöser ab. Hitze allein verursacht kühlendes Wasser an Brauen, Oberlippe, Hals und Brust. Furcht, Panik und Angst lassen Schweiß insbesondere an Fußsohlen, Handflächen und in den Achselhöhlen entstehen.

Der größte Teil der Haut ist mit – zumeist hochfeinem – Flaumhaar bedeckt, dessen Wurzeln im Unterhautgewebe liegen. Winzige Muskeln in der Lederhaut sind mit der Haarbasis verbunden: Sobald sie sich bei Kälte oder Schrecken zusammenziehen, stellt sich das Haar auf. An der Haarbasis befinden sich auch die Talgdrüsen, die Talg produzieren. Diese ölige Substanz gelangt über den Haarbalg oder direkt aus der Drüse auf die Haut.

Ähnlich wie Fett auf einem Fußballschuh hält Talg die tote Hautoberfläche weich und geschmeidig. Bei nasser Haut wirkt er wasserabweisend (so daß wir nicht wie ein Schwamm unser eigenes Badewasser aufsaugen) und verhindert bei Trockenheit das Aufplatzen. Talg wird fest und schwarz, wenn eine Zeitlang Sauerstoff auf ihn einwirkt. Beim normalen Mitesser handelt es sich lediglich um die Austrittsöffnung einer Talgdrüse, die mit oxidiertem Talg verstopft ist. Heranwachsende Jungen und Mädchen leiden dagegen oft unter einer Talgüberproduktion, der Akne. Sie verschwindet allerdings in der Regel meist nach kurzer Zeit wieder von selbst.

Käse und Füsse

„Die Beine eines Menschen müssen lang genug sein, um den Boden zu erreichen", erklärte der amerikanische Präsident Abraham Lincoln, der 1,95 Meter groß war und neben einem eigenen Humor auch über extrem lange Beine verfügte. Beine enden immer in Füßen, die als dem Boden nächste Körperteile verschiedene seltsame Gäste auflesen können. Sie haben auch ihre eigenen Mitreisenden: Corynebakterien, die wegen ihrer keulenförmigen Gestalt (griech.: koryni) so genannt werden.

Bis auf Sauberkeitsfanatiker weiß fast jeder, daß menschliche Füße, die eine Zeitlang nicht gewaschen wurden, ähnlich wie Käse riechen. Zwei niederländische Entomologen, Bart Knols und Ruurd De Jong von der Landwirtschaftshochschule Wageningen, wurden auf dieses Phänomen aufmerksam, als sie beobachteten, wie sich malariaübertragende Moskitos, insbesondere *Anopheles gambiae*, verhielten, wenn sie einen passenden Eßplatz auf schlafenden Menschen suchten. Die blutsaugenden Insekten steuerten unbeirrbar Füße und Knöchel der Versuchspersonen an. Für deren Gesicht interessierten sie sich nicht, obwohl Moskitos vom Kohlendioxid (das bei der Ausatmung entsteht) angezogen werden, wenn sie auf Nahrungssuche sind.

Die Forscher wuschen Füße und Knöchel ihrer Versuchspersonen mit unparfümierter bakterizider Seife. Danach suchten die Moskitos andere Körperteile auf. Dies ließ vermuten, daß die Stechmücken anfangs auf den Geruch der normalen, harmlosen Bakterien auf den Füßen reagiert hatten. Der Geruch von Limburger Käse, einer holländischen Spezialität, erinnert deutlich an Schweißfüße. Limburger reift nämlich unter Einwirkung stäbchenförmiger, luftatmender („aerober") Mikroben, Corynebakterien, die eng mit den Bakterien auf unseren Füßen verwandt sind. Da sich Corynebakterien nicht fortbewegen können, weist kein anderer Körperteil jenes spezielle Aroma auf. Bestimmte Fettsäuren kommen sowohl im Käse als auch in menschlichem Schweiß vor. Die Bakterien produzieren nun jeweils Methyläther, der weitgehend den charakteristischen Geruch bestimmt.

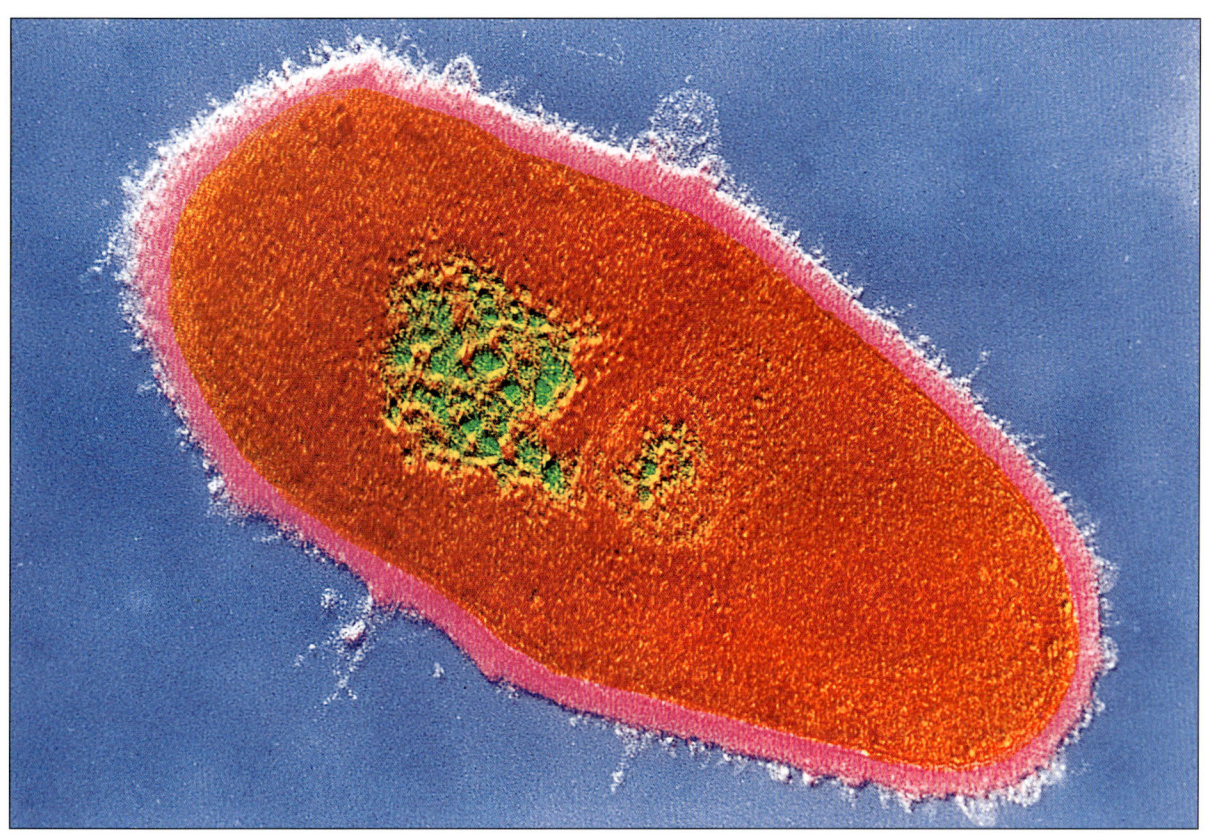

Knols und De Jong nahmen diese Ähnlichkeiten zur Kenntnis und stellten eine Serie von Moskitofallen her, in denen sich Limburger befand. Bei einigen wurde Luft über den Käse geblasen. Im Vergleichszeitraum gingen doppelt so viele Moskitos in die belüfteten Fallen, die den Käsegeruch verströmten.

Eine solche Käsefalle könnte also eine praktische Möglichkeit sein, malariaübertragende Moskitos von Menschen abzuhalten. Aber eine Frage bleibt unbeantwortet: Warum befinden sich im Käse ähnliche Bewohner wie auf dem menschlichen Fuß? Bernard Dixon, Fachredakteur des renommierten *British Medical Journal*, fragte: „Könnten einige der Bakterien im Käse von den einstmals über ihrer Arbeit schwitzenden Käsern stammen? Versagt das heutige Bemühen um peinliche Sauberkeit in der Molkerei künftigen Gourmets köstliche Aromen, die noch auf Körperspalten des Menschen beschränkt sind?" Wir sind, was wir essen, lautet die Redensart, aber vielleicht essen wir manchmal auch, was wir sind.

Ein Corynebakterium mit typischer keulenförmiger Gestalt. Corynebakterien leben harmlos auf unseren Füßen und im Käse, weshalb sie ähnlich riechen.

Was sich Füsse einfangen können

Auch bei den Füßen gibt es spezifische Beschwerden. Besonders häufig kommt die Dornwarze vor, die auf den Fußsohlen erscheint und in ausgereiftem Zustand wie ein kleiner häutiger ruhender Vulkan aussieht. Aufgrund ihrer Struktur verursachen Dornwarzen Schmerzen beim Gehen, da sie vom Körpergewicht in die Haut gedrückt und dabei abgeflacht werden. Bei Dornwarzen handelt es sich um eine der harmlosesten Folgen des Befalls mit Papillomviren, die beim Menschen auch an der Entstehung von Gebärmutterhalskrebs und anderen Krebsarten beteiligt sind. Die harmlose Dornwarze behandelt der Hautarzt, indem er die vom Virus befallenen

Zu Fuß: verzweigte Hyphen des Pilzes Trichophyton interdigitale, *der Fußpilz verursacht. Zu sehen ist auch abblätternde Haut, die typisch für den Befall ist.*

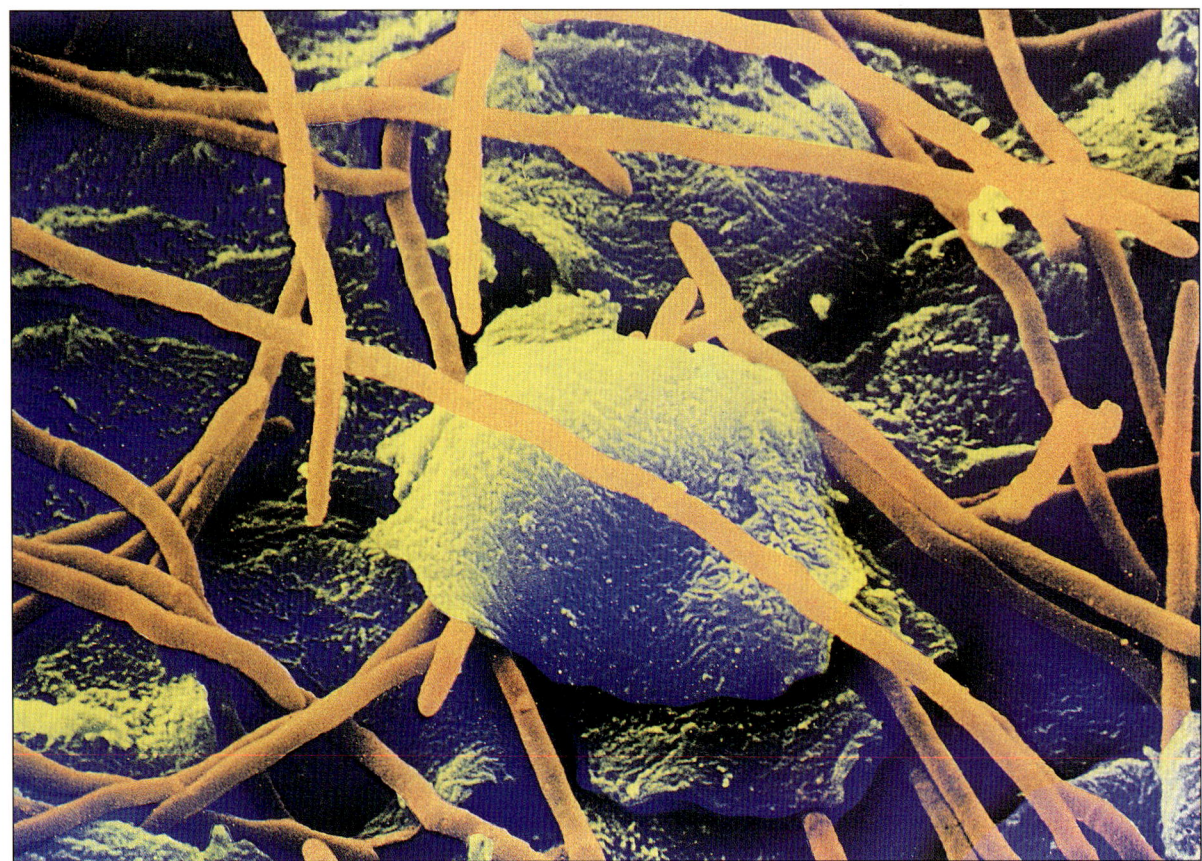

Hautschichten abschabt und die Warze mit einem Skalpell heraushebt. Alternativ findet durch das Auftragen von Milch- oder Salicylsäure eine langsame Verätzung statt.

Der Bereich zwischen den Zehen ist meist warm und feucht, besonders bei Menschen, die Schuhe und Strümpfe tragen. Für Pilze, insbesondere den weit verbreiteten Fußpilz *(Tinea pedis)*, sind solche Plätze ideal. Selten kommt er in Gegenden vor, in denen die Menschen zumeist barfuß gehen. Die Infektion ist weniger gefährlich als quälend, da die Haut juckt und wund wird, aufreißen und sich schälen kann. Manchmal erscheinen auch Bläschen. Der Pilz befällt zumeist das Gewebe zwischen den beiden hinteren Zehen, da sie am stärksten von den Schuhen zusammengedrückt werden.

Bisweilen verschwindet der Fußpilz von selbst wieder. Auf jeden Fall sollte man den befallenen Bereich trocken halten und möglichst viel Licht und Luft heranlassen. Fußbodendesinfektion in Bad oder Dusche vermindert die Ansteckungsgefahr für andere.

Unser Körper als Speisekammer

Würden wir unsere Beine unter dem Mikroskop betrachten, könnten wir die ungeheure Anzahl von Bakterien – einzelligen Lebewesen – auf der Haut entdecken. Wissenschaftler schätzen, daß sich pro Quadratzentimeter Körperfläche des Menschen etwa 100 000 Bakterien tummeln. Im Körperinneren leben noch mehr Bakterien, die oft Schwerstarbeit verrichten, um uns lebendig und gesund zu halten. Zehn Prozent der Trockenmasse des menschlichen Körpers bestehen aus Bakterien.

Körpergeruch entsteht, wenn Bakterien Schweiß zersetzen – Schweiß an sich ist geruchlos –, aber Waschen hilft nur bedingt. Durch Schrubben und Baden lassen sich Bakterien durchaus reduzieren, aber wie Pilze gedeihen Bakterien in Wärme und Feuchtigkeit, und sie vermehren sich rasend schnell: ungefähr 20 Minuten nach einem Bad haben sich die verbliebenen Kolonien verdoppelt. Bakterien vermehren sich durch Zweiteilung; theoretisch kann sich ein einzelnes Bakterium in nur sechs Stunden zu einer Großstadt von 250 000 Bakterien vervielfachen. Praktisch dürfte das gerade auf der Haut selten der Fall sein, da die Mikroben weggewischt und abgewaschen werden oder zusammen mit toten Hautzellen herunterfallen.

Filzläuse, die in der Genitalregion günstige Bedingungen vorfinden, nerven durch Juckreiz. Sie heißen auch Schamläuse *(Phthirus pubis)*. Diese flügellosen Insekten von etwa drei Millimetern Durchmesser werden meist durch Sexualkontakt mit einem infizierten Partner übertragen. Sie ernähren sich von Blut, deshalb beißen sie etwa fünfmal pro Tag in die Haut. Zur Fortpflanzung legen sie Eier (Nissen) auf die Haare. Nach etwa acht Tagen schlüpfen die Jungläuse. Filzläuse sind eher lästig und peinlich als gefährlich, wenngleich die Bisse Impetigo, eine bakterielle Hautinfektion, hervorrufen können. Entsprechende Insektizide töten die schlüpfenden Läuse und unterbrechen somit den Reproduktionszyklus.

John Steinbeck, Nobelpreisträger und Autor von *Früchte des Zorns,* beschrieb in einem Brief, wie er sich die Handschrift einer Artuslegende aus dem 13. Jahrhundert ansah und

> bemerkte, daß der Titelbuchstabe ein Schnörkel aus sehr dicker Tinte war. Durch ein Vergrößerungsglas entdeckte ich tief drinnen in der Tinte die schönste Filzlaus ... die ich je gesehen hatte. Alles, bis zu den kleinen Klauen, war vollständig erhalten. Ich wußte, daß ich sie irgendwann finden würde, denn die Menschen wurden damals sehr von Läusen und anderen kleinen Tieren geplagt – daher die Pestepidemien.

Überall am Körper können wir *Pediculus humanus,* die Kleiderlaus, antreffen. Sie ist nur zum Fressen da, kann allerdings auch Typhus übertragen. Früher, als es weniger hygienisch zuging, wurden Typhusepidemien in Kriegszeiten oder nach Naturkatastrophen vor allem durch Läuse verbreitet. Kleiderläuse halten sich meistens in der Kleidung auf und legen dort auch ihre Eier. Wer seine Kleidung selten wechseln kann – wie Obdachlose und Soldaten –, wird dann am ehesten von Läusen befallen.

Springen und Beissen

Wenn etwas auf Bauch, Brust oder einem anderen Körperteil herumtanzt, so handelt es sich wahrscheinlich um einen oder zwei Flöhe. Es gibt viele auf Menschenblut spezialisierte Floharten – am bekanntesten ist *Pulex irritans* –, aber am häufigsten werden wir Hunde- oder Katzenflöhen begegnen. Ein vornehmlich im Hunde- oder Katzenkorb lebender hungriger Floh kann jedoch auch einen Menschen anfallen. Erscheint dann seine natürliche Nahrungsquelle wieder, wird er nur für einen Biß oder zwei bei uns bleiben. Durch Kratzen an der zwangsläufig juckenden Stelle können Speichel oder Kot des Insekts jedoch tiefer in die Haut gelangen und eine allergische Reaktion hervorrufen.

Auch Flöhe können verschiedene tödliche Krankheiten übertragen, etwa Malaria und Beulenpest (Schwarzer Tod). Die Insekten werden von kleineren Organismen befallen, die nicht für sie, aber für Menschen tödlich wirken. Diese Tatsache belegen Jonathan Swifts Zeilen, die er lange vor der Entdeckung der Krankheitserreger im 18. Jahrhundert schrieb:

> Die Wissenschaft sieht, daß den Floh
> Kleinere Flöhe beißen roh;
> Noch kleinere bringen diesem Leid,
> Und so geht's fort in Ewigkeit.

Flöhe sind übrigens bewundernswerte Sportler. Ein Mensch, der, bezogen auf sein Körpergewicht, die Leistung der flügellosen Flöhe erreichen wollte, müßte aus dem Stand 400 Meter weit und 275 Meter hoch springen können. Flöhe sind robust und, falls man sie überhaupt in die Finger bekommt, nicht leicht zu zerquetschen. Wer zu zimperlich ist, um sie zu erschlagen (und dabei sein eigenes Blut zu vergießen), muß zu Insektiziden greifen – auf längere Sicht ohnehin die einzige Lösung bei Flohbefall.

Vor einem weiteren Blutsauger muß man sich ebenfalls hüten. Im Gegensatz zu Flöhen hüpft er bei Störung nicht davon, sondern verbeißt

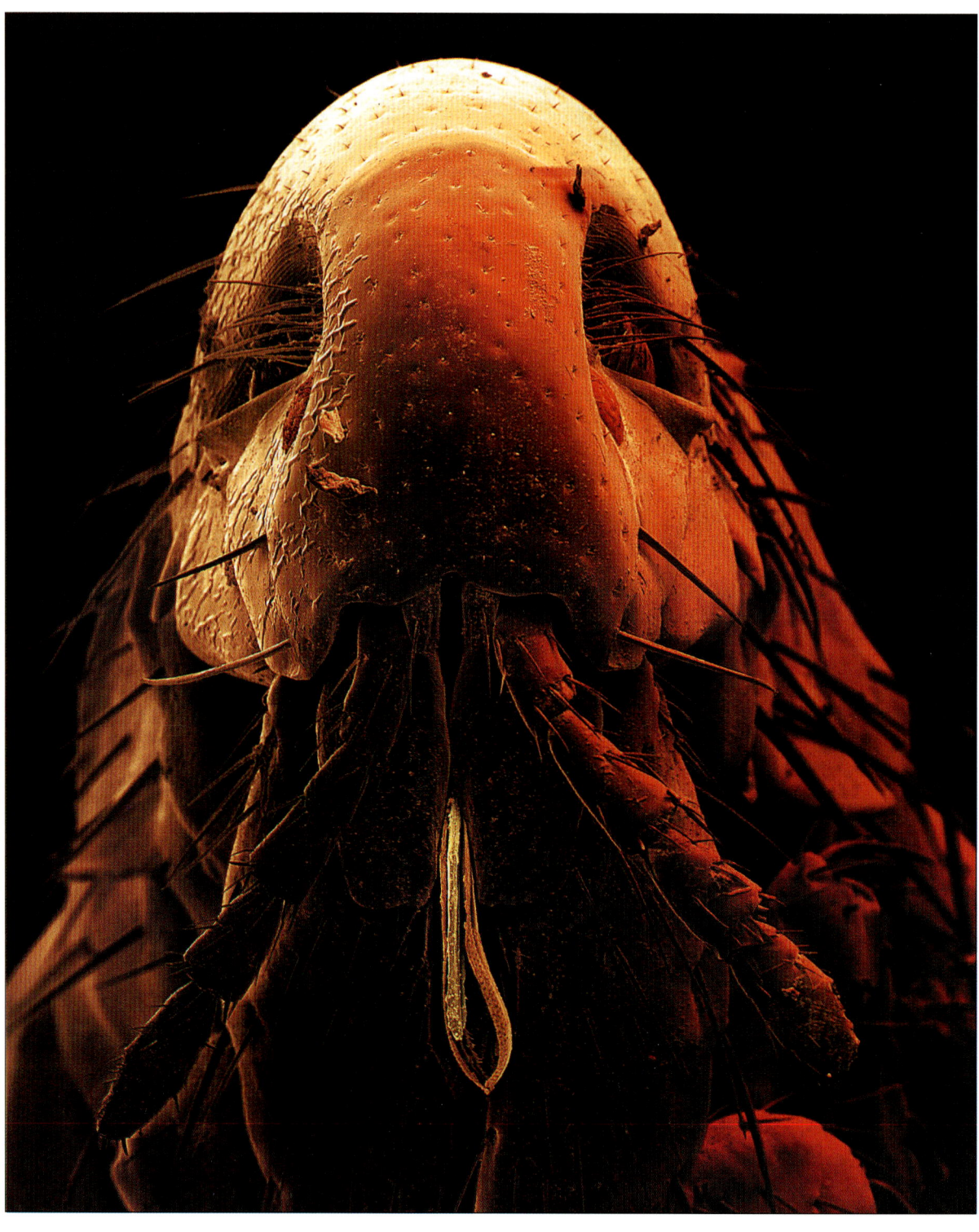

sich, bis man ihn bemerkt. Das dicke, rundliche, achtfüßige, zu den Milben gehörende Tier verankert sich mit seinem Stech-Saug-Rüssel tief in der Haut. Eine hungrige Zecke hat einen Durchmesser von etwa drei Millimetern und schwillt nach einer üppigen Mahlzeit zu mehrfacher Größe an. Es gibt zwei Gruppen von Zecken: Schildzecken mit einem harten Rückenschild, deren Mundwerkzeuge von oben sichtbar sind, und Lederzecken ohne Rückenschild und nicht sichtbaren Mundwerkzeugen.

Wie Kleiderläuse können auch Zecken der Gattung *Amblyomma* Typhus übertragen, wenn sie von Mikroben befallen sind, die nach ihrem Entdecker Howard Taylor Ricketts als *Rickettsien* bezeichnet werden. Er starb an Typhus, während er den Ausbruch der Krankheit in Mexiko im Jahr 1910 erforschte. *Rickettsien* scheinen weder Bakterien noch Viren zu sein, haben jedoch mit beiden einige Merkmale gemein. Außerdem können sie gefährliche Krankheiten wie z.B. Fleckfieber hervorrufen, die jedoch nicht immer durch Zecken übertragen werden. Andere Zecken – beispielsweise die Weibchen mancher Arten der Gattung *Ixodes* – haben im Speichel ein Gift, das die Bewegungsnerven angreift. In Extremfällen kann das Gift zu schweren Lähmungen führen und, falls es die Atemmuskeln erreicht, sogar tödlich wirken.

Bei einem rauhen, furchtbar juckenden roten Fleck oder Kreis handelt es sich um eine Form der Pilzflechte. Der verursachende Pilz kann die unbehaarte Haut praktisch aller Körperteile infizieren – der bereits besprochene Fußpilz ist nur eine Form derselben Infektion. Die verschiedenen Pilze befallen die Leistengegend und die Oberschenkel, die Nägel, die Haut unter dem Bart und die Kopfhaut.

Man faßt diese Pilze als „Dermatophyten" zusammen (das bedeutet, daß sie auf der Haut entstehen). Sie haben höchst effiziente Methoden entwickelt, um sich die tote, keratinisierte Hautoberfläche aufzuschließen, ohne jedoch in den Körper einzudringen. Die meisten leben entweder auf Menschen oder auf Tieren, manche allerdings können zwischen den Arten hin und her wechseln. Dazu gehört die Gattung *Trichophyta*, die einen kreisförmigen, sich langsam ausbreitenden Herd verursacht, der innen einen Fleck trockener, schuppiger Haut zurückläßt. Meist übertragen infizierte Hunde, Katzen oder landwirtschaftliche Nutztiere diese Pilze auf den Menschen.

Der Kopf von Pulex irritans, *des Flohs, der sich am liebsten von Menschenblut ernährt. Mit seinen scharfen Mundwerkzeugen (hier gelb) durchsticht er die Haut. Dank seines zugespitzten Kopfes bewegt er sich mühelos im Haarwald.*

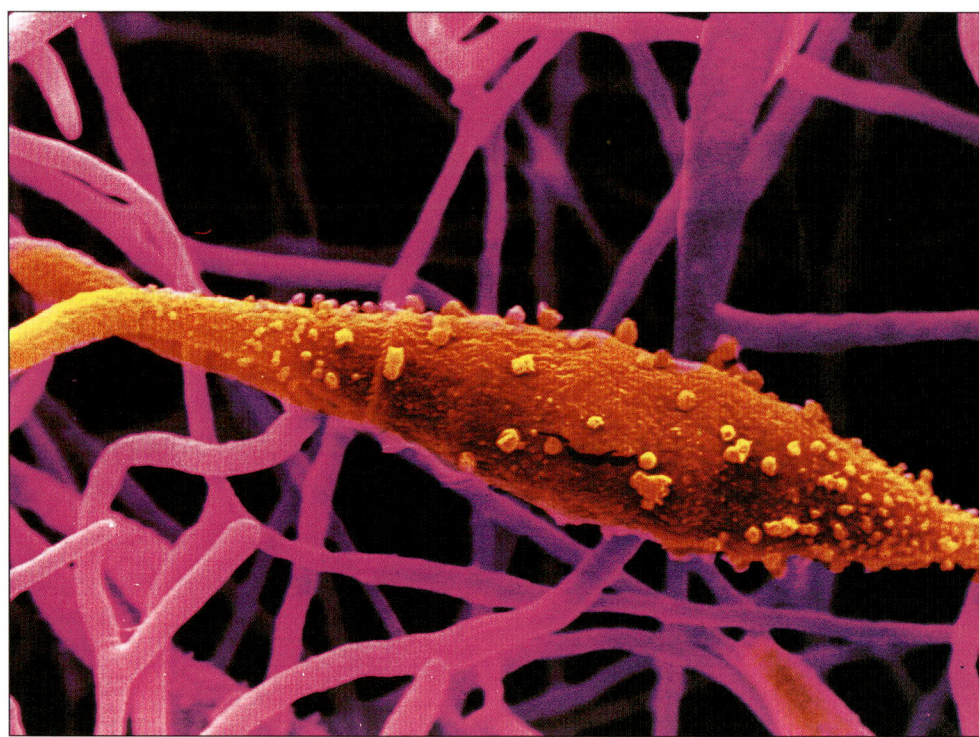

Microsporum canis *verursacht die Pilzflechte der menschlichen Kopfhaut und lebt normalerweise auf Hunden und Katzen. Der knollige Samenkörper neben den Pilzfäden produziert Sporen, die den Pilz in ein neues Habitat „aussäen".*

AUF ARMEN UND BEINEN

Unsere Hände mit ihren vielen Nervenenden gehören zu den empfindsamsten Körperteilen. Sie sind oft unser erster Kontakt zur Umwelt; mit ihnen schätzen wir Gewicht, Temperatur und Struktur von Dingen ein, zeigen durch Ergreifen, Streicheln oder eine aggressive Geste unsere Wertschätzung bzw. unseren Ärger. Wir brauchen sie, um Werkzeuge zu benutzen und um Dinge zu heben, zu drehen, zu befestigen und zu werfen. Häufige Schnitte und Kratzer sind die Folge, und es zeugt von der Schlagkraft unseres Immunsystems, daß die ständigen Angriffe selten wirklich ernsthafte Infektionen nach sich ziehen.

Abgesehen von Keimen, die in Abschürfungen gelangen, und allgegenwärtigen harmlosen Bakterien sind die Hände bemerkenswert frei von

Parasiten und anderen Bewohnern, wohl weil sie, ehe sie sich niederlassen können, weggeschleudert oder zerquetscht werden. Die Fingernägel können von schleichenden flechtenartigen Pilzerkrankungen befallen werden, aber am häufigsten verunstalten sicher Warzen die Hände.

Wenn der Anblick dieser häßlichen Gewächse nicht stört, wenn sie nicht stark jucken und sich nicht an Stellen befinden, wo sie ständig gestoßen oder aufgekratzt werden (was oft sehr blutet und schmerzhaft ist), kann man sie einfach ignorieren – sie sind harmlos und verschwinden innerhalb von sechs bis zwölf Monaten von selbst wieder. Nur so sind die Erfolge eines „Warzenbesprechers" zu erklären: Wenn man die Warzen satt hat und sich deshalb verzweifelt an jemanden wendet, der behauptet, Warzen wegzaubern zu können, nähern sich diese meist schon ohnehin ihrem natürlichen Ende.

Eine Warze ist keine Hautverformung, sondern wird von einem der etwa 50 Typen des humanen Papillomvirus (HPV) ausgelöst. Der Name stammt vom lateinischen Wort für Warze, da das Virus eine Geschwulst

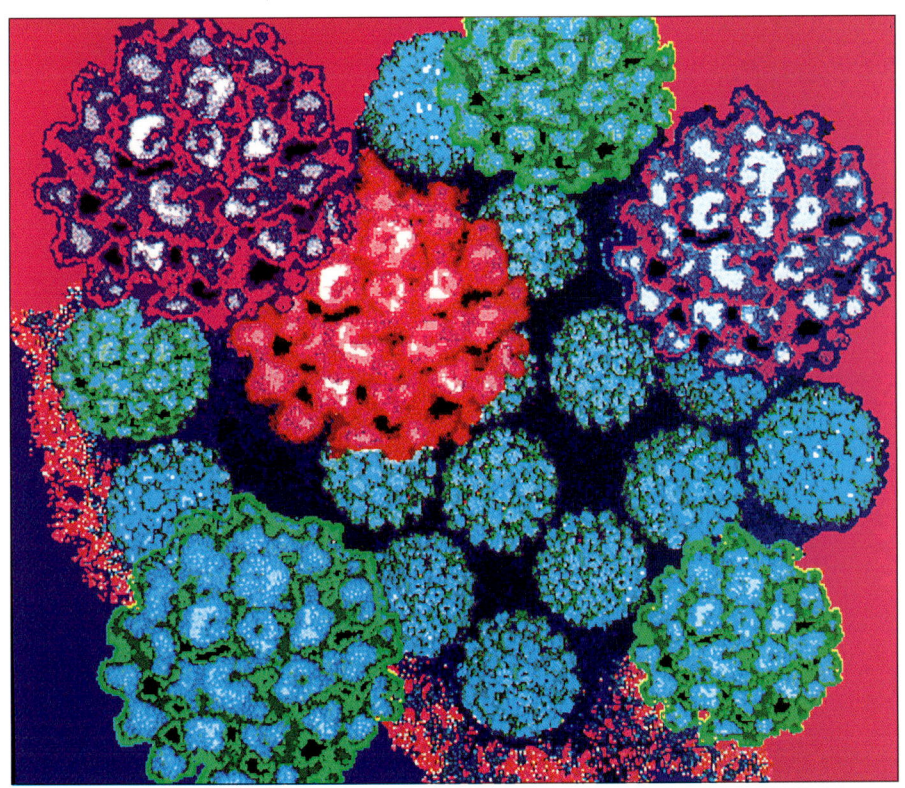

Menschliche Papillomviren, die Warzen verursachen. Die Höcker heißen Capsomere und sind Proteinuntereinheiten, die die DNA-Stränge im Inneren des Virus umhüllen.

Einzigartige Eindrücke

Niemals werden wir das Muster aus Linien, Bögen, Schleifen und Wirbeln auf unseren Fingerspitzen los – unsere Fingerabdrücke. Da sie bei jedem Menschen anders ausgeprägt sind und sich nicht dauerhaft entfernen lassen, sind Fingerabdrücke heute ein Erkennungszeichen, das bei der Aufklärung von Verbrechen routinemäßig verwendet wird, obwohl man ihre Bedeutung in Europa erst relativ spät erkannte. Es war der berühmte tschechische Physiologe Jan Purkinje, der ihre Einmaligkeit feststellte und 1823 den Vorschlag machte, sie als Identifikationsmittel zu benutzen. Um 1850 stellten dann der in Indien tätige britische Staatsbeamte William Herschel und der schottische Missionar Dr. Henry Faulds unabhängig voneinander die Unverwechselbarkeit von Fingerabdrücken fest. Faulds machte seine Entdeckung während seines Aufenthalts in Japan, wo Fingerabdrücke seit Jahrhunderten als Unterschrift benutzt wurden. Die Kriminalpolizei bemühte sich um eine Klassifizierung der Abdrücke, um so einen nicht identifizierten Abdruck rasch mit einem bekannten vergleichen zu können. Unabhängig voneinander gelang es um 1890 zwei Männern, eine eigene Methode zu entwickeln: Juan Vucetich, dem Leiter des Statistikbüros der Polizei in La Plata (Argentinien), und Edward Henry, dem Polizeichef von Bengalen.

Mit Vucetichs System konnte erstmals ein Mord mit Hilfe von Fingerabdrücken aufgeklärt werden: Francisca Roja wurde 1892 der Tötung ihrer eigenen Kinder überführt. Ein blutiger Daumenabdruck am Tatort stimmte mit ihrem überein, woraufhin sie gestand. Die Bedeutung der Technik für die Verbrechensaufklärung war offensichtlich. In Südamerika und China wird die Vucetich-Methode noch angewandt, während die meisten anderen Polizeibehörden dieser Welt in der Regel auf das von Edward Henry 1896 entwickelte System zurückgreifen.

Edward Henry klassifizierte Fingerabdrücke nach ihrem Liniengrundmuster – Bogen, Schleifen und Wirbel. Er zählte dann die Anzahl von Linien in einem Abdruck und erfaßte die Winkel, die von den Verzweigungen der Linien gebildet werden. Dieses System war leicht erlernbar, und (besonders wichtig) Vergleiche konnten innerhalb weniger Minuten erstellt werden. Obwohl das System des Fingerabdrucks für das Aufdecken von Verbrechen so hilfreich war, wurde in den USA eine nationale Datenbank erst eingerichtet, als J. Edgar Hoover in den 20er Jahren Chef des FBI wurde.

Wirbelmuster in der Haut eines Zeigefingers. Sogar bei eineiigen Zwillingen unterscheiden sich die Fingerabdrücke.

oder einen Höcker verursacht. HPV gelangt meist durch eine Schnitt- oder Kratzverletzung in die Haut, weshalb Warzen bei Kindern besonders häufig sind. Überall auf dem Körper können Warzen erscheinen: lange, schmale „filiforme" Warzen etwa an den Augenlidern, in Nacken und Achselhöhlen und die bereits genannten „plantaren" Dornwarzen an den Füßen. „Digitalwarzen" weisen fingerartige Fortsätze auf. Unabhängig von ihrer Art können unansehnliche Warzen mit schnellem Erfolg behandelt werden, indem man flüssigen Stickstoff um sie herum aufträgt. Durch den Kälteschock entsteht eine Blase, die das Gewächs zusammen mit einer Oberhautschicht emporhebt. Diese kann dann zusammen mit der Warze entfernt werden.

Fingernägel sind eines der interessantesten Phänomene des menschlichen Körpers. Besonders nützlich ist ihre Festigkeit beim Kratzen oder Papierfalten. Sie bestehen aus dem gleichen harten Protein wie die äußeren

Im Elektronenmikroskop erscheint die harte, glatte Oberfläche des menschlichen Fingernagels als zersplittertes und tückisches Gelände.

Hautschichten, dem Keratin, das in Faserschichten gebettet ist. Nägel sind tot und haben keine Nerven. Die Nägel bestehen aus flachen Schuppen, die zusätzlich festigend wirken und von Zellen der Oberhaut, die mehrere Millimeter unterhalb des Nagels liegen, produziert werden. Innerhalb von sechs Monaten wachsen die Fingernägel zu doppelter Länge. Zehennägel wachsen nur halb so rasch.

Ein gesunder Nagel ist durchscheinend, ungewöhnliche Verfärbungen weisen auf Störungen im Körper hin. Blaue Nägel können Herzkrankheiten oder Probleme mit dem Atmungstrakt anzeigen; harte, gekrümmte, gelbliche Nägel sind Zeichen von Bronchialerkrankungen oder einer Blockade des lymphatischen Systems (das die weißen Blutkörperchen produziert). Eine grünliche Tönung deutet auf eine bakterielle Infektion unter den Nägeln hin.

Wir kennen Nägel nur an Fingern und Zehen, aber seltsamerweise können sie auch anderswo wachsen, nämlich in Dermoidzysten. Diese entstehen an verschiedenen Körperstellen, meist an Kopf oder Hals, manche auch als Eierstockzysten. Meist sind sie harmlos, aber unschön oder lästig, da sie bis zu zehn Zentimeter groß werden können. Dermoidzysten bestehen aus einer Art von Hautzellen, die innen Haare, Nerven, Talgdrüsen, Schweißdrüsen, Knochenteile, Knorpel, Nägel und Zähne enthalten können.

Damit wären wir nun bei der verborgenen Welt vom menschlichen Gesicht und Kopf angelangt.

HAUTDÜNN

Den Hautzustand eines Gesichts nimmt man stets zuerst wahr. So sehen wir etwa sofort, ob jemand gebräunt, bleich oder errötet ist, ob er krank aussieht, alt und faltig ist oder in der Blüte der Jugend steht. Insbesondere registrieren wir die Hautfarbe. Viel bösartiger Unsinn wurde über die Hautfarbe und ihre angebliche Aussagekraft gesagt und geschrieben.

In gewissem Sinn stimmt es, daß der Unterschied nur „hautdünn" ist. In Umgangsformen, Sprechweise, persönlichem Geschmack, Kleidung und

Eine eigene Welt 27

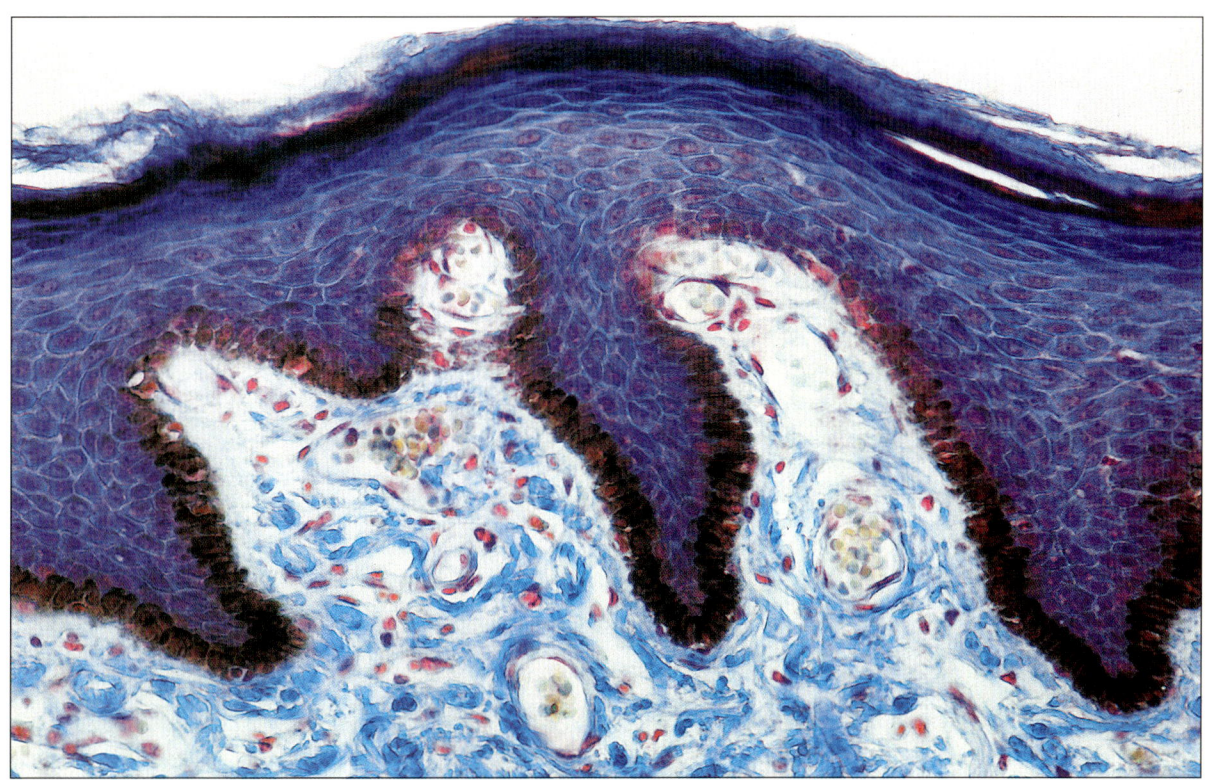

sogar politischen Ansichten steht ein Farbiger, der in Europa geboren und aufgewachsen ist, den Menschen seines Umfelds sicher näher als seinen Verwandten in Westindien, Nordamerika oder Afrika. Minimal ist auch der Unterschied der Haut, wenn man sie mit dem stark vergrößernden Mikroskop betrachtet.

Diese Abbildung eines Hautschnitts eines Schwarzafrikaners wurde mit einem Lichtmikroskop fotografiert, das im Gegensatz zum Elektronenmikroskop die tatsächliche Hautfarbe zeigt. Die schwarze Schicht der Oberhaut ist maximal 0,225 Zentimeter dick.

Was macht die Haut schwarz? Drei Körperpigmente bestimmen die Hautfarbe: Hämoglobin (das sauerstoffübertragende Pigment der roten Blutzellen), Karotin (das für Orangetöne verantwortlich ist) und insbesondere das schwarze oder braune Melanin, das von Melanozyten als unregelmäßiges Polymer produziert wird. Durch seine granuläre Struktur bindet sich Melanin leicht an Protein, also auch an menschliches Gewebe. Menschen aller Rassen haben Melanin in der Haut.

Ein Schnitt durch die Haut eines Schwarzafrikaners. Die dunkle Farbe wird von melaninproduzierenden Zellen verursacht und beschränkt sich auf die Epidermis, die oberste Hautschicht.

Letztlich gibt es einen guten Grund dafür, daß Menschen in heißen Klimaten dunkelhäutig sind – und man sollte nicht vergessen, daß sich der Homo sapiens in Afrika entwickelte und daher die ersten Menschen wohl eine dunkle Hautfarbe hatten. Dies ist in tropischen oder subtropischen Regionen, wo die Sonneneinstrahlung das Jahr über gleichbleibt, von Vorteil. Melanin kann insbesondere ultraviolettes Licht abschwächen, das Hautkrebs verursacht. Studien in den USA haben gezeigt, daß Hautkrebs bei Afroamerikanern selten und bei den leicht pigmentierten Asiaten sogar ziemlich ungewöhnlich ist.

Daneben bewirkt der erhöhte Melaningehalt, daß die Haut, wie alle dunklen Objekte, die Fähigkeit bekommt, Sonnenhitze zu absorbieren. Das Pigment absorbiert die Hitze des gesamten Spektrums sichtbaren und infraroten Lichts, sobald es auf die oberen Schichten der Haut gelangt. Gleichzeitig wird Hitze von schwarzen Objekten abgestrahlt – schwarze Haut bildet da keine Ausnahme. Schwitzen unterstützt diesen Vorgang mit dem Resultat, daß dunkelhäutige Menschen auch große Hitze ohne Überhitzung des Körpers ertragen können.

Melanin ist also ein natürlicher Schutz gegen Sonnenlicht. Auch hellhäutige Menschen bräunen, wenn sie ein Sonnenbad nehmen. Wird die Haut länger der prallen Sonne ausgesetzt, produziert sie zusätzliches Melanin als Schutz gegen ultraviolettes Licht. Vorzeitige, durch übermäßige Sonneneinwirkung verursachte Hautalterung ist bei Farbigen selten, auch haben sie bis ins hohe Alter wenige oder gar keine Falten. Menschen mit heller Haut sind schlechter dran. Nach einem Sonnenbad braucht der Körper für die Produktion zusätzlichen Melanins, das heißt für die Bräunung, drei bis acht Tage. In der Zwischenzeit ist die Haut den schädigenden Einflüssen ultravioletten Lichts schutzlos ausgesetzt.

Die ultraviolette Strahlung mag ein wichtiger Faktor bei der Entstehung der jeweils richtigen Melaninmenge für die Menschen in unterschiedlichen Teilen der Erde gewesen sein. Als sich die Menschen von Afrika aus nach Norden wandten, hellte ihre Haut über viele Generationen in Anpassung an das kältere und dunklere Klima allmählich auf. Die Nachfahren jener Bevölkerungsgruppen, die sich etwa in Indien und Teilen Südostasiens niedergelassen hatten, verdankten ihr Überleben wenigstens teilweise ihrer dunklen Haut.

DIREKT INS AUGE

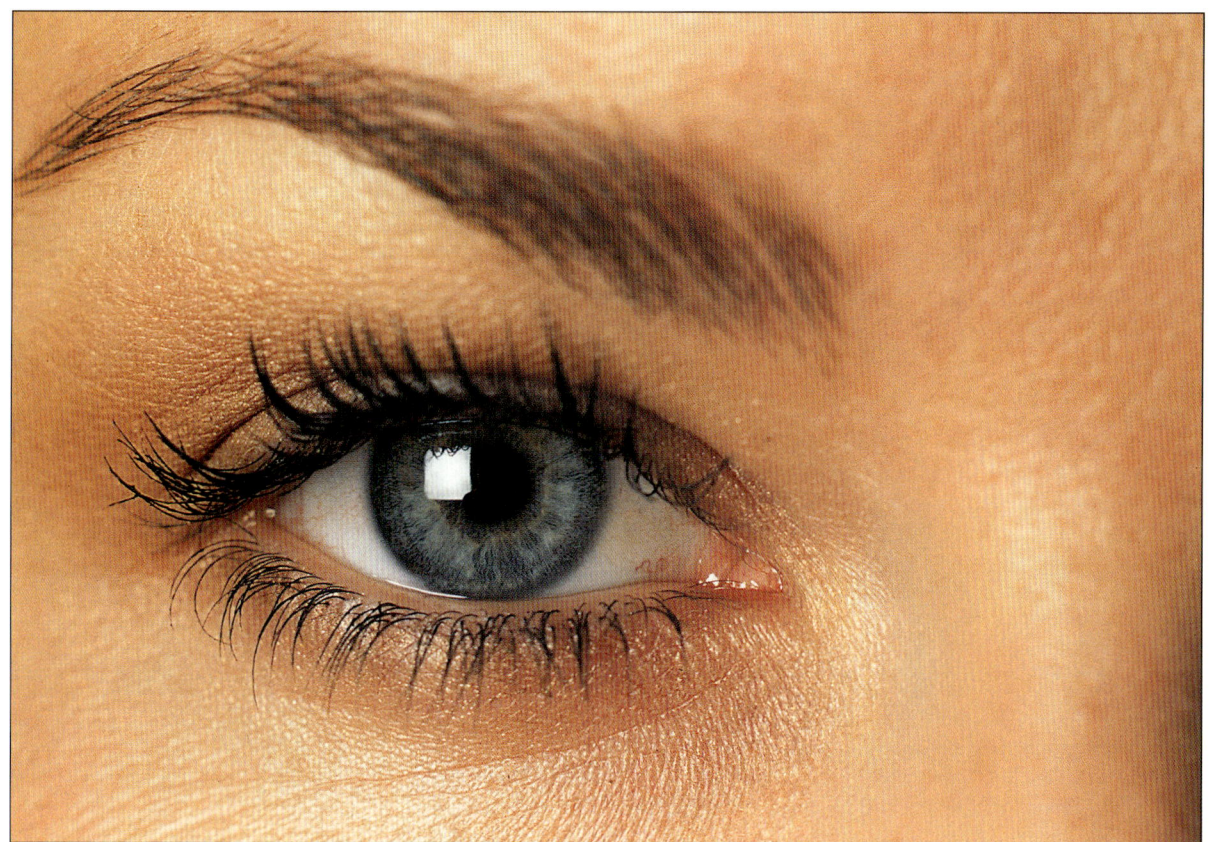

Neben der Haut nehmen wir wahrscheinlich bei einem anderen Menschen die Augen als erstes wahr. Oftmals bilden wir uns rasch ein Urteil über den Charakter von Menschen und Tieren, wenn wir ihnen „ins Auge schauen" und registrieren, ob sie uns bei der Unterhaltung anschauen oder verschlagen oder scheu ständig nach unten oder zur Seite sehen. Insofern mag es richtig sein, die Augen, als „Fenster der Seele" zu bezeichnen.

Grundsätzlich ist das Auge ein Fenster für Geist und Gehirn, wenn auch nicht unbedingt für die Seele. Denn nüchtern betrachtet, ist es ein Teil des Gehirns. In *Man and his Nature* (1940) beschrieb der Nobelpreisträger Sir Charles Sherrington, wie sich beim Fötus das Auge entwickelt:

Das menschliche Auge ist ein Auswuchs des Gehirns und eines der ausdrucksvollsten Teile des Gesichts. Gefühle und Gemütszustände lassen sich mit erstaunlicher Genauigkeit vom Auge eines Menschen ablesen.

Die Augen öffnen

Einige interessante psychologische Experimente haben gezeigt, daß die Pupillengröße nicht immer nur vom Licht, sondern jeweils für Bruchteile von Sekunden von der psychischen Verfassung abhängt. Manche Forscher waren sogar der Auffassung, daß Pupillen dem aufmerksamen Betrachter – unwillentlich – Lügen enthüllen können. Jedenfalls scheinen Pupillen grundlegende emotionale Reaktionen auf bestimmte Reize widerzuspiegeln.

Pupillen erweitern sich kurz, wenn wir etwas Interessantes, Erfreuliches oder Aufregendes sehen. Beim Anblick von Langweiligem, Unerfreulichem oder Furchterregendem ziehen sie sich zusammen. (So verursacht derselbe Politiker möglicherweise bei einer Person vor Freude ein starkes Ausweiten der Pupille, während sie bei einer anderen auf einen kleinen Punkt zusammenschrumpft.)

Männer und Frauen reagieren hier unterschiedlich. Der Wissenschaftsautor David Bodanis berichtet, daß sich die Pupillen von beiden weiten, wenn sie das Foto eines attraktiven Vertreters des anderen Geschlechts sehen, daß sich jedoch die von Männern bereits ausdehnen, wenn sie „nur das Wort ‚nackt' in der begleitenden Kopfzeile lesen". Er bemerkt auch, daß der Anblick eines Babys bei einem Vater zur Pupillenerweiterung führt, nicht aber bei kinderlosen Männern. Dagegen läßt jedes Baby die Pupillen jeder Frau größer werden, unabhängig davon, ob es ihr Baby ist und ob sie eigene Kinder hat.

Man könnte meinen, daß jedermann beim Anblick eines Hais erschrickt. In einem Experiment zeigten die Pupillen der Frauen die erwartete Abwehr, die der Männer vergrößerten sich jedoch – vielleicht aus Interesse oder Herausforderung.

Andere Tests verdeutlichten, daß mit der Pupillenreaktion Lügen entlarvt werden können. So rief etwa eine Bildfolge moderner abstrakter Gemälde eindeutig negative Reaktionen hervor – auch bei denen, die behauptet hatten, abstrakte Kunst zu schätzen. Bei einem anderen Test gaben mehrere Frauen an, daß es ihnen keinen Spaß mache, Bilder von halbnackten Männern anzuschauen, aber die Augen sprachen das Gegenteil. Einige Bühnenzauberer verrieten, daß „unmöglich" erscheinende Kartentricks nicht auf Fingerfertigkeit beruhen, sondern auf der Beobachtung der Augen der beteiligten Person. Der Zauberer reagiert auf die beim Aufdecken der richtigen Karte – die er selbst nicht kennt – feststellbare Pupillenerweiterung und macht seine Triumphgeste. Sogenannte Medien benutzen bei ihren Sitzungen ähnliche Hinweise. Sie stellen Suggestivfragen und entscheiden anhand winziger Hinweise wie etwa der Pupillenreaktion über die weitere Befragungsrichtung. Durch sorgfältige Beobachtung der Körpersprache und geschickte Fragestellungen kann ein erfahrenes Medium ein erstaunlich genaues Porträt eines Sitzungsteilnehmers erstellen, und der Betreffende trägt unwissentlich selbst das meiste dazu bei.

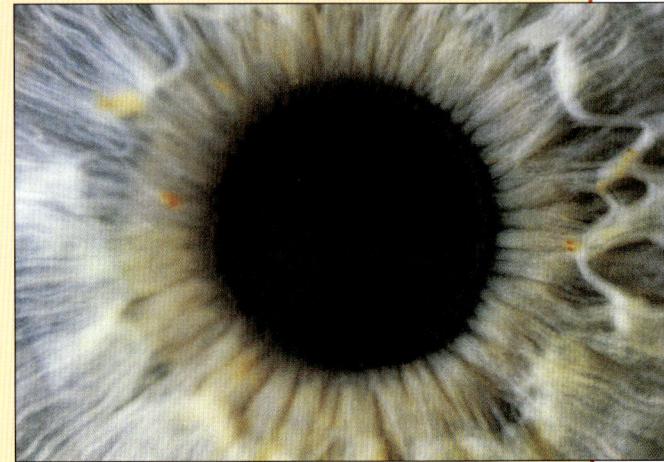

Die Pupillengröße des Auges wird von der Iris geregelt, die sich in Abhängigkeit von Lichteinfall und Gefühlsregungen erweitert oder zusammenzieht.

Die kleine hohle Blase des Embryogehirns scheint dreifach eingeschnürt und schiebt zu beiden Seiten der vorderen Kammer in Richtung der darüberliegenden Haut hohle Knospen vor. Diese Haut ... senkt sich und formt eine becherartige Wölbung, die die nach außen wachsenden Knospen berührt. Das runde Ende der hohlen Knospen stülpt sich nach innen und wird zu einem Becher. Gleichzeitig löst sich der häutige Einwuchs von der Haut ab. Er formt sich zu einer hohlen Kugel, die in der Öffnung des Hirnbechers liegt. Der Stiel dieses Augenbechers wird in wenigen Wochen zu einem Kabel mit einer Million Nervenfasern, die die Nervenzellen im Augapfel mit dem Gehirn verbinden. Der Augenbecher, der zunächst nur aus zwei Schichten etwas primitiv aussehender Zellen besteht, vervielfacht diese Schichten am Bechergrund, dort wo später bei Lichteinfall das Bild entsteht ... Ein Stück Gehirn im wahrsten Sinn des Wortes liegt im Augapfel ... Die kleine Zellkugel, die von der Haut in die Öffnung der Hirnknospen hinwanderte, wird dort zur Linse.

Das Auge ist neben dem Gehirn selbst das erstaunlichste und komplizierteste Körperorgan. (Neue Forschungen legen nahe, daß die Gehirne des Menschen und anderer Primaten nicht wegen ihrer Intelligenz so groß sind, sondern weil sie wegen ihrer komplizierten visuellen Fähigkeiten und der Art, wie sie visuelle Erinnerungen nutzen, zusätzliche Verarbeitungskapazitäten benötigen.)

Allein die Netzhaut, der licht- und farbempfindliche Schirm des Auges, besitzt etwa 137 Millionen einzelne Zellen: Etwa sieben Millionen Zapfen nehmen Farben wahr. Die restlichen Zellen sind Stäbchen, die Hell und Dunkel unterscheiden und empfindlicher sind als die Zapfen. Deshalb sehen wir in der Dämmerung die Welt ohne Farben.

Ein Muskelapparat sorgt dafür, daß sich die Linse des Auges abflacht oder kugelig wird und so ein scharfes Abbild des fixierten Gegenstands auf der Netzhaut entsteht. Das Irisgewebe kann sich ähnlich einer Ziehharmonika erweitern oder zusammenziehen, so daß immer genau die richtige Lichtmenge durch die Pupille ins Auge gelangt. Die Irisfarbe hängt von der Melaninmenge ab, die teilweise durch die Hypophyse und letztlich genetisch bestimmt wird. Augenlider und -wimpern schützen das Auge. Mit etwa 18 Lidschlägen pro Minute – wenn wir uns konzentrieren, sind es eher weniger – werden die Augen gereinigt und ständig mit einem Tränenfilm überzogen.

Ein Dschungel in luftiger Höhe

Der Oberteil unseres Kopfes ist, zumindest während einer bestimmten Lebenszeit, von Haaren bedeckt. Männer mit Glatze können nichts dagegen tun, denn die Anlage dazu wird von Genen und Chromosomen bestimmt. Die übrigen Menschen müssen sich mit einer möglichen Kopfläuseinfektion herumschlagen oder mit Schuppen. Wir alle, ob wir Haare haben oder nicht, beherbergen überdies winzige, mit bloßem Auge nicht sichtbare Lebewesen, die Haarbalgmilben. Jeder hat sie, auch Hunde und Katzen. Bei Tieren mit geschwächtem Immunsystem können sie Räude verursachen. Stillende Mütter übertragen – bei Mensch und Tier – die Milben auf die Kinder. Sie werden weitergereicht durch so harmlose Handlungen wie Küssen oder das Benutzen gleicher Handtücher oder Hüte.

Die Haarbalgmilben leben in den Haarbälgen. Sie werden dort geboren und fahren langsam mit dem Lift des wachsenden Haares oder der steigenden Flut der Flüssigkeit, die sich aus dem Haarbalg ergießt, nach oben auf Kopfhaut und Stirn. Haarbalgmilben sind richtige Müllverwerter, die von den überall auf der Haut vorhandenen Bakterien leben und auch Fett, Make-up, Cremereste oder was sonst da ist, aufnehmen. Sie leben etwa zwei Wochen, kehren dann zurück in den Haarbalg, um sich zu paaren und zu gebären und schaden uns überhaupt nicht, sondern helfen mit, das Gleichgewicht unserer Haut zu erhalten.

Auffallender und deshalb auch für den Menschen peinlicher ist ein schlechter Zustand von Haar und Kopfhaut. Vermehrte Schuppenbildung ist sicher die häufigste Störung. Bei diesem Leiden produzieren die Haar-

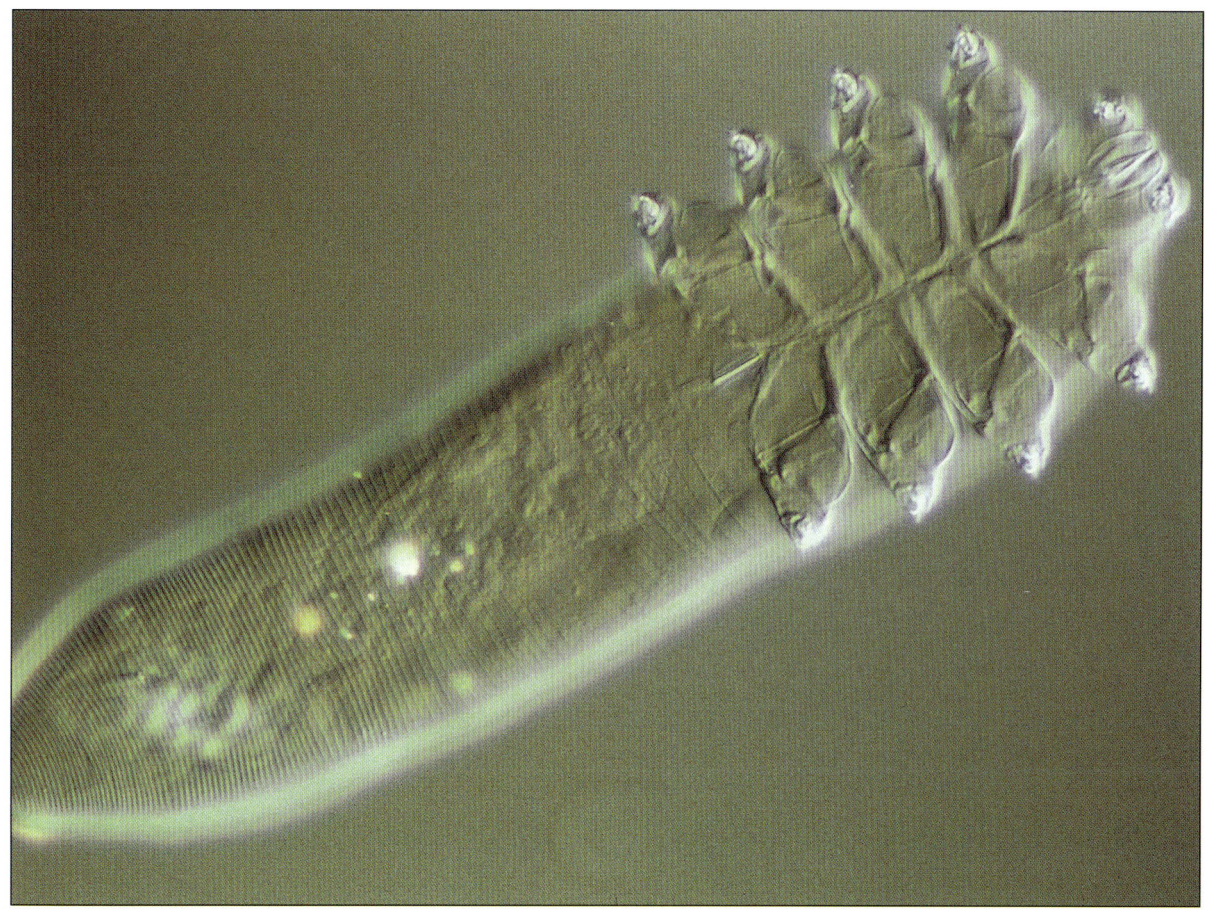

bälge zuviel Talg oder sind durch zu seltenes Haarewaschen mit Talg verstopft. Dieser Umstand wiederum regt den normalerweise harmlosen Kopfhautbewohner, den Hefepilz namens *Pitysporum ovale,* zu vermehrtem Wachstum an, was in dieser Folge zum Seborrhöischen Ekzem führt. Bei diesem mit Juckreiz und Schuppenbildung verbundenen Hautausschlag lösen sich große Mengen toter Haut von der Kopfhaut ab. Mit guten Antischuppenshampoos läßt sich jedoch – bei regelmäßiger Anwendung – das Problem im allgemeinen relativ gut kontrollieren.

Zuviel Shampoo verbessert den Haarzustand jedoch keineswegs, sondern führt meist zu sprödem Haar mit gespaltenen Spitzen. „Spliß" kann aber auch auf grundlegende Probleme hinweisen, beispielsweise auf eine Schilddrüsenunterfunktion, bei der das Immunsystem Antikörper gegen das Schilddrüsengewebe produziert, oder auf einen schweren Mineral- oder

Die winzige Haarbalgmilbe, die in den Haarbälgen der menschlichen Haut lebt. Jeder Mensch beherbergt diese Lebewesen, die helfen, unsere Haut gesund zu erhalten, indem sie Fett und Zelltrümmer auffressen.

34 Kleine Ungeheuer

Vitaminmangel (meist als Folge von Mangelernährung), obwohl jeweils noch viele andere Symptome auftreten.

Auch das Haar besteht, wie unsere Nägel und die Haut, aus toten keratinisierten Zellen. Obwohl sie selbst tot sind, wachsen Haare und Nägel merkwürdigerweise noch eine Zeitlang weiter. Den komplizierten Aufbau eines Haares kann man unter dem Mikroskop viel deutlicher erkennen als mit bloßem Auge. Im Haarinneren befindet sich das Mark, eine locker-

In der starken Mikroskopvergrößerung wird durch die gespaltenen Haarspitzen das hohle Haarinnere sichtbar.

poröse Masse. Es wird von einem feinen Fasergeflecht umgeben, der sogenannten Rinde. Diese wiederum bedeckt die Schuppenschicht, die von sich überlappenden Zellen gebildet wird. Von der Form des Haarbalgs hängt es ab, ob das Haar glatt oder aber lockig wächst.

Im großen und ganzen ist das Körperäußere des Menschen zumeist gesund. Ein gesunder und sauberer Körper zieht weniger ungebetene Gäste an, die sich in irgendeiner Weise von ihm ernähren wollen. Schauen wir ins Körperinnere, entdecken wir eine andere Situation. Es wimmelt darin von Lebewesen, die nicht Teil von uns sind, ohne die wir aber nicht leben, nicht einmal unsere erste Mahlzeit verdauen könnten.

Eine milde Form von Schuppenbildung, die von einer Hefepilzinfektion der Kopfhaut verursacht wird.

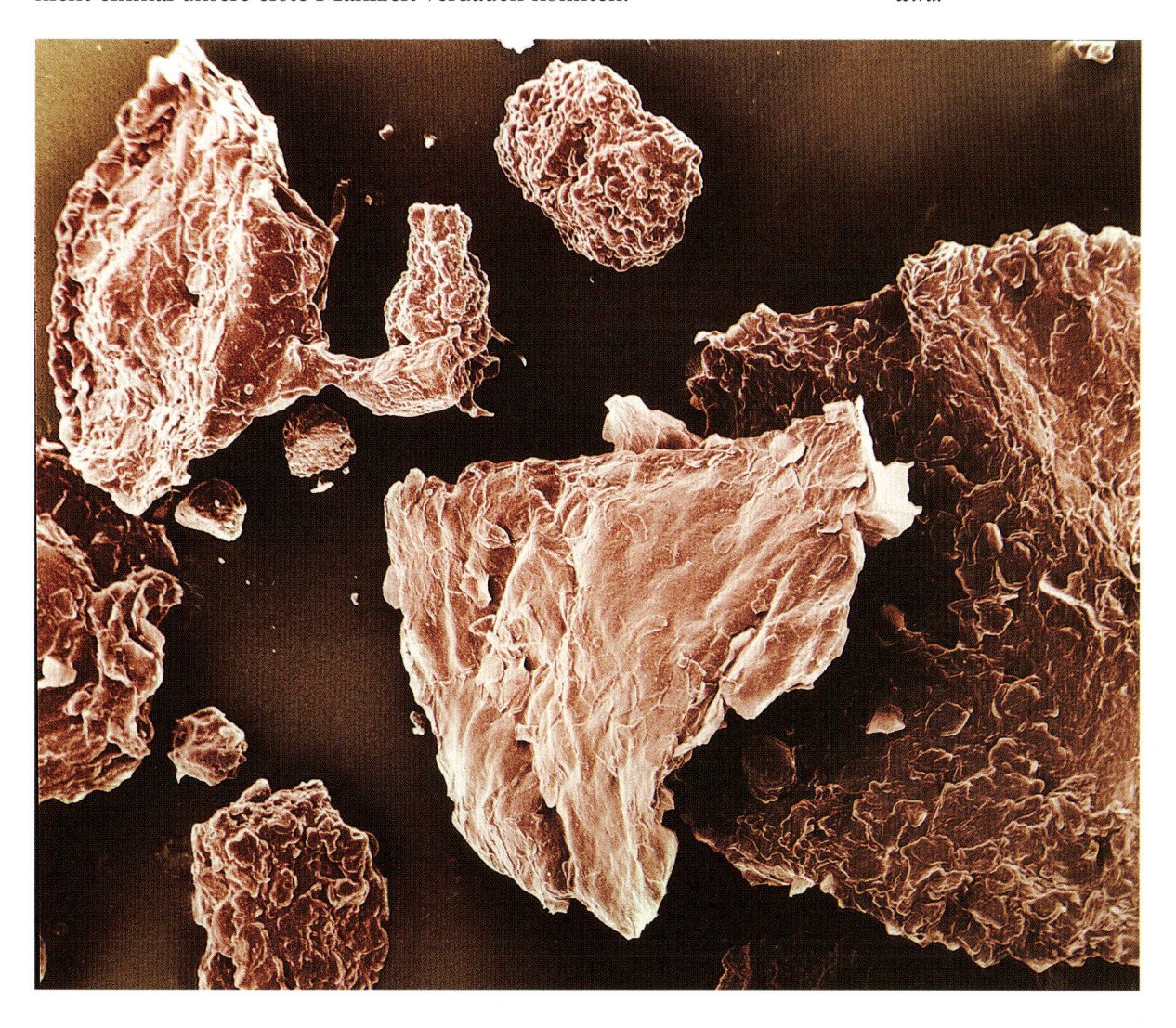

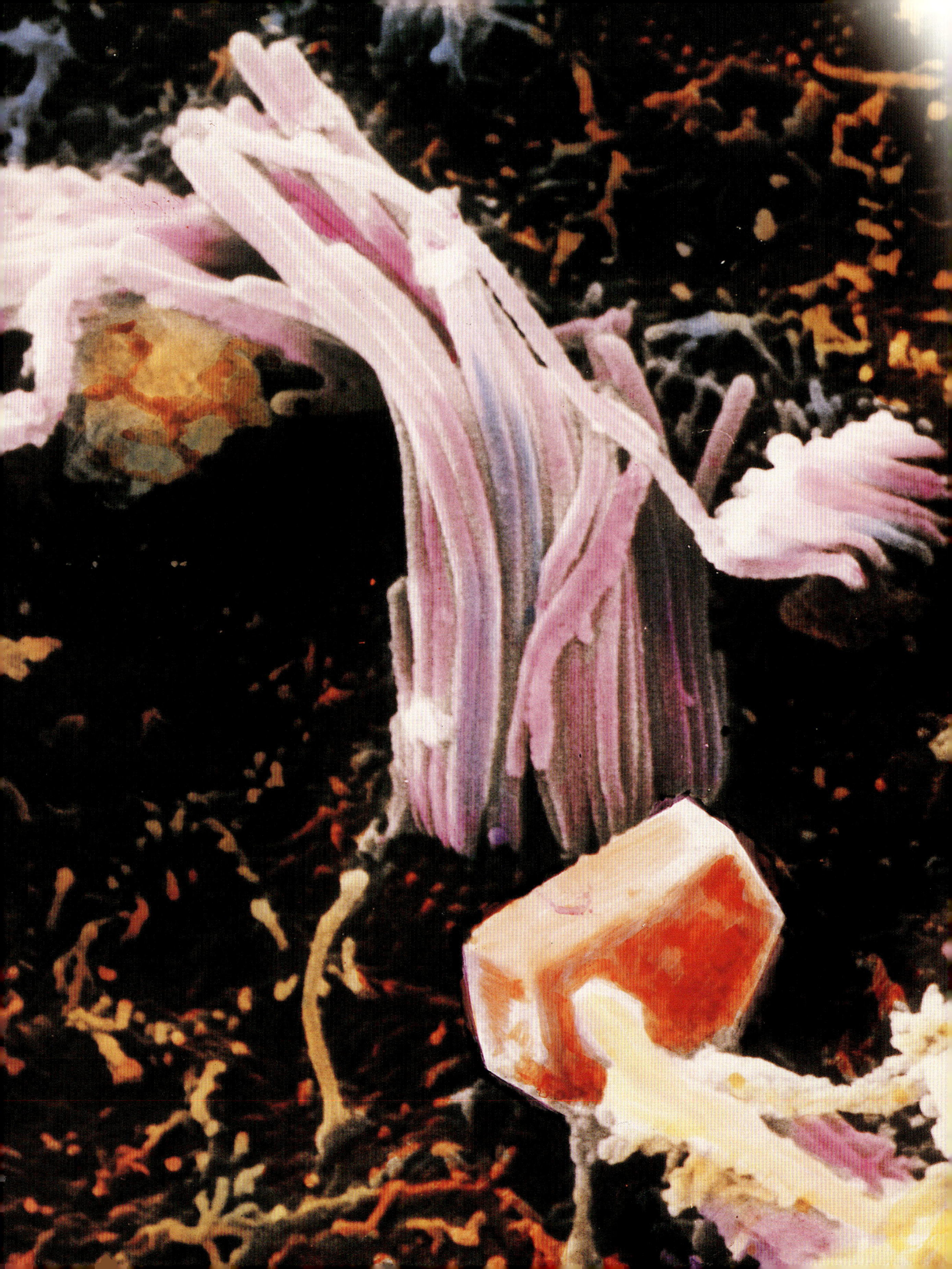

Unter der Haut

Das Gleichgewichtsorgan im Innenohr. Lange hellrote Zellen werden bei Bewegung des Kopfes durch Kalziumkarbonatkörperchen erregt und senden Signale zum Gehirn.

In Dennis Wheatleys Schauerroman *The Devil Rides Out* soll sich die neunjährige Tochter des Helden den bösen Mächten entgegenstellen. Damit der Teufel nicht in sie eindringen kann, werden ihre „neun Köperöffnungen" mit Weihwasser verschlossen. Übernatürliche Dinge haben in diesem Buch eigentlich nichts zu suchen, aber diese neun Öffnungen bieten sich als Ausgangspunkt für die Erkundung des Körperinneren an. Sie erinnern daran, daß der Mensch mit der übrigen Welt nicht nur eng verbunden, sondern manchmal kaum von ihr zu unterscheiden ist – ob uns das paßt oder nicht.

Allein der Kopf des Menschen hat sieben Öffnungen: zwei Augen, zwei Ohren, zwei Nasenlöcher und einen Mund. Mit Ausnahme der Augen haben alle diese Kopföffnungen mindestens zwei Funktionen. Das Innenohr hält uns im Gleichgewicht und nimmt Schall wahr. Im Kopfinneren bilden Nase und Mund ein zusammenhängendes System, das der Versorgung mit Luft und Nahrung dient. Sie atmen die Luft ein und stoßen sie wieder aus. Zudem finden sich hier unsere Sinnesorgane für Duft und Geschmack. Im Mund beginnt auch für die Nahrung der lange Prozeß der Verdauung und Umwandlung in Energie. Zusätzlich hat er die Funktion, die vom Kehlkopf im Rachen gebildeten Töne so umzuwandeln, daß Sprache entsteht.

Man kann sich den menschlichen Körper als Röhre vorstellen, die am oberen Ende spezielle Organe für die Informations- und Nahrungsaufnahme, am unteren Ende für das Ausscheiden von Unverdaulichem und das Zeugen und Gebären von Kindern besitzt.

Zweifellos erwähnte Dennis Wheatley neun Körperöffnungen, weil die Neun schon immer eine mystische Zahl war. Genaugenommen haben nur Männer neun natürliche Körperöffnungen. Frauen, bei denen Geburts- und Urinkanäle getrennt sind, haben zehn. Jeder von uns besitzt mit dem Nabel den Rest einer weiteren Öffnung. Hier versorgte die Nabelschnur das Kind im Mutterleib über zwei Arterien und eine Vene mit Sauerstoff und Nahrung. Sie wird bei der Geburt abgeschnitten und abgebunden, verheilt in wenigen Stunden und hinterläßt eine rundliche Narbe.

Besser als Stereo

Geräusche sind Schwingungen der Luft oder eines anderen Mediums. Hohe Töne erzeugen pro Sekunde mehr Schwingungen als etwa fernes Donnergrollen oder eine Baßgitarre. Die durch Luftschwingung entstehenden Schallwellen lassen das empfindliche und flexible Trommelfell in gleicher Frequenz schwingen. Die Eustachische Röhre, die den Rachen mit dem Mittelohr verbindet, sorgt durch Druckausgleich zwischen äußerem Ohr und Mittelohr dafür, daß das Trommelfell frei schwingen kann und Töne richtig überträgt. Der Ausgleich kann durch rasche Höhenveränderung gestört werden – etwa wenn wir schnell einen steilen Hang hinunterfahren oder uns per Flugzeug in die Lüfte erheben –, durch die der äußere Luftdruck steigt oder fällt. Man kann dann keine niederfrequenten Töne mehr hören. Dies läßt sich aber durch Schlucken beheben.

Im Mittelohr wird der Schall durch drei winzige, miteinander verbundene Knöchelchen übertragen: Hammer (Malleus), Amboß (Incus) und Steigbügel (Stapes). Das Steigbügelende ist mit dem „ovalen Fenster" verbunden, durch das der Schall ins Innenohr geleitet wird. In der Innenohrschnecke (Cochlea) bewegen sich haarähnliche Nervenendigungen in einer Flüssigkeit. Dort werden die Schallwellen in elektrische Impulse umgewandelt und ans Gehirn weitergeleitet.

Im Prinzip erklärt dies die Funktionsweise unseres Gehörs. Aber wozu brauchen wir dann überhaupt am Kopf noch diese großen faltigen Hautlappen, die wir Ohren nennen?

Zum einen verhalten sich Schallwellen selten so, wie es in Schulbuchdiagrammen dargestellt wird. Nur bei Benutzung von Kopfhörern gelangt der Schall geradewegs ins Ohr, sonst erreicht er uns von überall her in unter-

Haarzellen im Innenohr: äußere V-förmige und eine Reihe innerer Zellen. Der Schall versetzt die Umgebungsflüssigkeit in Schwingungen, die Nerven setzen diese in elektrische Impulse um und leiten sie zum Gehirn.

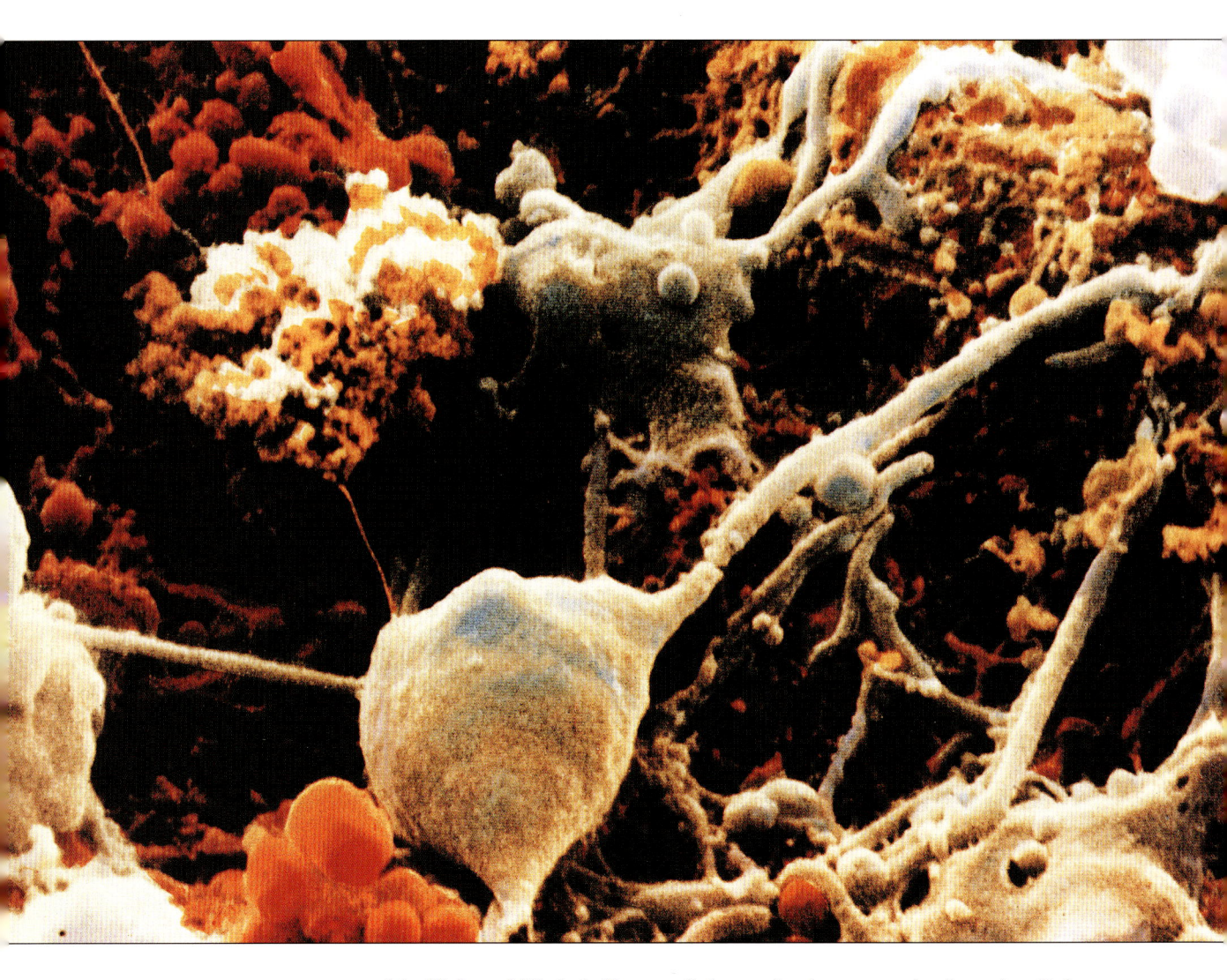

Im Gehirn: graue Neuronen, die Signale übertragen, und rote Gliazellen, die die Verbindung zum Zentralnervensystem herstellen.

schiedlichem Winkel. Erstaunlicherweise können wir aber ziemlich genau sagen, woher ein Geräusch kommt.

Zu dieser Fähigkeit tragen die Ohren bei, denn der Schall von links erreicht unser linkes Ohr etwas früher als das rechte und mit etwas größerer Intensität. Das Gehirn nimmt den Unterschied wahr und trägt ihn in unseren geistigen Kompaß ein.

Ohne unsere Ohrmuscheln würden wir zudem bei den für uns hörbaren Geräuschen Probleme bekommen, und zwar deshalb, weil unsere Ohrmuscheln wie Radioteleskope funktionieren, die den Schall auffangen, bündeln und so verstärken. Die Erhebungen und Vertiefungen unseres

Ohres schwingen jeweils mit der Frequenz und Intensität, die die reflektierten Schallwellen eines Tons bestimmter Höhe und Lautstärke verursachen. Die Ohrmuscheln verzögern minimal das Eintreffen des Schalls am Trommelfell und geben dadurch dem Gehirn die Möglichkeit, die Höhe und insbesondere die Richtung zu orten, aus der die Schallwellen das Ohr erreichen. Mit ungeheurer Fertigkeit analysiert anschließend das Gehirn sämtliche eintreffenden Daten und läßt sie dann in unserem Bewußtsein als ein bestimmtes Geräusch, das aus einer bestimmten Richtung kommt, erscheinen.

Gleichzeitig nimmt das Gehirn die Bedeutung der Geräusche wahr – es erkennt und unterscheidet die Wörter der unzähligen Sprachen, ganz egal, ob es sich dabei um ein Soloinstrument, das wir zusammen mit allen anderen Instrumenten des Orchesters hören, handelt oder darum, daß die Bratschen falsch klingen oder aus dem Takt gekommen sind.

Die Fähigkeit, eine einzelne Stimme aus einem Gewirr gleich lauter Stimmen heraushören zu können und alles andere auszublenden, nennt man „Cocktailpartyeffekt". Hierzu trägt das Ohr mit seinen Ortungsmöglichkeiten bei. Wir schaffen es, in einem überfüllten Raum einer Person, die wir vielleicht nicht einmal sehen, zuzuhören. Schwieriger und oftmals sogar unmöglich ist es, die gleiche Leistung beim Hören einer Aufzeichnung derselben Unterhaltung zu vollbringen – auch eine Stereoaufzeichnung hilft in dem Fall wenig.

Mikrofone können ein Geräusch einfach nicht so differenziert aufnehmen wie menschliche Ohren. Noch weniger vermögen sie die Analyse- und Interpretationsarbeit des Gehirns zu übernehmen. Versuche, das dreidimensionale Hören elektronisch nachzuahmen, umfaßten Messungen der Körpermaße einer Testperson und Messungen der Reaktionsintensität der Ohren auf Geräusche aus 1250 verschiedenen Stellen um den Körper herum. Zusätzlich wurden 512 Filter eingesetzt, um für jede Stelle aufzuzeichnen, wie die Töne verstärkt, vermindert oder verzögert werden, ehe das Gehirn sie zuordnet. Die erforderliche Computerleistung für einen halbwegs realistischen Raumklang in Kopfhörern macht ein solches System für den Privatkunden unerschwinglich, zumal es den individuellen körperlichen Gegebenheiten des einzelnen Hörers angepaßt werden müßte.

Unverwechselbare Düfte

Eng aneinandergereihte Zellen auf dem Blütenblatt einer Rose. Der Rosenduft besteht aus frei schwebenden Molekülen komplexer Substanzen, die Tiere mit spezifischen Rezeptoren wahrnehmen. Der Mensch nimmt Gerüche mit der Nase auf, Bienen und andere Insekten mit den Fühlern.

Düfte sind Moleküle. Vier Moleküle einer Substanz genügen, um die Geruchsrezeptoren im Nasenhöhlendach zu erregen. Wenn wir Toast, Knoblauch oder eine Rose riechen, so reagieren wir auf frei schwebende Moleküle, die von allen aromatischen Substanzen abgegeben werden. Die ankommenden Moleküle müssen sich erst im Nasenschleim lösen, ehe sie sich an die Rezeptoren anheften und so über die Geruchsnerven ein Signal ans Gehirn senden können.

Auch eher rational bestimmte Menschen reagieren bisweilen sehr direkt und heftig auf eine ihnen bis dahin unbekannte Person. Wir können uns zu jemandem stark hingezogen oder uns abgestoßen fühlen, ohne zu wissen, warum – obwohl wir in der Regel bald einen für uns plausiblen Grund finden oder uns zurechtlegen.

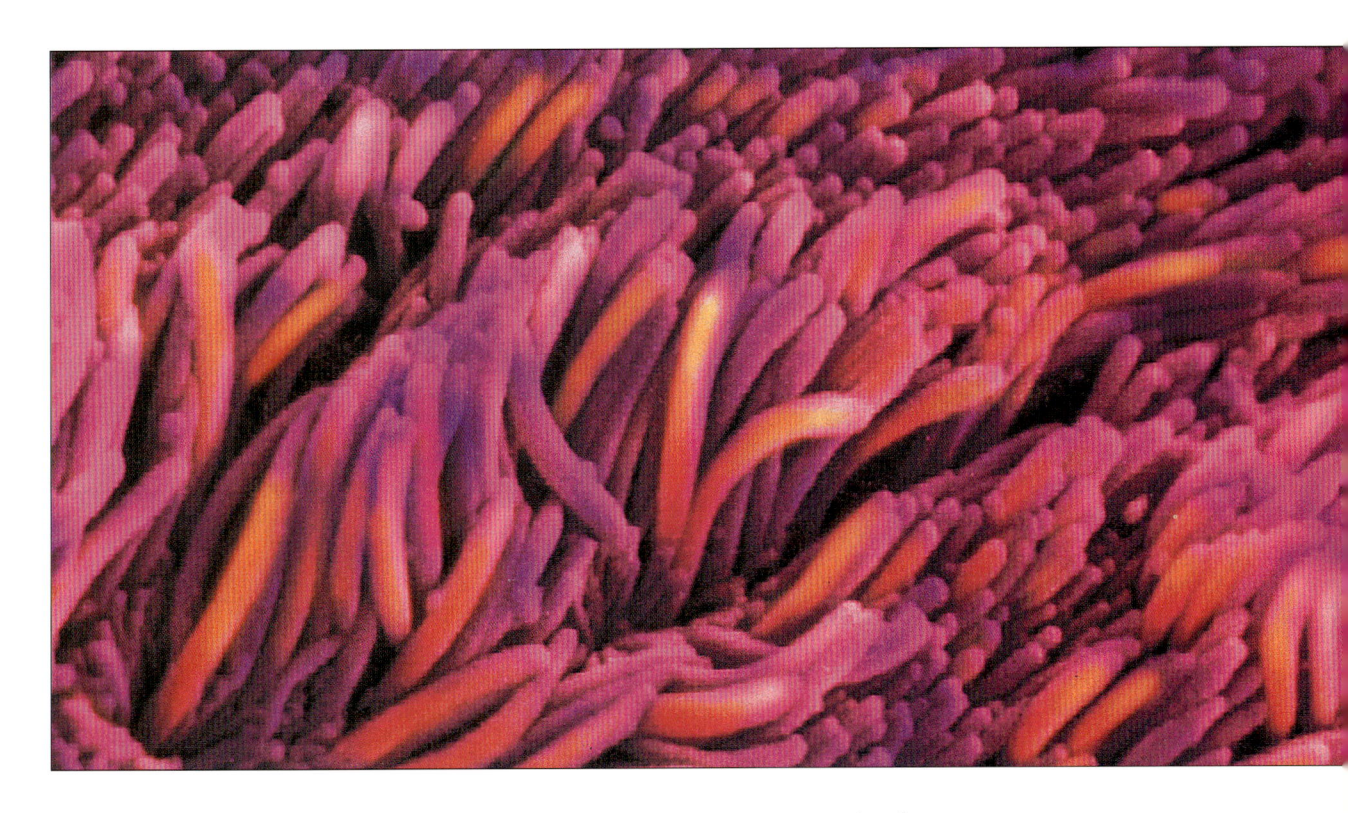

Dieses Phänomen erklärt sich teilweise durch den Körpergeruch oder, wissenschaftlich ausgedrückt, durch Pheromone – chemische Zeugen unserer Urzeit, die wir – wenn auch unbewußt – riechend wahrnehmen. Viele Tiere verströmen Pheromone, um Partnern ihre Anwesenheit zu signalisieren oder um Konkurrenten oder Feinde zu warnen. Möglicherweise ist die scheinbar spontane und irrationale Reaktion auf manche Mitmenschen unsere Antwort auf verborgene Botschaften ihres Körpergeruchs. Wir nehmen den Geruch an sich nicht wahr, wissen aber sogleich, ob uns unser Gegenüber angenehm ist, zu uns paßt oder bedroht.

Auch das menschliche Immunsystem spielt dabei eine Rolle. In Versuchen bevorzugten Frauen dem Geruch nach jene Hemden, deren Träger ein ganz anderes Immunsystem als sie selbst hatten, die also einen anderen natürlichen Schutz gegenüber Krankheiten als den der jeweiligen Frauen besaßen. Vom Standpunkt der Evolution betrachtet, bedeutet dies: Die Kinder eines Paares mit einem breiten Abwehrspektrum haben auf diese Weise größere Überlebenschancen. An sich harmlose Keime sind also offensichtlich bedeutsam für die sexuelle Anziehungskraft beim Menschen.

Ein Cilienteppich, haarähnliche Strukturen, im Nasenepithel des Menschen. Hier werden mit der Luft eingesogene Stoffe auf ihren Duft geprüft. Die mit Schleim umhüllten Cilien bewegen sich ständig und schaffen so Staubpartikel und andere Fremdkörper, die von der Magensäure zerstört werden sollen, zum Rachen.

In der Biologie wird noch immer kontrovers über den genauen Mechanismus diskutiert, mit dem die Millionen haarähnlicher Sinneszellen im Riechepithel die Moleküle voneinander unterscheiden. Die Standardmeinung ging davon aus, daß Rezeptoren – lange, kettenartige Proteine – so gefaltet sind, daß an jeden Rezeptor nur eine bestimmte Molekülart andocken kann. Sobald das Molekül einen passenden Rezeptor findet, sendet dieser elektrische Signale zum Gehirn. Problematisch an dieser Hypothese ist, daß sie nicht erklärt, wie ein ganz neuer Duft erkannt und bewertet wird. So nimmt man derzeit an, daß die etwa 1 000 verschiedenen Rezeptorenarten in allgemeinen Merkmalen mit den ankommenden Molekülen übereinstimmen. Einzelne verformen sich, um sich der spezifischen Molekülform anzupassen, und stimulieren so die Sinneszelle, Informationen über das betreffende Molekül ans Gehirn zu leiten, wo der Geruch identifiziert wird.

Zu den Gehirnregionen, die Geruchssignale auswerten, gehören das olfaktorische Zentrum im Hippocampus (rot) und der Thalamus (gelb).

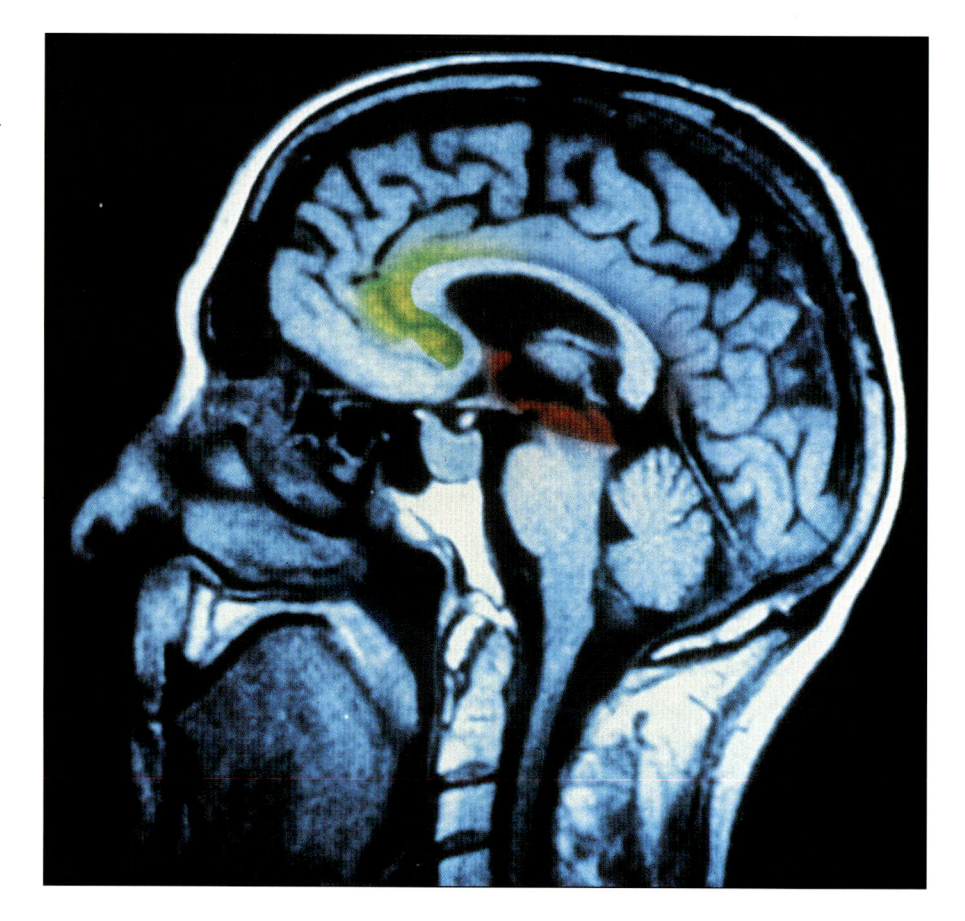

Elektronische Düfte

Luca Turin, Biophysiker am University College in London, erforschte eine kontrovers diskutierte Alternative der Geruchswahrnehmung. Die zum Molekül verbundenen Atome sind mit chemischen Bindungen verknüpft, die mit bekannten Frequenzen (Einheit: Wellenzahl) schwingen. Der Wellenzahlwert hängt davon ab, wie welche Atome verbunden sind. Turin nimmt an, daß die olfaktorischen Nerven nicht Größe und Form eines Moleküls messen, sondern die Schwingungen ihrer chemischen Bindungen wahrnehmen. Sonst müßten bestimmte Substanzen, deren Moleküle von gleicher Größe und Form sind, auch gleich riechen. Eine andere Substanz riecht – so wie viele Schwefelverbindungen – nach „faulen Eiern und Zwiebelsuppe", obwohl sie keinen Schwefel enthält. Ihre Bindungen schwingen aber mit der gleichen Frequenz wie eine Schwefelverbindung.

Nach Turin bestehen die olfaktorischen Rezeptoren aus zwei Teilen: einem „Donator" und einem „Akzeptor", die sich im Ruhezustand auf unterschiedlichen Energieniveaus befinden. Wenn sich ein ankommendes Molekül zwischen den beiden niederläßt, erfolgt ein Energieausgleich. Ein Elektron kann vom Donator zum Akzeptor wandern und dabei Energie abgeben. Die Menge der verlorenen Energie hängt von den chemischen Bindungen ab und wird bei Ankunft des Elektrons vom Akzeptor gemessen. Dieser schickt eine Meldung ans Gehirn.

Trotz verschiedener Einwände erlaubt Turins Hypothese die Vorhersage des Geruchs einer Substanz. Die Struktur der Substanz R-Carvon entspricht einem Spiegelbild von S-Carvon. Erstere riecht nach Minze, letztere nach Kümmel. Über Größe und Form läßt sich der Geruchsunterschied leicht erklären, auch die Wellenzahlen der beiden Substanzen sind gleich. Turin wies jedoch nach, daß sie in unterschiedlichem Winkel an die olfaktorischen Ankoppelungsstellen andocken und daher für die dortigen Nerven unterschiedlich schwingen. Insbesondere bleibt die Carbonylgruppe des nach Minze riechenden R-Carvons dem Donator verborgen. Turin erklärte, daß nach einer Änderung der Winkelstellung der Carbonylgruppen der Minz- in Kümmelgeruch umschlagen würde. Mit Hilfe eines französischen Parfümeurs durchgeführte Experimente gaben ihm recht. Eine wissenschaftliche Überprüfung und Akzeptanz dieser Theorie steht noch aus.

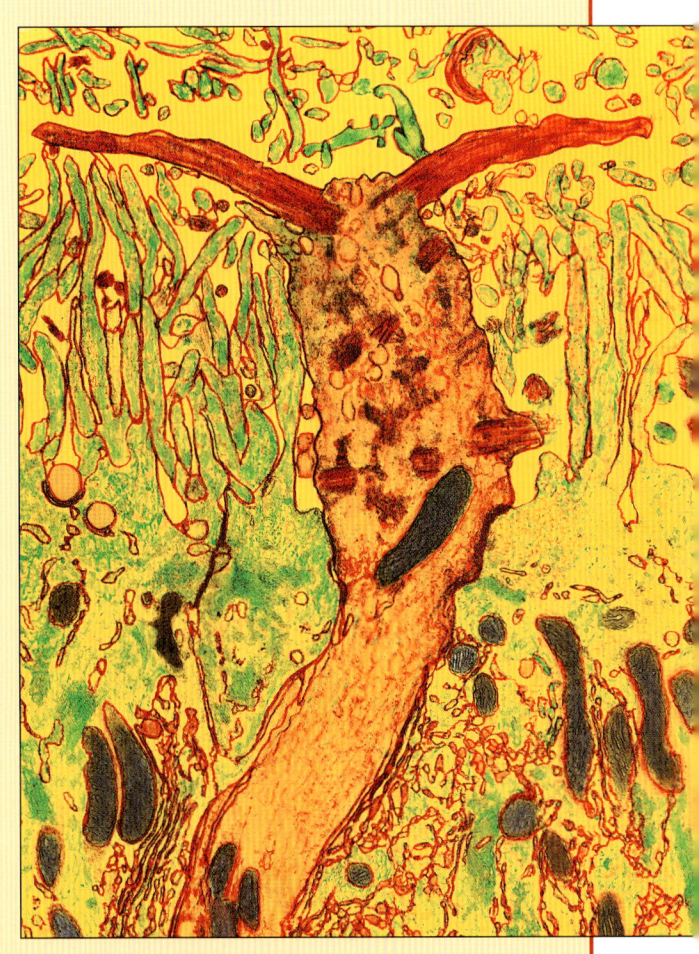

Ein Geruchsrezeptor im Riechepithel des Menschen. Die Moleküle binden sich an die „Hörner" (oben).

Tief einatmen

Atmen ist für uns lebensnotwendig. Aber die Natur hat es glücklicherweise so eingerichtet, daß wir darüber nicht nachdenken müssen, denn die Atmung wird – wie der Herzschlag, die Verdauung und die Funktion der Schweißdrüsen – automatisch vom autonomen Nervensystem gesteuert. Eingeatmete Luft muß, ehe sie Energie freisetzen und schließlich wieder ausgeatmet werden kann, einige bemerkenswerte Stationen im Körper durchlaufen.

Ein Atemzug besteht nicht nur aus den Gasen Sauerstoff, Stickstoff und Kohlendioxid, sondern in ihm wimmelt es von Bakterien, Viren und Staubpartikeln. In der Regel werden sie abgefangen und entfernt, ehe sie uns schaden können. Nasenschleim wärmt und befeuchtet die Luft auf ein

Durch Husten und Niesen können Krankheiten verbreitet werden. Niesende stoßen eine Wolke normalerweise unsichtbarer Tröpfchen und damit viele Viren und Bakterien aus.

für die Lunge zuträgliches Maß und führt freie Moleküle der Analyse durch unseren Geruchssinn zu. Zudem fängt er Mikroben und Staubpartikel ab, die dann verschluckt, in den Magen geleitet und dort durch die Magensäure zerstört werden.

Ein besonders großer Fremdkörper reizt die Nase zum Niesen, bei dem er mitsamt Luft und Wasser mit einer Geschwindigkeit von etwa 160 km/h ausgestoßen wird. Dabei wird auch eine Vielzahl an Bakterien, Viren und anderen Mikroben in der unmittelbaren Umgebung verstreut. Die meisten fallen einfach zu Boden; atmet eine andere Person sie ein, so werden sie meist von deren Immunsystem zerstört. Allerdings verbreiten sich so auch häufig Krankheitsepidemien.

Atmen wir durch den Mund, so streicht die Luft zunächst an Zahnfleisch und Zähnen entlang. Hier befinden sich viele Bakterien, die in totem Zustand eine feste Plaque bilden können. Die harmlosen, spiralförmigen *Borrelia vincentii* bevölkern ständig zu Tausenden den Mund. Vermehren sie sich jedoch zu sehr, so verursachen sie Zahnfleisch- und Rachengeschwüre. Mangelhafte Mundhygiene fördert auch *Entamoeba gingivalis*, einen einzelligen Parasiten, der im gesamten Verdauungstrakt und zwischen den Zähnen vorkommt. Dieser normalerweise nützliche Bakterienfresser kann bei zu starker Vermehrung heftige Zahnfleischentzündungen verursachen.

Bakterien scheiden Säuren aus, die den Zahnschmelz, die härteste Substanz im menschlichen Körper, gefährden. Die Speicheldrüsen wirken diesen ständigen Säureangriffen entgegen, denn Speichel ist alkalisch und neutralisiert Säuren im Mund. Zudem reagieren die im Speichel enthaltenen Sialinsäuren mit den Aminosäuren mancher Bakterien, so daß diese mehr Basen als Säuren ausscheiden.

Anschließend gleitet der Atemzug über die Zunge mit ihren etwa 10 000 Geschmacksknospen. Diese schmiegen sich unterhalb der Oberfläche unter die Geschmacksporen und werden durch Zellen unterstützt. In Nahrung oder Flüssigkeit gelöste chemische Stoffe dringen in die Poren ein und stimulieren haarähnliche Sensoren in den Geschmacksknospen, die über Nerven mit dem Gehirn verbunden sind.

Unser Geschmackssinn ist wenig differenziert: die Geschmacksknospen der Zungenspitze nehmen an den Rändern salzige, im Zentrum süße Geschmacksqualitäten wahr. Im hinteren Zungenteil sind Geschmacksknospen für bittere Substanzen, während die Seitenabschnitte für „Saures" zuständig sind. Bandförmig umgeben Knospen für bittere Geschmacksqualitäten den Zungengrund. Unser doch relativ einfach strukturiertes Geschmacksempfinden wird allerdings in enormem Ausmaß durch unseren spezialisierten Geruchssinn verfeinert. Wenn wir bei einer Erkältung nichts mehr schmecken können, so bedeutet dies eigentlich, daß wir nichts mehr riechen können.

Im Blut

Mit Hilfe mehrerer Klappen wird die Atemluft von Mund oder Nase über die Luftröhre zur Lunge geleitet. Die meisten Keime wurden auf diesem Weg bereits von Speichel oder Schleim abgefangen und dem Magen zugeleitet, wo sie abgetötet werden.

In der Lunge strömt die Luft in Millionen kleiner Säckchen, sogenannte Alveolen, ein, die von kleinsten Blutgefäßen umsponnen sind. Die Alveolenwände fungieren als Drehtür: sie geben einerseits Sauerstoff ans Blut ab und nehmen andererseits aus dem Blut das Abfallprodukt Kohlendioxid auf, das nun ausgeatmet werden kann.

Durch die Sauerstoffaufnahme werden die roten Blutkörperchen in den Lungenvenen heller. Vom Herzschlag angetrieben, sausen die Blutkörperchen durch die Arterien in alle Körperbereiche. Im dortigen Gewebe bilden die Gefäße feinste Verzweigungen, die Kapillaren. Diese sind mit einem Durchmesser von 0,008 Millimeter nur wenig größer als die roten Blutkörperchen. Da die Kapillarwände durchlässig sind, gelangen Sauerstoff, Wasser und Glucose – letztere hat das Blut bei der Passage des Verdauungstrakts aufgenommen – ins Gewebe. Umgekehrt gibt es Kohlendioxid und andere Endprodukte ab. In den Gewebezellen reagiert der Sauerstoff mit Glucose. Energie wird freigesetzt. Ein fester Stoß läßt die feinen Kapillarwände zerreißen. Blut fließt unter die Haut, und es entsteht ein blauer Fleck.

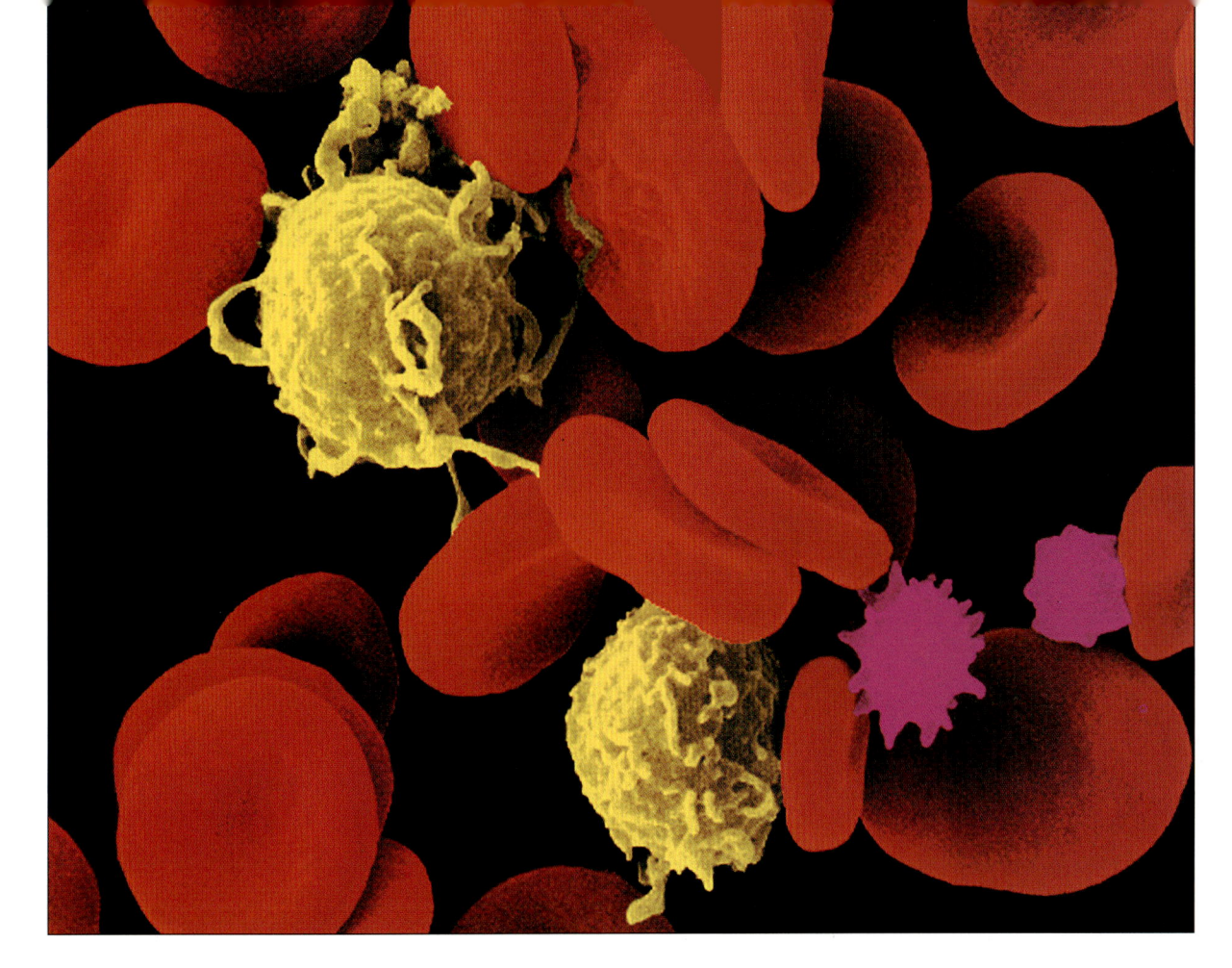

Im gelblichen Plasma, das als Transportmittel dient, befindet sich neben den roten Blutkörperchen ein weiterer Zelltyp. Geringer in der Anzahl sind sie für das Überleben genauso wichtig, denn sie können die Kapillaren verlassen und Fremdorganismen angreifen.

Rote Blutkörperchen verteilen Sauerstoff und Zucker im Körper. Einige der hier gezeigten sind sternförmig und violett, ein Effekt, der sich in einer älteren Blutprobe einstellt. Die gelben Zellen, die Lymphozyten, sind wichtige Bestandteile des Immunsystems.

DIE KNOCHENMARK-ARMEE

Blut wird in den Knochen gebildet. Das Knocheninnere ist mit weichem Fettmark gefüllt, das in der Kindheit rot ist. Während der Pubertät wird das Mark in den Gliedmaßenknochen gelb. Rotes Mark produziert Blutzellen. Benötigt der Körper mehr Blut, verwandelt sich das gelbe Mark wieder in rotes und wird erneut zur Produktionsstätte.

Ein Megakaryozyt, eine Knochenmarkriesenzelle. Blutplättchen, die zur Blutgerinnung und damit zum Wundverschluß beitragen, bilden sich gerade auf der Oberfläche, von der sie sich später ablösen und ins Blut begeben werden.

Die Herstellung roter Blutkörperchen im Mark dauert etwa fünf Tage, danach reifen sie im Blutstrom weitere drei Tage aus. Ihre Scheibenform, die in der Mitte flacher ist als an den Rändern, bietet eine größere Oberfläche, die die Sauerstoffaufnahme und -abgabe optimiert. Zudem sind sie dadurch in der Lage, auch durch engste Kapillaren zu schlüpfen. Die Zellen transportieren den Sauerstoff, indem sie ihn an Hämoglobin binden, ein eisenhaltiges Protein, dessen Pigment sauerstoffhaltiges Blut seine rote Farbe verdankt.

Die anderen vom Knochenmark produzierten Blutzellen dienen auf jeweils unterschiedliche Weise der Körperabwehr. Die flachen, fast sternförmigen Blutplättchen sind nur etwa ein Viertel so groß wie die roten Blutkörperchen. Sie lassen Blut verklumpen und gerinnen. Bei starkem Blutfluß (etwa aus einer größeren Wunde), oder wenn die Blutplättchen mit beschädigten Blutgefäßen in Kontakt kommen, wird ihre Oberfläche klebrig, sie haften aneinander und an der Gewebsoberfläche. Sie blähen sich zu einer Kugel auf, bilden einen Pfropf oder eine Kruste um das verletzte

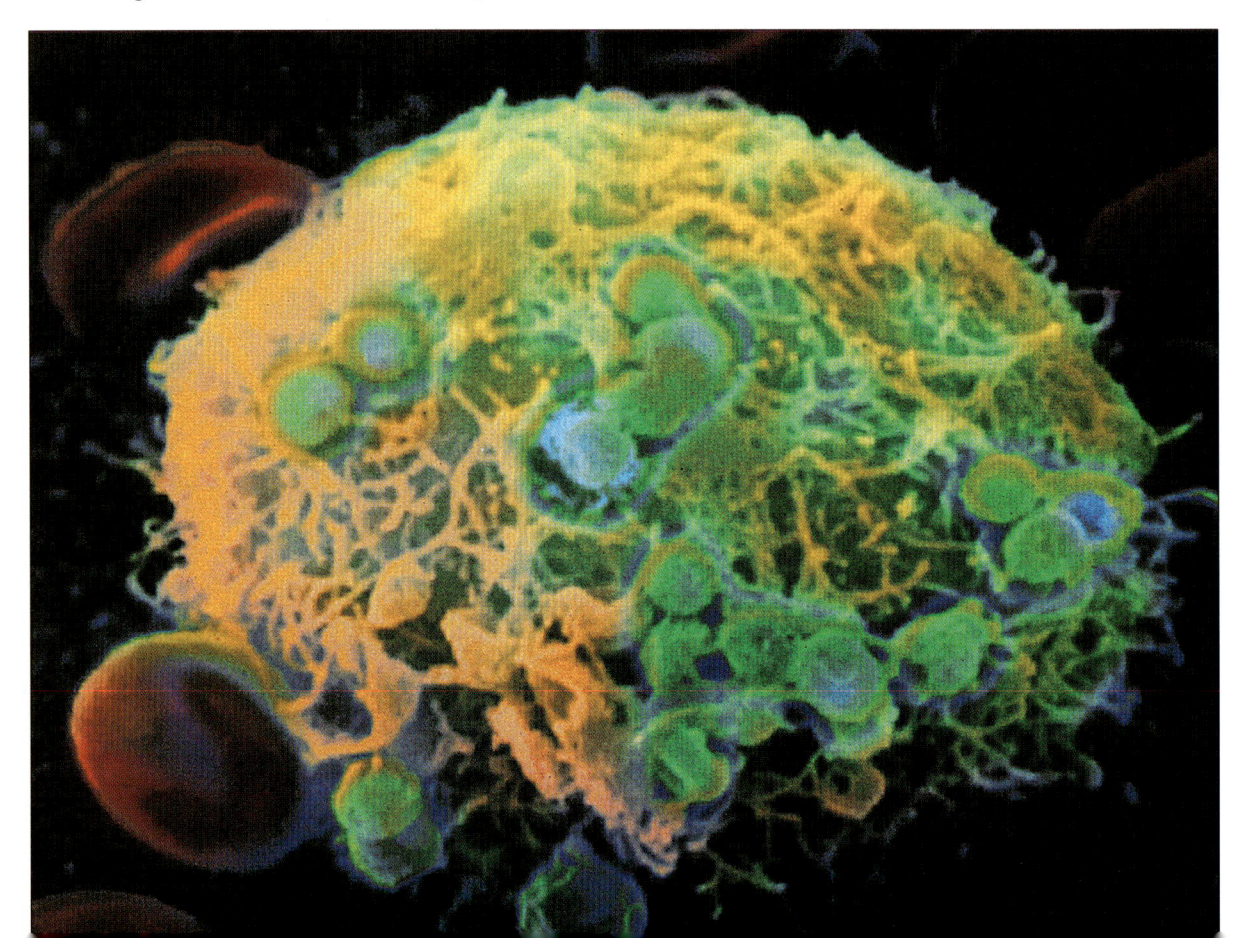

Gebiet und verlangsamen auf diese Weise den Blutaustritt. Mit Hilfe chemischer Signale machen sie Plasma und weitere Blutplättchen auf den Notfall aufmerksam.

Im Plasma gibt es zudem elf in der Leber gebildete „Faktoren", die bei der Blutgerinnung helfen. Ein Molekül des ersten Faktors mobilisiert auf den Alarmruf der Blutplättchen hin mehrere Moleküle des nächsten Faktors und so fort, bis Zehntausende von Faktorenmolekülen am Ort der Verletzung sind. Schließlich wird Faktor I in Fibrin verwandelt, das ein Netzwerk aus langen Fäden bildet. Hier lagern sich sämtliche in der Nähe befindlichen anderen Blutkörperchen ein. Wenn der beschädigte Bereich ausreichend abgedichtet ist, so daß kein Blut mehr austritt, ziehen sich die Fibrinfäden zusammen und bilden eine feste Masse.

Die Abwehrzellen, die unter dem Begriff „weiße Blutkörperchen" zusammengefaßt werden, lassen sich drei großen Gruppen zuordnen: Granulozyten, Monozyten und Lymphozyten. Wie wilde Sturmtruppen fallen sie über alle verdächtig erscheinenden Eindringlinge in unserem Blut oder Verdauungssystem her.

DAS VERSCHLINGEN DES EINDRINGLINGS

Zu den Granulozyten gehören Eosinophile, Basophile und Neutrophile. Die Funktion der ersten beiden Gruppen ist noch nicht völlig geklärt, man weiß allerdings, daß sie an allergischen Reaktionen beteiligt sind. Die Neutrophilen werden häufiger als Phagozyten bezeichnet, als Zellfresser. Sie sind auf das Entdecken, Aufspüren, Verschlingen und Vernichten eindringender Bakterien spezialisiert. Sechs bis neun Stunden lang suchen sie im Blut nach Eindringlingen, dann schlüpfen sie durch die Blutgefäßwände hindurch und halten im Körpergewebe Wache. Dort sterben sie einige Tage später ab, und ihre Reste werden schließlich über die Venen aus dem Körper ausgeschieden.

In einem Liter gesunden Bluts befinden sich zwischen zwei und siebeneinhalb Milliarden Neutrophile. Dies scheint unvorstellbar viel, aber man muß bedenken, daß ihr Durchmesser nur etwa 0,015 Millimeter beträgt. Eiter, der unter Umständen reichlich vorhanden sein kann, besteht größtenteils aus toten Phagozyten und ihren Opfern. Einige der Bakterien, die von Phagozyten gerne gefressen werden, lernen wir später kennen.

Monozyten haben einen nierenförmigen Zellkern und sind kaum größer als Granulozyten. Als Phagozyten nehmen sie auch verdächtige Bakterien auf, beseitigen jedoch vor allem Gewebstrümmer aus dem Körper. Zwischen sechs und neun Tagen patrouillieren sie in ähnlicher Menge wie die Neutrophilen durch die Blutgefäße.

Phagozyten erkennen fremde Zellen an deren Ausscheidungen, die andere Merkmale als die körpereigenen aufweisen. Sie umhüllen den

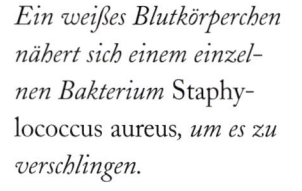

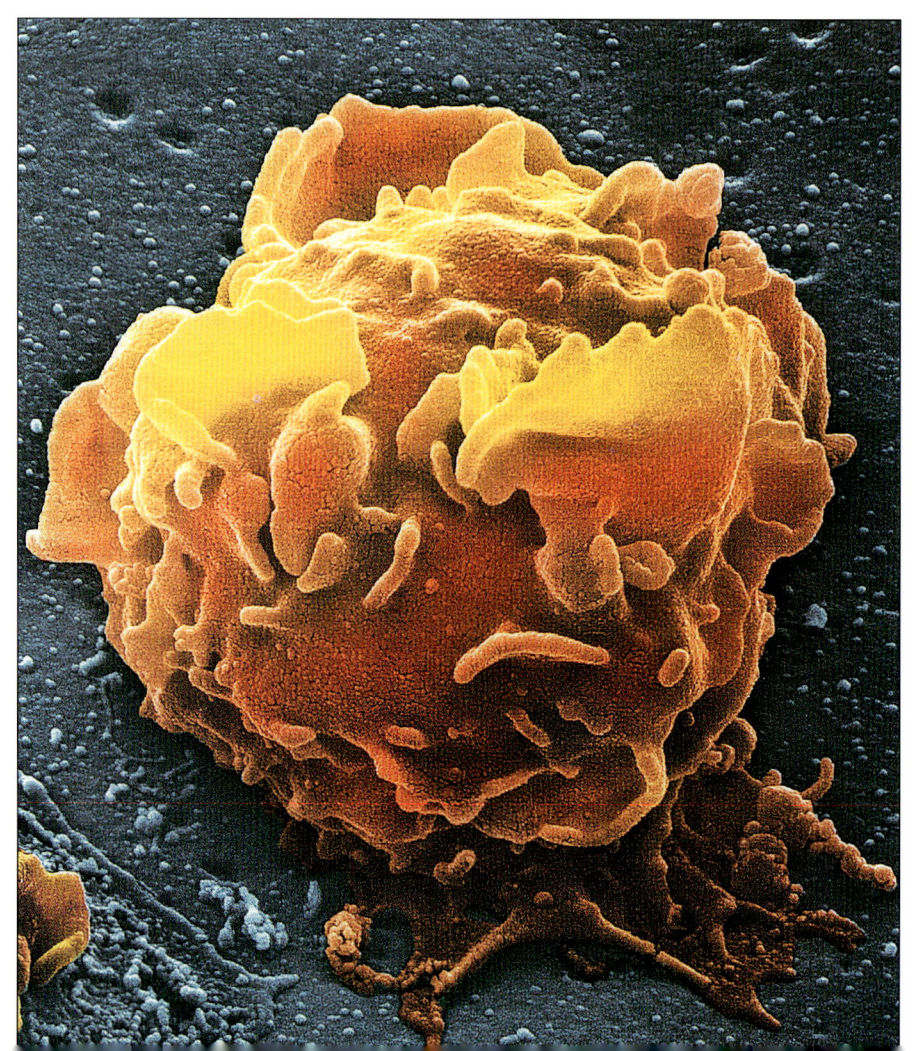

Ein weißes Blutkörperchen nähert sich einem einzelnen Bakterium Staphylococcus aureus, *um es zu verschlingen.*

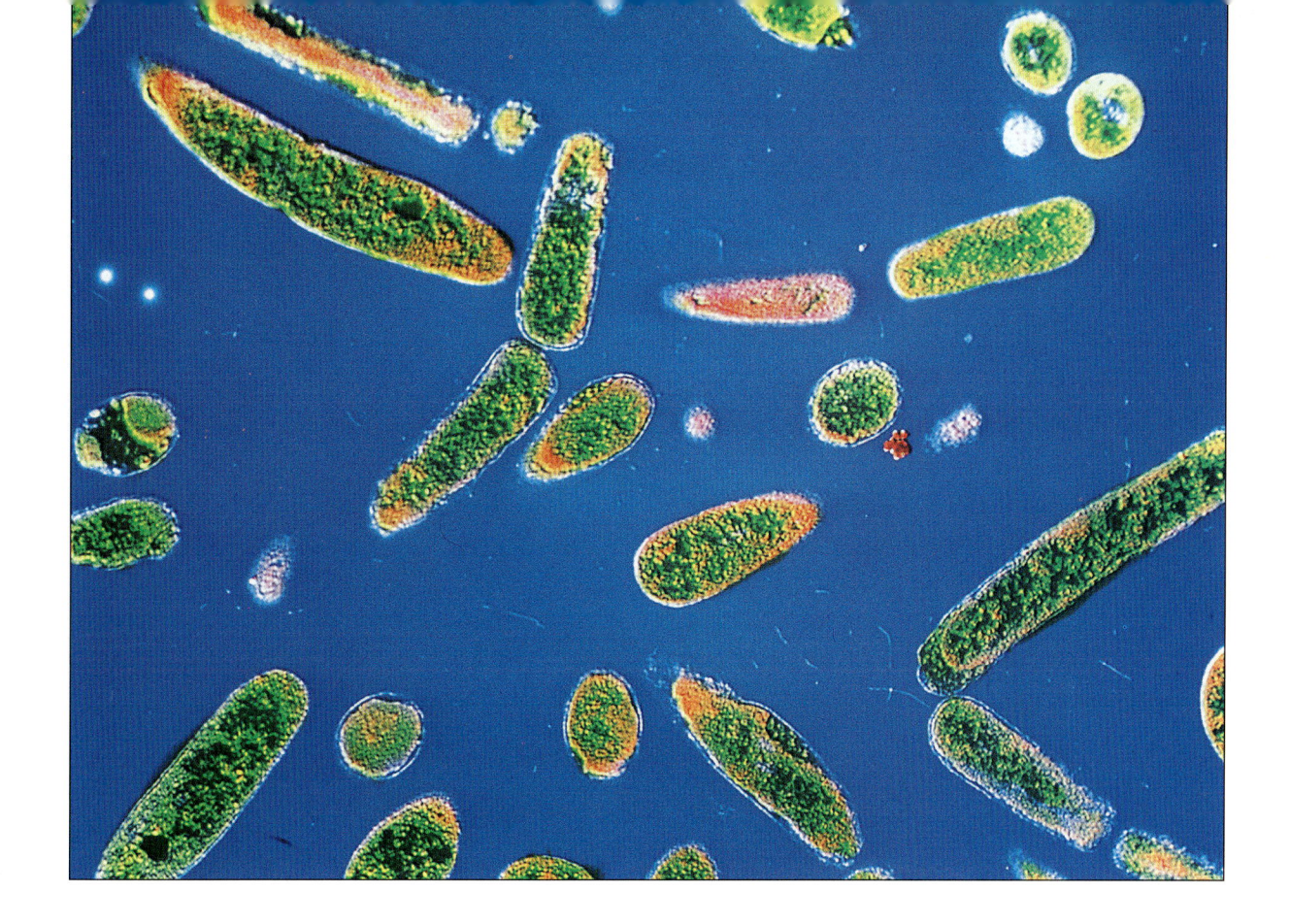

Eindringling und sondern ihn in ein Bläschen der eigenen Zellmembran ab. In dieses Bläschen dringen Lysosomen ein und scheiden Enzyme aus, die den Eindringling verdauen. Nach verrichteter Arbeit nimmt der Phagozyt seine Patrouille wieder auf.

Die Phagozyten gehören zum unspezifischen Abwehrsystem – von Geburt an greifen sie alles an, was sie nicht als „freundlich" erkennen. Dagegen gehören die Lymphozyten, die sich in B-Lymphozyten und T-Lymphozyten unterteilen, zum spezifischen Immunsystem. Sie bekämpfen bestimmte Krankheitserreger, sobald diese auftauchen, und „lernen" aus ihren Aktivitäten, so daß sie den Körper langfristig gegen bestimmte Infektionen schützen können. Sie entstehen aus Knochenmarkzellen und reifen in den lymphatischen Organen, etwa den im Körper überall vorkommenden Lymphknoten, aus.

B-Lymphozyten werden von Antigenen aktiviert – Proteinen, die sich auf der Oberfläche fremder Zellen befinden und sich von körpereigenen Proteinen unterscheiden. B-Lymphozyten erkennen insbesondere Bakterien, aber auch einige Viren und Parasiten, die sie alle für die Zerstörung durch Phagozyten aufbereiten. Einige B-Lymphozyten teilen sich, sobald

Pseudomonas aeruginosa.
Die normalerweise harmlosen Darmbakterien des Menschen können, falls sie anderswo hingeraten, schwere Infektionen verursachen. Da sie im warmen und feuchten Milieu von Säuglingsbrutkästen gut gedeihen, sind sie manchmal für tödlich verlaufende Lungenentzündungen bei Kindern verantwortlich.

Ein B-Lymphozyt, einer der Wächter des Immunsystems. Gefährliche Bakterien werden beim Eindringen durch diese Zellen weitgehend inaktiviert und markiert und damit für andere Zellen – Phagozyten – erkenn- und zerstörbar gemacht.

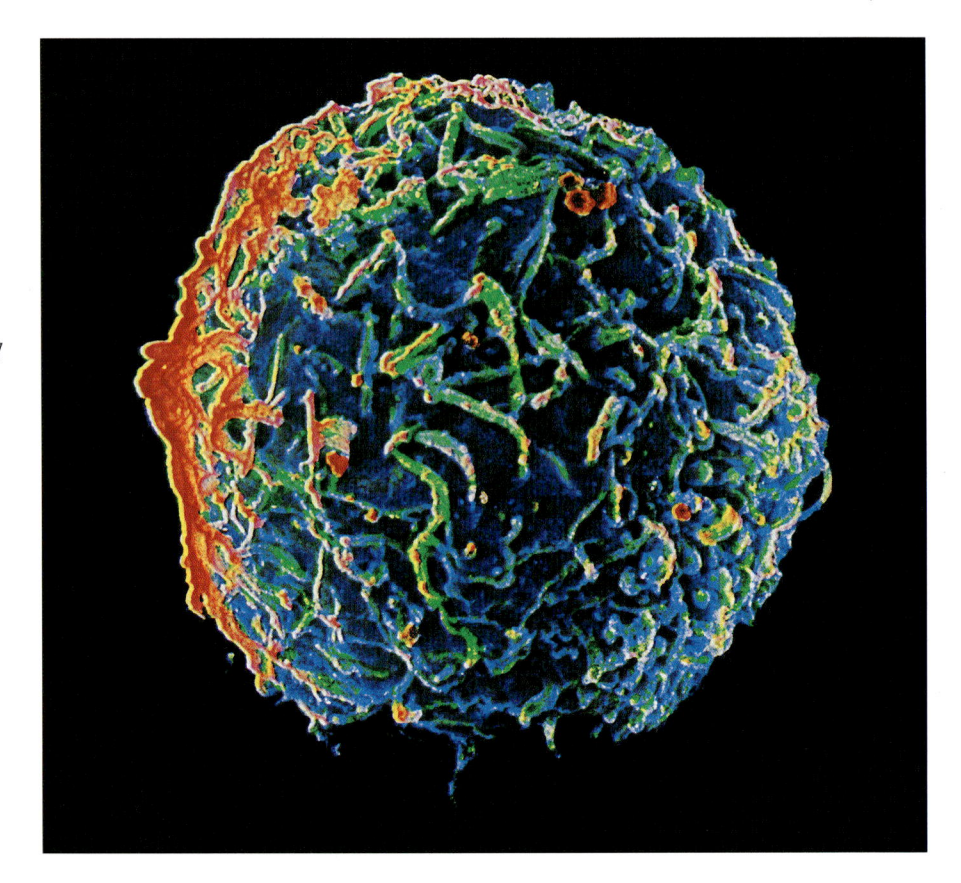

sie ein Antigen erkannt haben. Nach wenigen Tagen produzieren sie ihr eigenes Protein und setzen es frei. Diese Antikörper binden spezifisch die Antigene auf den Fremdzellen an, wodurch diese inaktiviert werden und zudem leichter von Phagozyten gefressen und verdaut werden können. Die nicht am Angriff beteiligten B-Lymphozyten bleiben als „Gedächtniszellen" im Immunsystem zurück. Sie können sofort reagieren und Antikörper herstellen, falls die betreffende Bakterienart jemals wieder in den Körper eindringen sollte.

T-Lymphozyten attackieren Feinde und Abnormalitäten, etwa Krebszellen, direkter, jedoch zu einem späteren Zeitpunkt. Sie lassen sich auf bereits von Viren oder Parasiten befallenen Körperzellen nieder. Die entstehenden, deutlich sichtbaren Antigene auf der Oberfläche der befallenen Zellen werden von T-Lymphozyten, die „cytoxische" Zellen oder „natürliche Killerzellen" genannt werden, erkannt. Unterstützt werden sie dabei von anderen T-Lymphozyten, den sogenannten „Helferzellen". Die aktivierten

Killerzellen binden sich an die Antigene und zerstören die befallenen Zellen. Wie bei den B-Lymphozyten beteiligen sich einige sensibilisierte T-Lymphozyten nicht an der Vernichtungsaktion, sondern halten sich für eine sofortige Reaktion bereit, falls das spezifische Antigen wieder im Körper auftauchen sollte. Solche Gedächtniszellen können über viele Jahre hinweg im Blut bleiben.

Mikrobenmetropole

Während Phagozyten und Lymphozyten gefährliche Eindringlinge ausschalten, lebt eine ganze Bakteriengroßstadt friedlich und zufrieden in unserem Darmtrakt. Tatsächlich handelt es sich um einen grauenhaft überfüllten Ballungsraum. Einige der Einwohner beseitigen wir mit unserem Stuhl,

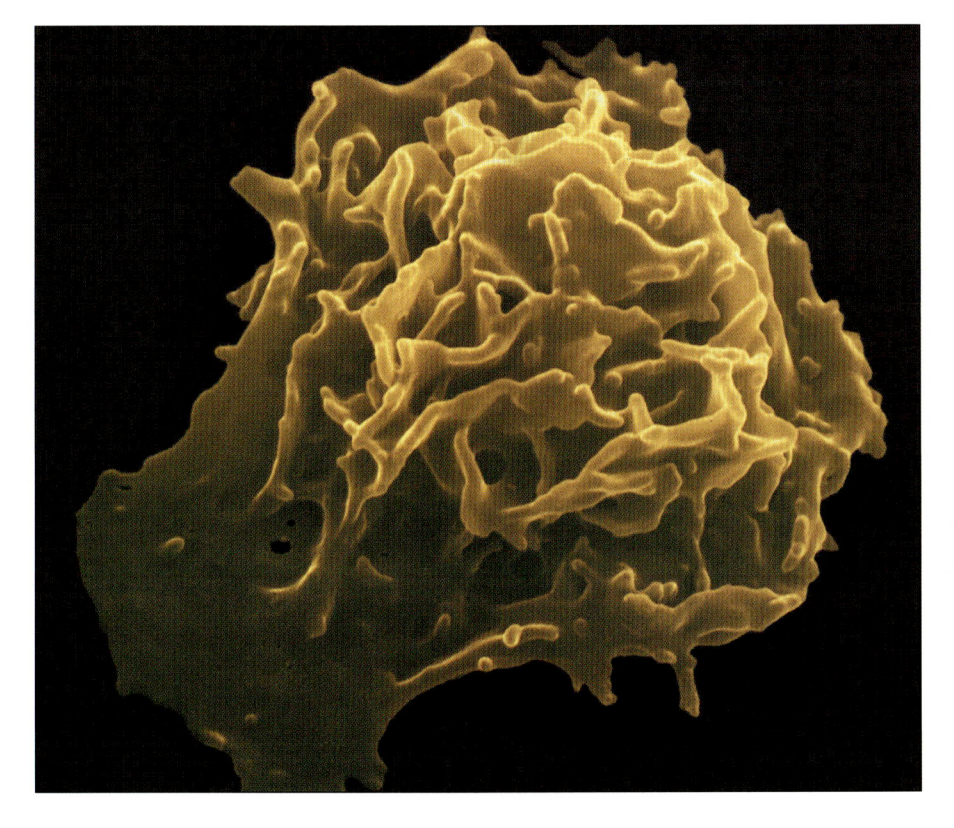

Eine „natürliche Killerzelle" greift von gefährlichen Viren befallene Zellen an. Natürliche Killerzellen sind auf bestimmte Viren spezialisiert. Nach deren Beseitigung halten sich einige Killerzellen für eine erneute Invasion dieser Viren bereit.

etwa 30 000 Milliarden pro Tag, was jedoch nur ein kleiner Teil der Gesamtzahl ist. Die im Darm beständig vorhandene Bakterienflora hat ein Gewicht von etwa 1,5 Kilogramm und umfaßt zwischen 400 und 500 Arten, die mindestens 17 Typen zuzuordnen sind.

Über dieses Gewimmel ist aus zwei Gründen erstaunlich wenig bekannt. Zum einen muß die Laboranalyse dieser „freundlich gesinnten Flora" oder kommensalen Bakterien an toten Vertretern erfolgen (die meisten Bakterien können an der Luft nicht leben), so daß ihr Zusammenwirken untereinander und mit der Darmwand und deren Schleimschicht nicht reproduzier- oder beobachtbar ist. Dadurch wird die weitere Erforschung dieser interaktiven und sich ändernden Gemeinschaft, die von Medizinforschern als „ein hochkomplexes Ökosystem" und sogar als „eigenes Körperorgan" bezeichnet wurde, stark beeinträchtigt.

Zum anderen wurden alle Bakterien als gefährlich eingestuft, nachdem Louis Pasteur 1868 entdeckt hatte, daß Bakterien Krankheiten verursachen können, indem er nachweisen konnte, daß niedere Lebewesen (Keime) nicht aus anorganischer Materie entstehen, sondern aus der Luft in vorher keimfreie Stoffe gelangen und dort Fäulnis einleiten. Pasteur war von jenen „Keimen" geradezu besessen und soll allabendlich seinen Teller auf der Jagd nach infektiösen Fremdkörpern inspiziert haben. Jedoch wurden seine Erkenntnisse, daß Keime durch Hitze abgetötet werden können, Grundlage praktischer Sterilisationsmaßnahmen (pasteurisieren). Außerdem entwickelte er Schutzimpfungen gegen Krankheiten wie Milzbrand und Tollwut.

Als im späten 19. Jahrhundert die Darmflora entdeckt wurde, erschien es fast wie ein Wunder, daß der Mensch trotz ihrer schauerlichen Existenz am Leben blieb. Man hielt sie für eine Krankheit, die die Ärzte „intestinale Toxämie" nannten. Der Chirurg des britischen Königshauses, Sir Arbuthnot Lane, empfahl seinen Patienten, sich wegen der gefährlichen Eingeweidebewohner den Dickdarm entfernen zu lassen. Die Darmflora tötete aber keinen Menschen, und deshalb zogen es die Forscher schließlich vor, sie als unlösbares Problem weitgehend zu ignorieren, bis man um etwa 1950 feststellte, daß sie durch die gerade entdeckten Antibiotika gestört werden konnte. Seit die Medizin weiß, daß die in uns lebenden Mikroorganismen, anstatt uns zu vergiften, in großem Maße für unser Überleben verantwortlich sind, schenkt die Fachwelt ihnen mehr Bedeutung.

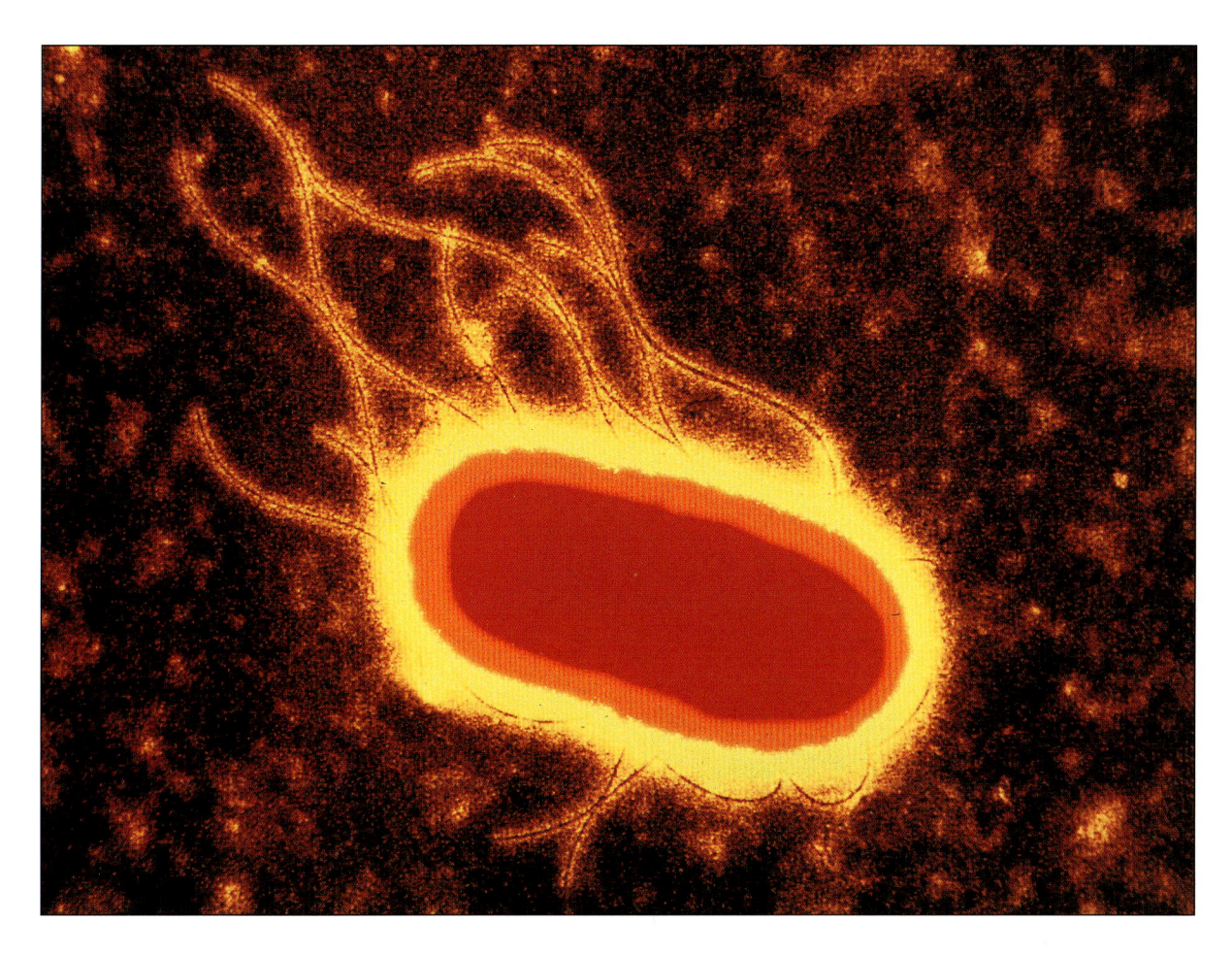

IM GLEICHGEWICHT HALTEN

Darmbakterien erfüllen einige überaus wichtige Funktionen. Sie absorbieren Fett und Fasermaterial aus dem Darminhalt, nachdem der Nahrungsbrei den Magen passiert hat. Dies ermöglicht eine raschere und bessere Umwandlung der Nahrung in Energie, da auf diese Weise die Nährstoffe leichter durch die Darmwand in Blutgefäße und Lymphgefäßsystem eintreten können. In ähnlicher Form zerlegen Bakterien im übrigen auch Tier- und Pflanzenleichen, so daß schließlich nur noch Erde und reines Wasser zurückbleiben.

Das Escherichia coli *ist als Verursacher schwerer Lebensmittelvergiftungen berüchtigt. In seinem natürlichen Lebensraum, dem menschlichen Darm, ist es jedoch für unser Verdauungssystem nicht nur unschädlich, sondern sogar enorm wichtig.*

58 Kleine Ungeheuer

Clostridium difficile *lebt normalerweise in geringer Anzahl im menschlichen Darm. Wenn es sich unter entsprechenden Bedingungen stark vermehren kann, reizt sein Gift den Darm und verursacht schweren Durchfall. Das Bakterium ist äußerst resistent gegenüber Antibiotika.*

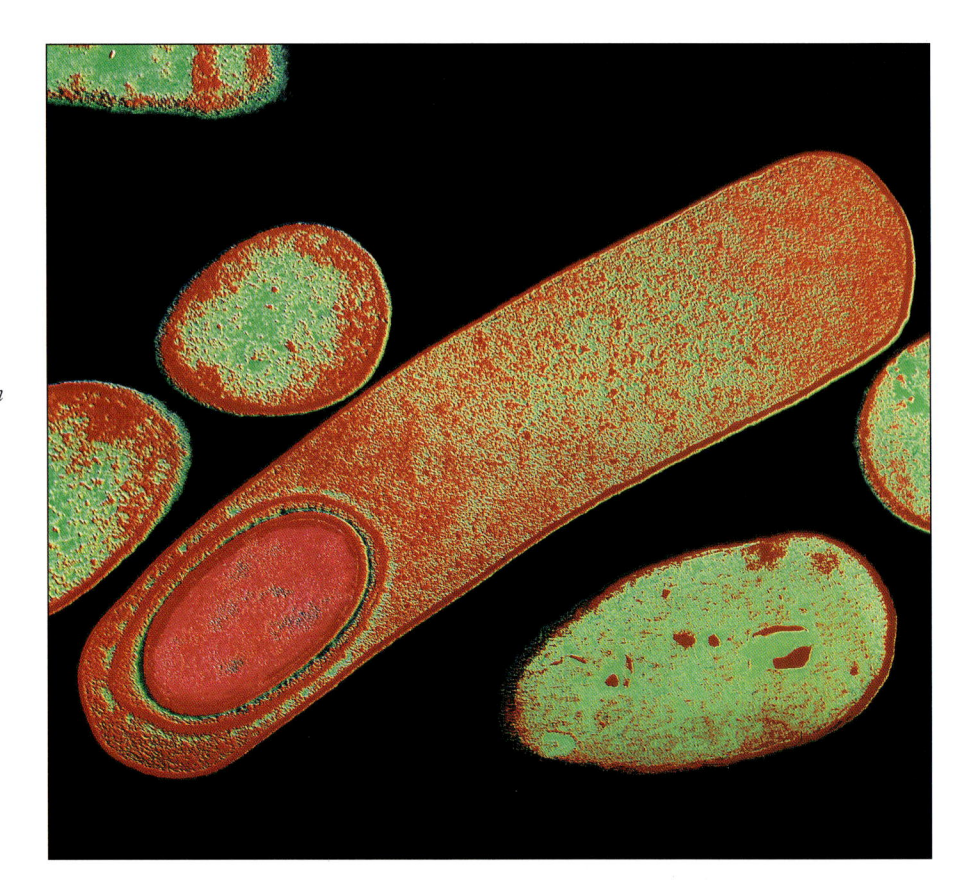

Viele Bakterien tragen zu unserer Vitaminversorgung bei: aus der Nahrung stellen sie B-, E- und K-Vitamine her und können so einen möglichen Vitaminmangel ausgleichen. Bakterien pflegen und reinigen die Darmwand und ihre Schleimschicht, indem sie Abfall vertilgen und die Darmzellen zur Teilung anregen. Sie unterstützen die Darmperistaltik, jene wellenartigen Ausdehnungen und Kontraktionen des Darms, durch die der Darminhalt vom Magen bis zum Rektum befördert und ausgeschieden wird. Die Bakterien brauchen uns, wir brauchen sie: wir leben mit ihnen in einer für beide Seiten hilfreichen Symbiose.

Der menschliche Darm ist dunkel und luftleer. Bestimmte dort lebende Bakterien, „Anaerobier" genannt, sterben, wenn sie mit Sauerstoff in Berührung kommen. „Fakultative Aerobier", etwa *Escherichia coli*, bevorzugen eine sauerstoffhaltige Umgebung, kommen aber auch ohne sie aus. „Obligatorische Aerobier", zu denen viele Krankheitserreger gehören, brauchen Sauerstoff und überleben im Darm in Luftblasen, die wir mit der

Nahrung aufnehmen. Ihre Ausbreitung wird durch die fakultativ aerobe Darmflora begrenzt, indem sie jedwelchen Sauerstoff verbraucht. Auf diese Weise hält sie auch die optimalen Bedingungen für die freundlichen Anaerobier aufrecht.

Erstaunlicherweise sind fakultative Aerobier wie *Escherichia coli, Clostridium difficile* und *Staphilococcus aureus* als Teil der Darmflora harmlos oder gar nützlich, sonst aber berüchtigte Killer. Ein Beispiel: Das *Escherichia coli* produziert bestimmte Substanzen – die Colizine, welche wiederum die *Shigella*-Bakterien (Ruhrverursacher), abtöten; *E.-coli*-Vergiftungen rafften 1990 jedoch viele Menschen in Großbritannien dahin, denn diese Bakterien, von denen das *Staph. aureus* das gefährlichste ist, werden in der falschen Umgebung zu Krankheitserregern. Das ist der Fall bei den *E.-coli*-Bakterien, wenn sie über von Menschen verunreinigte Nahrung in den Verdauungstrakt eines anderen geraten. Obwohl sie für ihre ersten Wirte harmlos sind, verursachen die Kolibakterien im Magen-Darm-Trakt anderer Menschen eine heftige Entzündung, die mit gefährlicher Austrocknung als Folge von heftigem Durchfall und Erbrechen einhergehen kann. Andere *E.-coli*-Stämme, die stets krankheitserregend wirken und vor allem Kinder gefährden, sind keine Kommensalen des Menschen.

DIE ERSTEN ERDENBEWOHNER

Die meisten Bakterien sind harmlos, viele ausgesprochen nützlich. Insofern ist ihr schlechter Ruf vollkommen ungerechtfertigt. Dies gilt um so mehr, wenn man berücksichtigt, daß es uns ohne sie gar nicht gäbe, denn Bakterien waren die ersten Lebewesen, die vor etwa dreieinhalb Milliarden Jahren auf der jungen Erde entstanden und fast zwei Milliarden Jahre lang als einzige Lebewesen den Planeten bevölkerten. Alle Organismen, die sich seither entwickelt haben, mußten entweder mit den Bakterien zusammenleben oder zugrunde gehen.

Außerdem: Die Entwicklung der heutigen komplizierten Pflanzen und Tiere hätte ohne Bakterien, die einen ersten Sauerstoffvorrat bereitstellten, nicht stattfinden können. Der Paläontologe Stephen Jay Gould schrieb 1996:

> Der für den Menschen wichtigste Bestandteil der Atmosphäre wird heute in erster Linie durch die Photosynthese der vielzelligen Pflanzen produziert. Ursprünglich enthielt die Erdatmosphäre offenbar wenig oder keinen freien Sauerstoff, so daß die Produktion dieses seltenen Elements als historisches Ereignis betrachtet werden muß.
>
> Zwar produzieren heute die Pflanzen den größten Anteil, aber die Sauerstoffanreicherung in der Atmosphäre geschah vor etwa zwei Milliarden Jahren, lange vor der Evolution pflanzlicher Mehrzeller. Die Photosynthese der Bakterien, die den ersten Sauerstoff in der Atmosphäre bereitstellte, ist noch immer eine wichtige Sauerstoffquelle.

„Heute wie früher sind Bakterien die wichtigste Lebensform", urteilte Gould. „Bakterien sind Überlebende und Wächter in der Geschichte des Lebens."

Wen wundert es da, daß sie in uns, auf uns und von uns leben. Der amerikanische Pathologe Professor Lewis Thomas beschreibt dies so: „Eigentlich gibt es uns gar nicht. Wir bestehen nicht, wie stets angenommen, aus Behältnissen, die wir nach und nach mit eigenem füllen. Wir werden gemietet, aufgeteilt, besetzt."

Als Beispiel führt Professor Thomas einen von uns klar unterscheidbaren Organismus an – mit eigener DNA, eigener RNA und eigenem Reproduktionsvermögen –, der in unseren Körperzellen lebt. Es handelt sich um das Mitochondrium, das wahrscheinlich ursprünglich ein Bakterium war. Irgendwann wanderte es in die Zellen unserer frühen Vorfahren, fand es dort behaglich und blieb. Wenn sie heute aus irgendeinem Grund ausziehen sollten, könnten wir uns ohne diese Mieter nicht behelfen. Sie sind für uns absolut unentbehrlich geworden, da sie in den einzelnen Zellen Nährstoffe in Energie umwandeln. Dieser Vorgang, so betonte Thomas, „läßt uns Bäume ausreißen", während wir ohne ihn „keinen Muskel bewegen, keinen Finger rühren und keinen Gedanken fassen könnten".

Der menschliche Körper ist also ein ungeheuer verzweigtes Geflecht aus Verbindungen und Kooperationsverträgen zwischen den Zellen, aus denen die Gesamtstruktur besteht, und den mikroskopisch kleinen Wesen, die helfen, jenes Ganze zu steuern und zu organisieren. Unser äußerst robuster Organismus kann fast allen Bedrohungen durch Mikroben trotzen, wie auch verirrten Partikeln von Staub, Haaren oder Splittern, die wir einatmen, verschlucken oder uns in den Körper rammen. Doch manchmal gelingt es Mikroben oder Parasiten, unsere starken Verteidigungslinien zu überrennen. Wie gelingt ihnen das?

In einer Leberzelle: Mitochondrien (blau) neben Fetttröpfchen und Kohlenhydratkörnern. Mitochondrien liefern Energie für die Zelle, in der sie sich befinden, und haben einen eigenen genetischen Code.

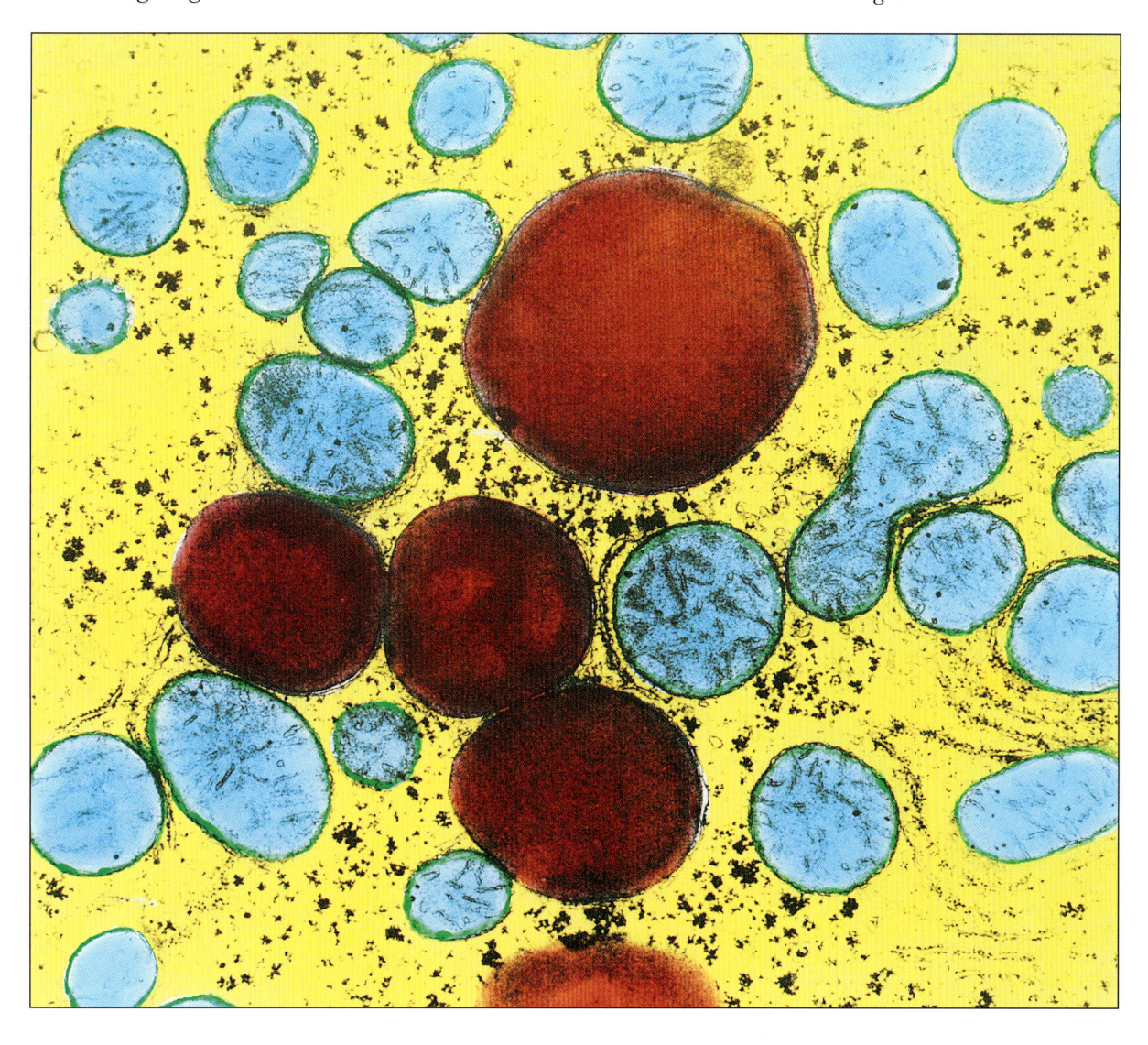

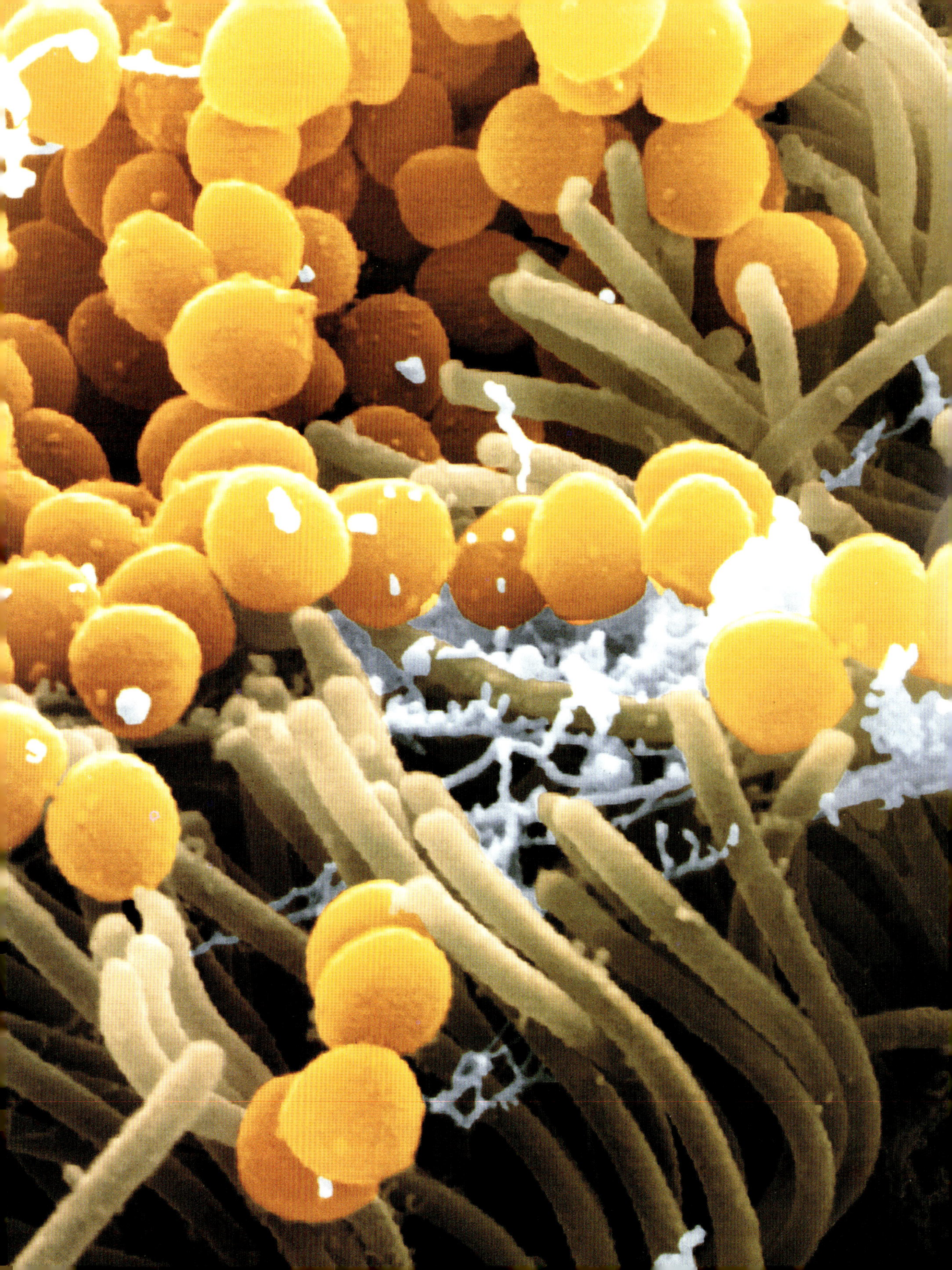

Unser Innenleben

Staphylococcus aureus, eines der virulentesten Bakterien, hat vermutlich die stärkste Resistenz gegenüber Antibiotika. Völlig harmlos ist es jedoch in seinem natürlichen Lebensraum – etwa hier, auf den haarähnlichen Cilien des Riechepithels.

Kaum jemand empfindet Grauen und Abscheu vor einer Erkältung. Da kann man eben nichts machen, es ist ja bald überstanden. Erklärt der Arzt einem Patienten hingegen, daß der Grund für seine leichten Magen-Darm-Beschwerden ein zehn Meter langer Bandwurm im Gedärm ist, wird er alsbald erbleichen. In der geheimnisvollen Welt von Krankheit und Infektion haben beide Plagen allerdings etwas sehr Grundsätzliches gemeinsam: ihnen geht der Befall des Körpers durch fremde Organismen voraus.

Tausende von Organismen – zumeist Bakterien oder Viren – können beim Menschen Krankheiten oder allergische Reaktionen hervorrufen. Andere ernste Krankheiten, etwa die sozial und ökonomisch folgenreiche Malaria, werden dagegen von Parasiten übertragen.

Bakterien als Bestien

Wie schon im vorhergehenden Kapitel erwähnt, können harmlose Bakterien zu reißenden Bestien werden, wenn sie zufällig in einen Körperbereich geraten, in den sie nicht gehören. Jeder von uns trägt den Keim *Staphylococcus aureus* in Nase und Rachen. Dort geht er in aller Unschuld seinen Geschäften nach. Auch im Boden lebt er ständig in großen Mengen.

Bei der Gartenarbeit kommt es leicht zu Schnitt- oder Schürfwunden. Gelangt dann *S. aureus* durch diese Wunde in den Blutstrom, wird es gefährlich. Da sich diese Keime auch häufig im Operationssaal oder in der Entbindungsstation finden, stellt eine Infektion mit *S. aureus* ein bekanntes Operationsrisiko dar. Das medizinische Personal trägt zwar Gesichtsmasken, eine Infektion bei einer Operation oder Geburt wird jedoch meist durch den eigenen Atem der Patienten verursacht.

Als Vorbeugung wurden in der Vergangenheit Antibiotika verabreicht – in feiner Vernebelung während der Operation und in Form von Verbänden, Injektionen oder Tabletten als Teil der postoperativen Nachsorge. *S. aureus* hat daraufhin aber eine Resistenz gegenüber den verwendeten Antibiotika entwickelt. Er gilt jetzt als „Superkeim" und verursacht Sepsis (durch bakterielle Zerstörung roter und weißer Blutzellen verursachte „Blutvergiftung"), Osteomyelitis (Knochenmarkentzündung), Lungenentzündung, Meningitis sowie Hautgeschwüre und -karbunkel. Als Nebenwirkung der Antibiotikabehandlung anderer Bakterien ergab sich eine Vermehrung von *S. aureus* im Darm, was zu Entzündung und schweren Durchfällen führt. *S. aureus* verursacht auch Speisevergiftungen; der Krankheitsverlauf ist meist kurz und sehr unangenehm, endet jedoch nicht tödlich. Die Übertragung geschieht in der Regel zufällig, aus mangelnder Hygiene oder aus Unachtsamkeit bei der Speisezubereitung, etwa durch Niesen.

S. aureus ist ein bemerkenswerter Organismus. Er bekämpft die Phagozyten und Lymphozyten des menschlichen Immunsystems, indem er die Methoden dieses Systems benutzt. Sobald er im Blut ist, scheidet er einen Koagulase genannten Stoff aus. Dieser reagiert mit dem in Blutplasma und Gewebe vorhandenen Koagulaseaktivator. Dadurch wird der normalerweise von den Blutplättchen initiierte Prozeß in Gang gesetzt, und aus Fibrinogen entsteht ein dichtes Fibrinnetz. Doch statt eines Wundverschlusses bilden die Fasern einen Schutzpanzer um *S.-aureus*-Bakterien gegen die Angriffe der weißen Blutzellen.

Hätten die Ärzte nach dem Zweiten Weltkrieg, als die ersten Antibiotika aufkamen, mehr über Resistenzen gewußt, wären die neuen

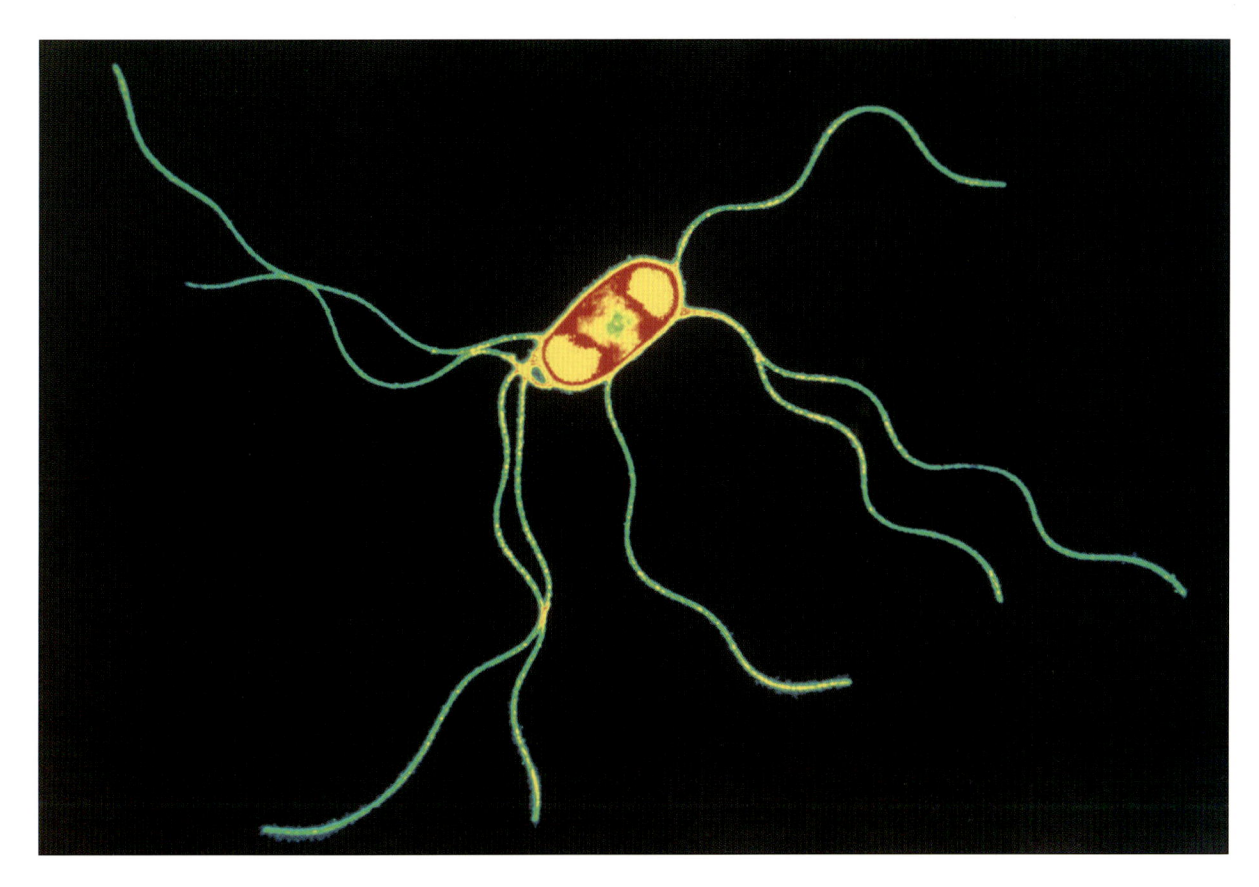

Wundermittel vielleicht sorgfältiger verwendet worden, und *S. aureus* wäre heute kein Superkeim. Arzneimittelresistenz entwickelt sich in Bakterien nach dem ehernen Gesetz der Evolution. Die frühen Antibiotika wie Penicillin, Streptomycin und Tetracycline zerstörten erwartungsgemäß im Falle einer Infektion so viele Bakterien, daß die Gesamtpopulation zu ungefährlicher Größe reduziert wurde oder das Immunsystem des Patienten den Rest übernehmen konnte. Aber in jeder Population gibt es genetische Abweichungen. Wenn wir von einer Masse von einer Million Bakterien ausgehen (die ihre Zahl alle 20 Minuten verdoppeln kann), wird es unter den Nachkommen zufällige Mutationen geben, von denen einige eine natürliche Resistenz gegen Antibiotika aufweisen werden. Diese bleiben nach der Antibiotikaanwendung übrig, vermehren sich rasch und ersetzen ihre toten Brüder. Konnte man 1941 eine bakterielle Lungenentzündung in vier Tagen mit einer täglichen Dosis von 40 000 Einheiten Penicillin heilen, kann heute ein Patient trotz 24 Millionen Einheiten sterben.

Proteus vulgaris – *eines der unzähligen „guten" Bakterien, die im Körper des Menschen dessen Wohlbefinden oder wichtige Lebensvorgänge unterstützen. Mit seinen langen Geißeln bewegt es sich in den Körperflüssigkeiten.*

Der – aus Unwissenheit erfolgte – verschwenderische Umgang mit den neuen Arzneimitteln in den späten 40er und frühen 50er Jahren beschleunigte also lediglich die unvermeidliche Entwicklung von Antibiotikaresistenzen. Sowohl *S. aureus* als auch penicillinproduzierende Pilze gedeihen im Boden. Als Wildtypen entwickelten diese rivalisierenden Organismen ihre eigenen Abwehrstrategien gegeneinander. Irgendwann vor langer Zeit erwarben einige Stämme von *S. aureus* ein Plasmid, das in der Lage ist, Penicillinase zu produzieren. Dieses Enzym beraubt Penicillin seiner Fähigkeit, die Zellwand des Bakteriums zu überwinden und es so buchstäblich zu zerreißen. (Unter Plasmiden versteht man frei im Plasma liegende Anhäufungen, die in einer Bakterienzelle, unabhängig vom eigenen genetischen Material der Zelle, vorkommen, Eigenschaften und Verhalten des Bakteriums aber verändern können. Es gibt Plasmidübertragung zwischen Bakterien sowie zwischen Bakterien, Viren und Hefen.)

Verschiedene andere Bakterien haben diese Penicillinunempfindlichkeit ebenfalls lange vor Entdeckung des Penicillins erworben. In den 60er Jahren fand man Sporen von *Bacillus licheniformis* auf getrockneten Pflanzen, die sich seit 1689 im Britischen Museum befanden. Die wieder aktivierten Sporen keimten aus und produzierten Penicillinase. Die biochemischen und immunologischen Eigenschaften des Enzyms waren identisch mit denen der von heutigen Bazillen produzierten Penicillinase. Ende der 50er Jahre war *S. aureus* als Krankenhauskeim gegen jedes damals verfügbare Antibiotikum resistent geworden, da sich jene Keimstämme durchgesetzt hatten, die den natürlichen Schutz aufwiesen.

Auch die folgende Antibiotikageneration hatte *S. aureus* innerhalb von zehn Jahren besiegt. Man nannte ihn nach dem bekanntesten seiner unterlegenen Widersacher „Methicillin-resistenter *Staphylococcus aureus*" (oder häufiger MSRA), dem in den späten 70er Jahren EMSRA folgte (E für „epidemisch"). Gegen diesen Typ half nur noch das teure und schlecht verträgliche Vancomycin, das zu Nierenstörungen und einer Beeinträchtigung des Hörvermögens führen konnte. 1998 wurde bekannt, daß Stämme von *S. aureus* in einigen europäischen Krankenhäusern auch diese letzte Bastion gestürmt hatten. Möglicherweise hat das Bakterium ein gegen Vancomycin resistentes Plasmid von einer anderen Bakteriengruppe, etwa den Enterokokken, erhalten.

Vom Tier zum Menschen

Die Enterokokken des menschlichen Darms sind mit den Streptokokken verwandt, die typischerweise Halsentzündungen verursachen. Außer Kontrolle geraten, dringen diese Bakterien ins Körpergewebe ein und können Lungenentzündung, Sepsis, Meningitis und Endokarditis (Entzündung der Herzinnenhaut und der Herzklappen) verursachen. Die Enterokokken *Ent. faecalis* und *Ent. faecium*, die einen natürlichen Schutz gegen viele Antibiotika aufweisen, können eine Reihe ähnlicher Störungen hervorrufen. Das Verteidigungsarsenal der Mikroben wuchs im gleichen Maße wie die zur Verfügung stehenden Medikamente. So hörte man 1986 erstmals von Vancomycin-resistenten Enterokokkenstämmen (VRE) in Frankreich, 1989 von solchen in Großbritannien und in den USA.

Henrik Wegener von der Dänischen Tiermedizinischen Versuchsanstalt zeigte 1998 auf einer internationalen Konferenz über neue Krankheiten in Atlanta (Georgia), daß VRE nicht durch Antibiotikamißbrauch resistent

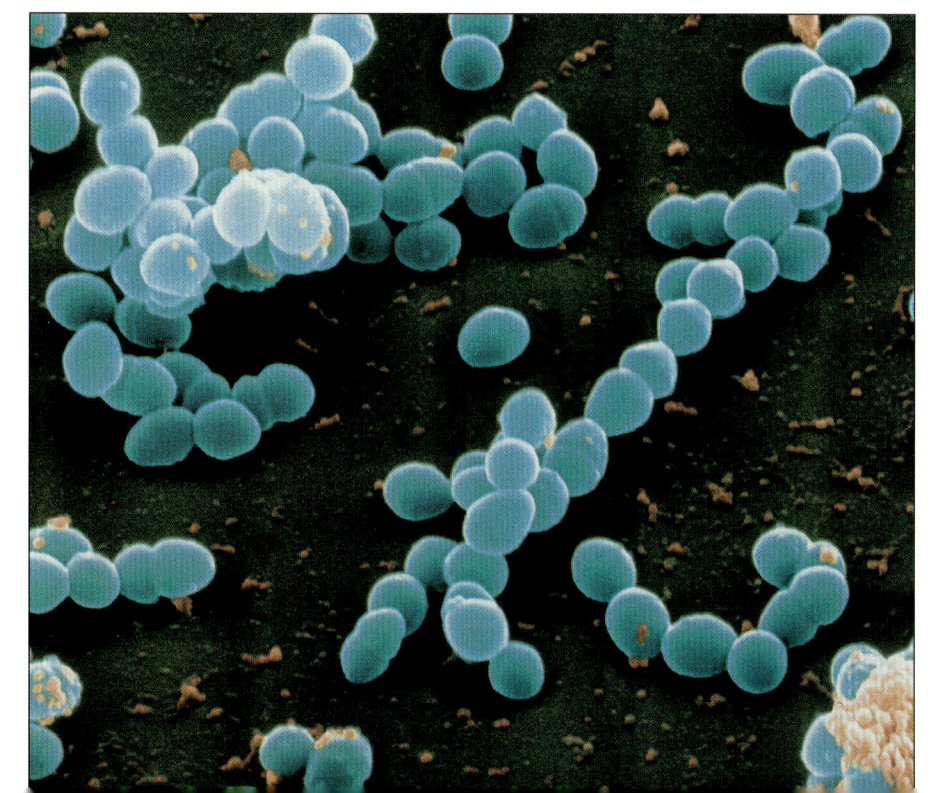

Das Bakterium Enterococcus faecalis *lebt im Darm des Menschen. Außerhalb dieses Lebensraums kann es ernste Probleme bereiten, etwa wenn es operationsbedingte Herzinfekte verursacht. Es ist resistent gegen Penicillin.*

geworden war. In den 90er Jahren hatte sich herausgestellt, daß Schweine und Geflügel VREs beherbergen können. Das Futter der Tiere hatte wachstumsfördernde Antibiotika enthalten. Eines dieser Mittel, Avoparcin, ähnelt in seiner Zusammensetzung dem Vancomycin. So entstand der Verdacht, daß der Verzehr derart behandelten Fleisches auch die Darmenterokokken bei Menschen resistent werden läßt.

Wegener konnte die Gensequenzen nachweisen, die für die Resistenz von in Schweinen und Geflügel lebenden Bakterien in mehreren Ländern verantwortlich sind. Die Enterokokken von Geflügel und Schweinen zeigten jeweils eine andere genetische Abweichung. Menschen waren Träger von Enterokokken beider Varianten. VRE-Bakterien gehen also offenbar vom Tier auf den Menschen über. Bei einem umgekehrten Transfer müßten die Tiere beide VRE-Stämme beherbergen.

Das gleiche Spiel wiederholte sich mit neuen Medikamenten, die Vancomycin ersetzen sollten. Dazu gehört Synercid, das jedoch dem lange Zeit in der Tiermast verwendeten Antibiotikum Virginiamycin sehr ähnlich ist. Ziracin, auf das man nach Synercid seine Hoffnungen setzte, war, wie Wegener schrieb, „praktisch identisch" mit dem wachstumsfördernden Avilamycin. Folglich wurden Avilamycin-resistente VREs auch von Ziracin nicht angegriffen. Die Weltgesundheitsorganisation erklärte die Wachstumsförderungsmittel daraufhin zu „einer wachsenden Gefahr für die menschliche Gesundheit".

Das stärkste Gift

Unmittelbarer bedrohen Clostridien die menschliche Gesundheit. Eine dieser Bakterienarten stellt ein das Zentralnervensystem angreifendes Gift her, sobald sie aus tierischen oder menschlichen Eingeweiden in Wunden gelangt. Die Muskeln des infizierten Patienten verkrampfen und erstarren dann zur Unbeweglichkeit, gleichzeitig ist der Vorgang von hohem Fieber

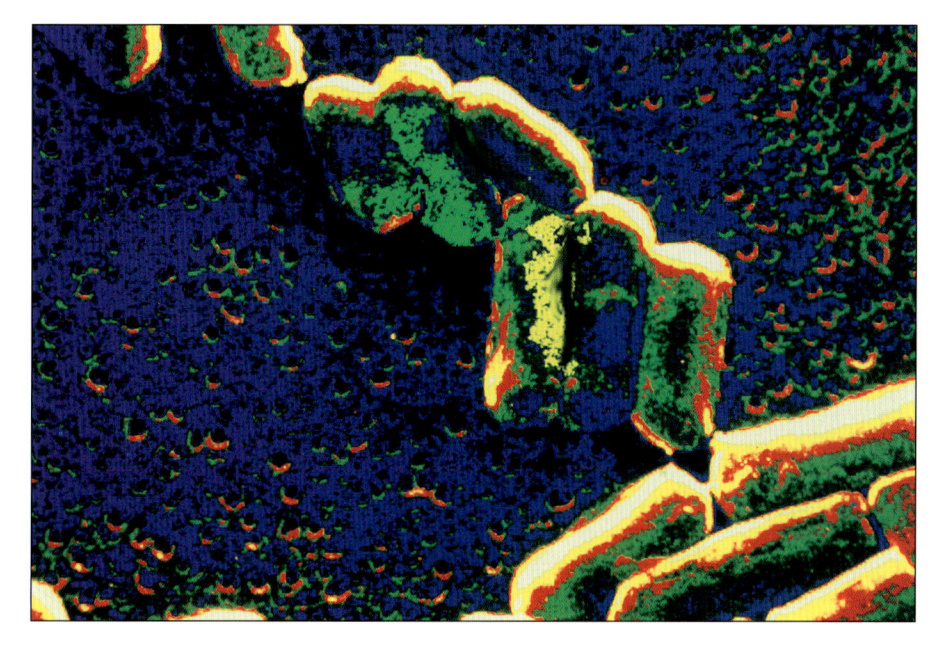

Clostridium perfrigens – einige Stämme sind für den Menschen harmlos, andere produzieren ein muskelzerstörendes Gift. Normalerweise lebt die Mikrobe im Boden. Kommt sie mit Menschen in Berührung, kann sie Wunden infizieren oder Nahrungsmittel vergiften.

und heftigen Zuckungen begleitet. In schweren Fällen bäumt sich der gesamte Körper im Krampf auf; sind die Atemmuskeln betroffen, erstickt das Opfer schließlich unter großen Qualen. Den Namen dieser Krankheit kennt jeder: Tetanus. Aber was viele nicht wissen: Überlebende sind nicht immun gegen eine erneute Erkrankung.

Alle Clostridien stellen tödliche Gifte her, das stärkste stammt jedoch von *Cl. botulinum*. In einem Lehrbuch der Mikrobiologie ist zu lesen, daß schon ein Milligramm des betreffenden Proteins ausreichen würde, um 20 Millionen Mäuse zu töten, „und eine tödliche Dosis für 1000 Tonnen Meerschweinchen darstellt". Noch dramatischer: etwa zwei Teelöffel des Gifts würden, gleichmäßig verteilt, die gegenwärtige Erdbevölkerung von ungefähr sechs Milliarden Menschen auslöschen.

Dieses Schreckgespenst hält sich in säurefreien Nahrungsmitteln auf, insbesondere in Dosen oder Gläsern, die nicht ausreichend erhitzt wurden, um die Bakterien abzutöten und das Gift zu zerstören. Hierfür genügen etwa 20 Minuten bei 100 °Celsius. *Cl. botulinum* ist ein normalerweise im Boden lebender Anaerobier. Gemüsekonserven werden am häufigsten von den Bakteriensporen befallen. Wenn sie den Konservierungsvorgang überleben, keimen sie aus und pumpen ihr Gift in das Nahrungsmittel, dem man das Geschehen nicht unbedingt ansieht.

Die Bakteriensporen des *Cl. botulinum* sind widerstandsfähige Gifte. Weder die konzentrierte Salzsäure im Magen noch die Enzyme des Verdauungstrakts können ihnen etwas anhaben. Aus dem Darm werden sie ins Blut aufgenommen und wandern ins Nervensystem, indem sie in die Flüssigkeit zwischen den Nervenfasern eindringen. Sobald sie das Gehirn erreicht haben, greifen sie die Herzschlag- und Atemzentren an und lähmen sie. Der Tod tritt infolge von Herz- oder Lungenversagen ein.

Botulismus ist eine ungewöhnliche Form der Nahrungsmittelvergiftung, da er das Verdauungssystem nur selten stört und kein Fieber erzeugt. Die Patienten müssen die Symptome bei vollem Bewußtsein ertragen. Dazu gehören Schluck- und Sprechprobleme, Doppeltsehen, hängende Augenlider, hervorquellende Augen und Erbrechen.

Das Bakterium Clostridium botulinum *produziert das weltweit tödlichste Gift. Das Bakterientoxin ist so stark, daß bereits zwei Teelöffel davon die gesamte Menschheit auslöschen könnten.*

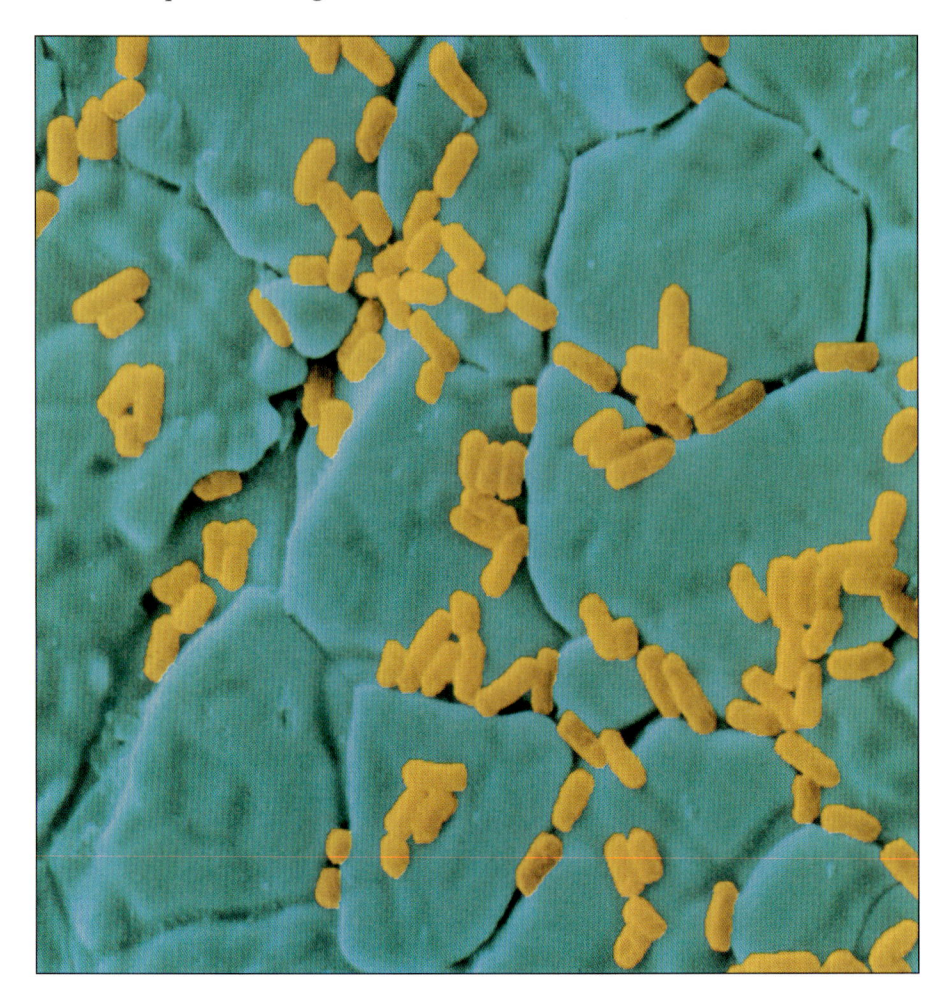

Botulismus hat auch eine gute Seite. Wie das ebenfalls tödliche Gift Curare, dessen muskelentspannender Effekt sich bei der Behandlung von Tetanus und in der Chirurgie nutzen ließ, wurde auch Botulinustoxin zur Therapie von Muskelstörungen eingesetzt. In winzigsten Dosen konnte damit Schielen behandelt und Dystonie bekämpft werden. Dystonie ist eine Krankheit der Basalganglien im Gehirn, die Muskelspasmen verursacht und die Patienten zu merkwürdigen Verrenkungen zwingt.

DER SCHWARZE TOD

Aufgrund der Fortschritte bei der Nahrungsmittelverarbeitung sterben alljährlich nur noch wenige Menschen durch dieses stärkste Gift der Welt. Nach dem 1991 stattfindenden Kriegseinsatz „Wüstensturm" entdeckte man, daß der irakische Diktator Saddam Hussein geplant hatte, dieses Gift als raketengesteuerte biologische Waffe einzusetzen. In Geheimlagern wurden Tausende Liter des Botulinustoxins gefunden.

Den Rekord einer hohen Sterberate durch Bazillen in kürzester Zeit hält allerdings vermutlich *Yersinia pestis*, die Ursache für den „Schwarzen Tod" (damals „Großes Sterben" genannt), der ganz Europa im 14. Jahrhundert heimgesucht hat.

Der „Schwarze Tod" oder die Beulenpest kam im Gefolge der tatarischen Belagerung der Hafenstadt Kaffa (heute Feodossija) auf der Krim nach Europa. Über Jahre hinweg hatte sich die Pest auf der Seidenstraße von China her genähert, wo sie erstmals im Jahr 1331 ausgebrochen war. 1346 wütete sie in der tatarischen Armee. Der Überlieferung zufolge hatten die Tataren vor Abbruch der Belagerung angeblich nichts Besseres zu tun, als mit ihren riesigen Katapulten Pestleichen in die Stadt zu schießen. Eine Gruppe Genueser Kaufleute, die durch die Belagerung in Kaffa festgehalten worden war, machte sich nun auf den Heimweg und landete 1347 in Messina auf Sizilien. Bald stellte sich heraus, daß sie die furchtbare Krankheit mitge-

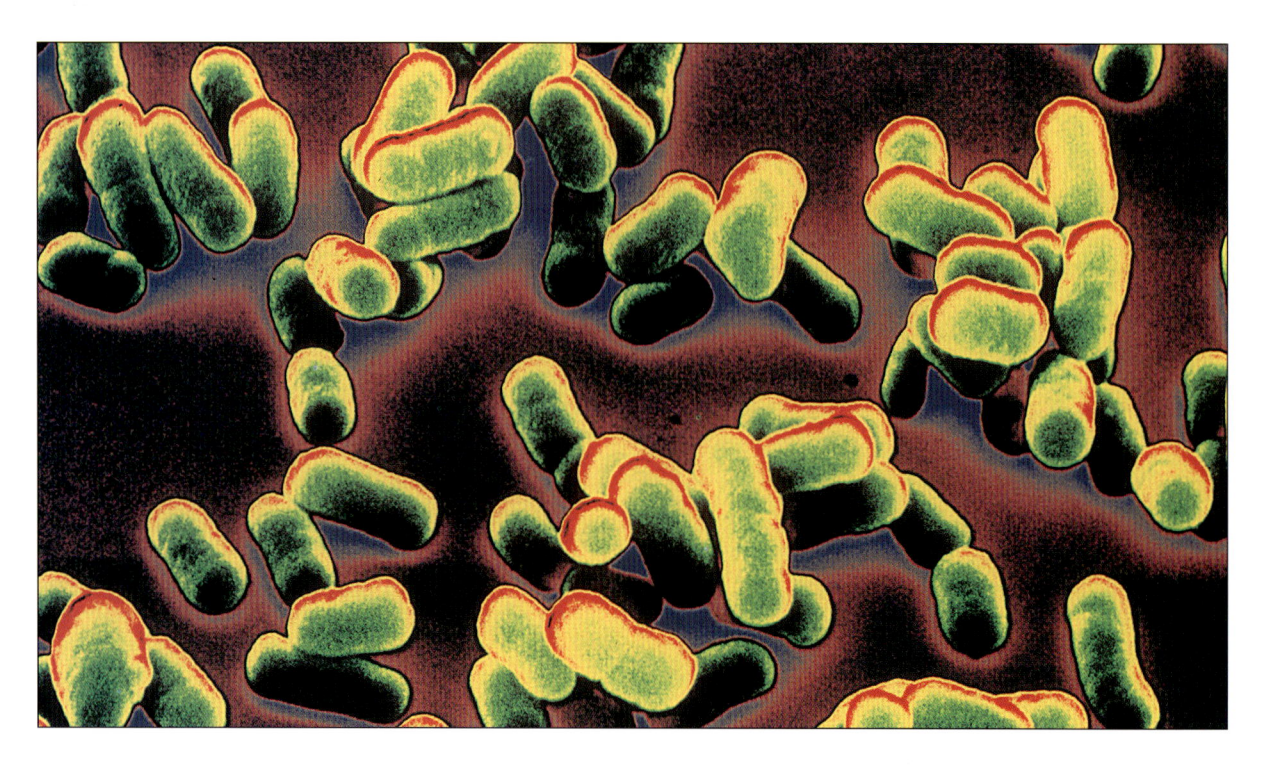

Die Ursache von Beulen- und Lungenpest, des „Schwarzen Todes" im Mittelalter: das Bakterium Yersinia pestis. *Die Seuche ist in Europa ausgerottet. In anderen Teilen der Erde gibt es sie jedoch noch.*

bracht hatten. Innerhalb von nur drei Jahren erreichte sie auf ihrer schrecklichen Reise quer durch Europa Nordschottland und Norwegen.

Die Pest tötete rasend schnell. Nach Auftreten der ersten Symptome trat der Tod oft innerhalb von 24 Stunden, mit Sicherheit innerhalb von drei Tagen ein. In der Provinz Hopei in China starben während der Epidemie von 1331 neun von zehn Einwohnern. In Europa starben bis zum Ende der ersten Epidemiewelle im Jahr 1351 vermutlich 30 Millionen Menschen. Das entspricht einem Viertel bis einem Drittel der Gesamtbevölkerung, stellenweise war der Anteil noch höher. So soll London 35 000 von zuvor 60 000 Einwohnern verloren haben. Die Menschen wurden erschreckend rasch hinweggerafft. In Paris starben pro Tag 800 und in Wien 600 Menschen an der Seuche. Von allen größeren europäischen Städten blieb nur Mailand verschont. Ähnlich sah es im südlichen und östlichen Mittelmeerraum aus: Chronisten berichten, daß die Bevölkerung Syriens und Ägyptens zwischen 1347 und 1349 um ungefähr ein Drittel zurückging. In China kam es 1353 und 1354 zu einem erneuten Ausbruch, dem wiederum zwei Drittel der Bewohner erlagen. Um 1393 lebten in China infolge von Pest und nachfolgender Hungersnot nur noch etwa halb so viele Menschen wie vorher.

Ratte und Floh

Die hohe Todesrate erklärt sich dadurch, daß im Gegensatz zu Bakterien, die Epidemien verursachen, *Y. pestis* kein Kommensale ist, gegen den der Körper eine gewisse angeborene Immunität besitzt. Die Krankheit war völlig neu für das Immunsystem der Menschen. Überdies gab es keine Antibiotika oder Isolationsverfahren. Damals wurden Hunde, astrologische Konstellationen, die Sünden der Menschen und anderes für die Epidemien verantwortlich gemacht. Die Beulenpest wird auch nicht durch kranke Menschen, sondern durch kranke Flöhe der Art *Xenopsylla cheopsis* verursacht, die Ratten als Wirtstiere bevorzugen.

Der stäbchenförmige Bazillus *Yersinia pestis* lebt im Darm des Flohs. Beim Saugen stößt der Floh einen Teil des bakterienverseuchten Blutes in

Der auf Ratten lebende Floh Xenopsylla cheopis *überträgt unfreiwillig das Beulenpestbakterium. Sobald die Pestbakterien irgendwo die Rattenpopulationen vernichteten, schlug der Schwarze Tod zu: die Flöhe wechselten auf den Menschen und gaben so die tödliche Krankheit weiter.*

die Ratte zurück. Das Tier ist mit Pest infiziert. Gelangen dann die Flöhe dieses Wirtstieres auf andere Tiere, dann übertragen sie die Krankheit.

In der Natur entwickelt sich die Beulenpest in Nagetierpopulationen, die sich plötzlich einer kritischen Größe nähern, zur Seuche. Dies kann bei länger andauernden günstigen Witterungsbedingungen geschehen, die gute Nahrungsverhältnisse schaffen. Sterben Ratten an der Pest, dann suchen deren infizierte Flöhe auf Menschen nach Nahrung. Die abfallfressende Hausratte ist ein geschickter Kletterer: über Taue und Fallreepe gelangen die Tiere leicht auf die Schiffe, wo sie in Laderäume und Kombüsen auf Nahrungssuche gehen. So beschleunigte die Behendigkeit der Nager die Ausbreitung der Pest in Europa. Denn Ratten bereisten die Schiffahrtswege als blinde Passagiere und wechselten in Häfen auf andere Schiffe.

Die Bakterien greifen im Tier (oder Menschen) das Lymphgefäßsystem an, töten dabei ungeheuer viele Zellen und bringen groteske Bubonen hervor, Beulen, die so groß wie kleine Äpfel werden können. Beim Menschen erscheinen sie auf den Lymphknoten in der Achsel- und Leistengegend. Von dort wandern die Bakterien zu Leber, Milz und Gehirn, wo sie Blutungen und Wahnvorstellungen hervorrufen. Auf der Haut erscheinen schwarze und rote Flecken, die den sicheren Tod innerhalb von zwei oder drei Tagen signalisieren. Nur wenn die Bubonen platzen, kann es sein, daß der Patient überlebt. Bei kalter Witterung (unter 10 °Celsius) sucht sich der Bazillus ein anderes Ziel. Er greift die Lunge an, dann nennt man die Krankheit Lungenpest. Diese kann direkt von Mensch zu Mensch übertragen werden, da die tödlichen Bakterien durch Tröpfcheninfektion verbreitet werden. Zur Zeit des „Schwarzen Todes" betrug die Todesrate infolge einer Lungenpest fast 100 Prozent.

Im Laufe des 20. Jahrhunderts ging die Pest sehr stark zurück. Zwischen 1900 und 1920 starben allein in Indien noch etwa 10 Millionen Menschen an Pest. In den 60er Jahren sanken die jährlichen Todesfälle weltweit auf unter 1 500. Heute beschränkt sich die Pest auf einige Infektionsgebiete in Indien (wo in ländlichen Gegenden Bandikutratten die Hauptüberträger sind), den USA (hier sind Backenhörnchen und Wühlmäuse Überträger), Südostasien, Teilen Afrikas und Südamerika. Verbesserte Hygienebedingungen und der strikte Einsatz des Antibiotikums Streptomycin trugen zur Eindämmung der Krankheit bei.

Lebendige Steine

1998 meldeten zwei finnische Wissenschaftler die Entdeckung einer besonderen Bakteriengruppe. Die kleinsten bis dahin bekannten Bakterien waren selten kleiner als ein Mikrometer (ein tausendstel Millimeter) in Länge oder Breite. Die nun entdeckten Nanobakterien kommen auf weniger als ein Zehntel dieser Größe und sind mit Mineralien überzogen, die denen der Nierensteine stark ähneln.

Es ist zwar noch nicht nachgewiesen, wohl aber möglich, daß sie tatsächlich Nierensteine verursachen. Olavi Kajander und Neva Çiftçiglu von der Universität in Kuopio infizierten Zellen mit den Bakterien und stellten fest, daß die Zellen innen und außen Mineralien ablagerten. Sie untersuchten 30 Nierensteine von Menschen und fanden darin Nanobakterien. Dennis Carson von der Universität von Kalifornien in San Diego äußerte die Vermutung, daß die Bakterien oder enge Verwandte von ihnen auch hinter anderen Krankheiten stecken könnten, bei denen Mineralablagerungen eine Rolle spielen, etwa bei Herzkrankheiten, Tumoren und Demenz, die von abnormen Kalkablagerungen im Gehirn herrührt.

Zweifel bestehen, ob diese Minimikroben eigenständige Lebewesen sind oder verkleinerte und veränderte Formen anderer Bakterien. Genetisch stehen sie den Gattungen *Brucella* und *Bartonella* nahe, die beim Menschen Brucellose und Oroya-Fieber verursachen. Nanobakterien können auch normale Bakterien sein, die aufgrund von Nährstoffmangel geschrumpft sind. Sie finden sich im Blut, dessen Bestandteile von einigen Bakterien nur schwer verdaut und in Energie umgewandelt werden können. Die Mineralumhüllung stellt einen Schutz für die Bakterien dar.

Kajander läßt sich durch diese Argumentation nicht beirren. Er meint, daß die Nanobakterien auf Kometentrümmern aus dem Weltraum zur Erde gelangt sind. Mit einer kleinen Gruppe von Wissenschaftlern hält er Bakterien, Viren und möglicherweise auch die ersten Bausteine des Lebens auf unserer Erde für zufällige außerirdische Besucher. Kajander hat ein Argument auf seiner Seite: Der Mineralschild würde die Nanobakterien im Gegensatz zu anderen Bakterien während einer kosmischen Reise gegen die tödliche ultraviolette Strahlung schützen. Die meisten Wissenschaftler halten solche Ideen bestenfalls für Vermutungen, ein NASA-Sprecher bezeichnete sie als „wilde Spekulationen".

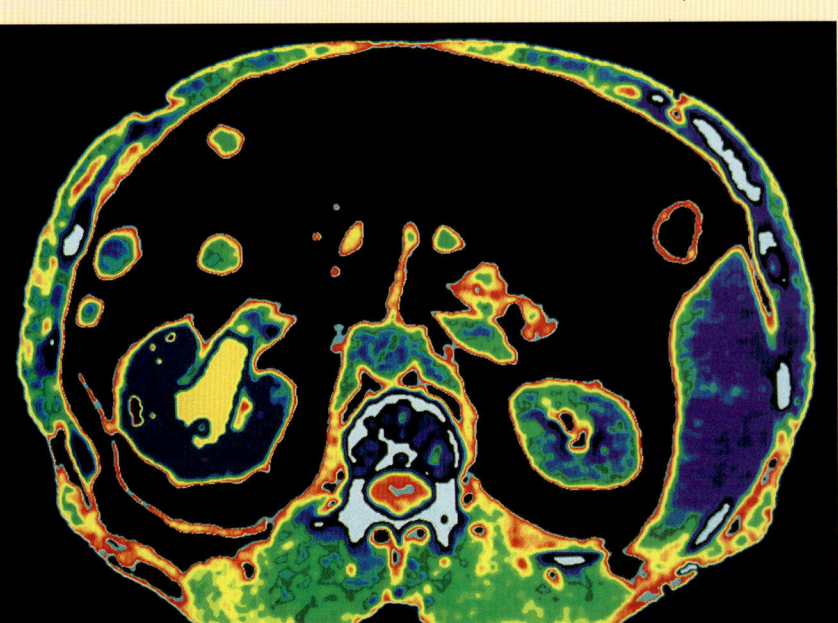

Ein Computertomogramm der Nieren. Die rechte Niere ist durch einen Nierenstein erweitert. Nach neuesten Forschungen könnten die winzig kleinen Nanobakterien die Steine entstehen lassen.

Weder tot noch lebendig

Noch wesentlich kleiner als Nanobakterien sind allerdings Viren: Bakterien werden in Mikrometern gemessen (tausendstel Millimeter), Viren dagegen in Nanometern (millionstel Millimeter). Der Kuhpockenerreger *Vaccinia*, eines der größten Viren, hat einen Durchmesser von 300 Nanometern. 24 Nanometer beträgt der von Rhinoviren, die Schnupfen verursachen. Die geringe Größe der Viren hat aber nichts mit geringer Wirkung zu tun. Beim Menschen verursachen sie unter anderem AIDS, Polio, Herpes, Hepatitis, Mumps, Masern, Pocken, Tollwut, Gelbfieber, einige Krebsarten und viele furchtbare hämorrhagische Fieber.

Instinktiv werden Bakterien, die ursprünglichen „Keime", als Krankheitserreger verstanden: eine Horde kleiner Bösewichter, die in uns eindringen. (Zum schlechten Ruf der Bakterien mag lange Zeit beigetragen haben, daß es schwerfällt, an die Unschädlichkeit selbständig im Körper lebender Organismen zu glauben.) Auf dieser emotionalen Ebene beunruhigen Viren

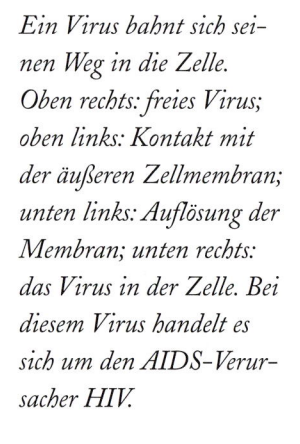

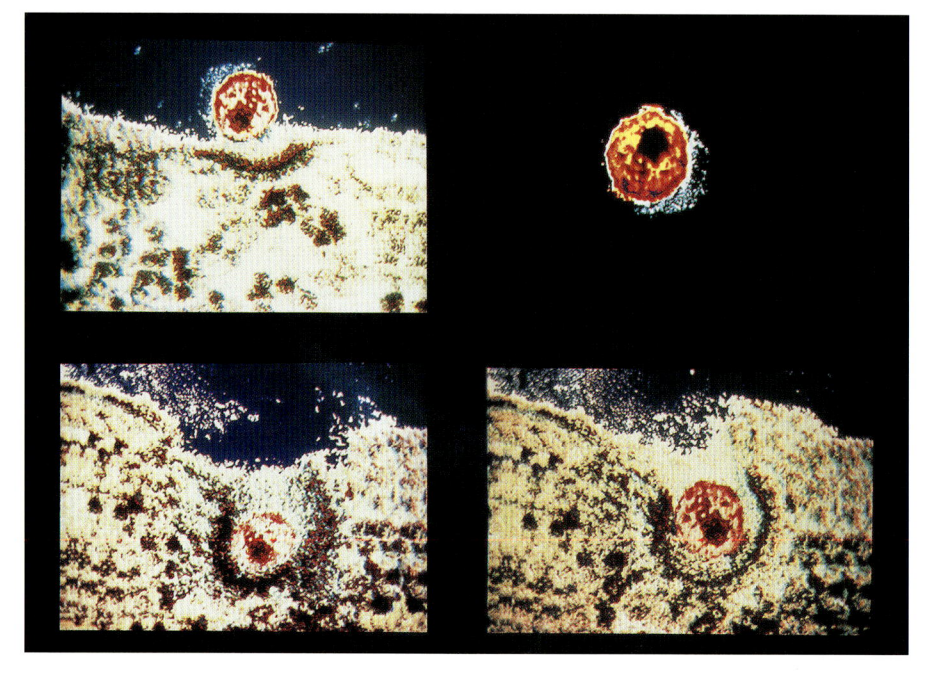

Ein Virus bahnt sich seinen Weg in die Zelle. Oben rechts: freies Virus; oben links: Kontakt mit der äußeren Zellmembran; unten links: Auflösung der Membran; unten rechts: das Virus in der Zelle. Bei diesem Virus handelt es sich um den AIDS-Verursacher HIV.

sogar noch mehr, denn eigentlich sind sie tot: Viren sind träge Nukleinsäurestücke, die von einem Proteinmantel und manchmal zusätzlich von Lipiden umgeben sind. Sie werden erst lebendig, wenn sie in eine lebende Zelle eingedrungen sind. Sie zwingen diese zur Virenproduktion und zerstören sie schließlich.

Mit ihren Proteinen heften sich Viren an Rezeptoren der Zellwand und erzwingen sich Zugang zur Zelle. Dann injizieren sie ihre DNA (Desoxyribonukleinsäure), die den Zellkern besetzt. Jeder Virustyp befällt spezifische Zellen: So wählt das Poliovirus nur Hirnzellen, das Tollwutvirus aber Nervenzellen. Das Virus programmiert die chemischen Abläufe in der Zelle um, so daß diese die DNA des Eindringlings als eigene behandelt und die virale Ribonukleinsäure (RNA) herstellt, aus der Proteine und mit Hilfe von Zellenergie und -material neue Viren hergestellt werden. Diese brechen aus der überfüllten Zelle hervor und suchen nach neuen Zellen, die sie dann besetzen und zerstören.

Manche Viren, etwa das AIDS verursachende humane Immunschwächevirus (HIV), enthalten einen Kern aus zwei RNA-Ketten und ein Enzym. Wie Lebewesen muß das Virus für seine Reproduktion DNA erzeugen. HIV gelingt das mit Hilfe seines Enzyms, das in der Wirtszelle seine RNA in DNA umschreibt und diese kopiert, so daß schließlich zwei Stränge DNA in der charakteristischen Doppelhelixform vorliegen. Die Zelle übernimmt die virale DNA und beginnt mit der Virenproduktion. Da die übliche Abfolge (Umschreiben der DNA in eine RNA) umgekehrt verläuft, heißt das Enzym „reverse Transkriptase", und die Viren nennt man „Retroviren".

EINE VIRUSPEST

Die vom Beulenpestbazillus angerichteten Verheerungen verblassen angesichts der Todeskraft mancher Viren. So starben etwa zwischen 1918 und 1919 mehr Menschen am Influenzavirus als auf den Schlachtfeldern des Ersten Weltkriegs.

Fünf Influenzaviren. Die Spikes an der Außenseite bestehen aus Proteinen, die sich an Rezeptoren von Zellen heften. Durch Mutationen oder Genaustausch mit Influenzaviren von Tieren, etwa Schweinen, Enten oder Hühnern, können neue Stämme entstehen, die manchmal verheerende globale Grippeepidemien auslösen.

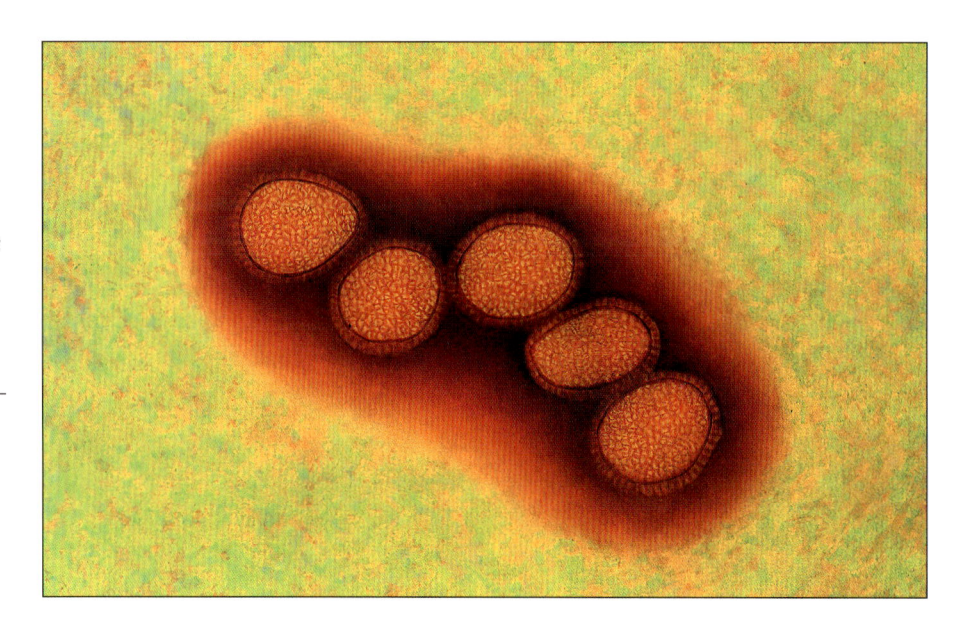

Der Krieg trug allerdings zur Ausbreitung der Krankheit bei. Im März 1918 erkrankte ein Mannschaftskoch in Fort Riley, Kansas, und zeigte die üblichen Grippesymptome. Innerhalb einer Woche waren 522 Personen an dieser ziemlich virulenten Form erkrankt. Ob man nun die Kriegsvorbereitungen nicht gefährden wollte oder eine simple Fehldiagnose vorlag: die 46 Grippetoten der Basis galten offiziell als Opfer einer Lungenentzündung. Hunderttausende Soldaten trugen so den gefährlichen Keim nach Frankreich hinüber.

Als an der Westfront die letzten Schlachten geschlagen wurden, breitete sich die Grippe in Frankreich, Großbritannien und Spanien aus und forderte acht Millionen Opfer. Durch Feindberührung auf den Schlachtfeldern gelangte sie nach Osten, wütete unter den deutschen Truppen (wo sie „Blitzkatarrh" genannt wurde) und gelangte über Rußland, China und Japan nach Südamerika. Acht Monate nach dem Ausbruch der Grippe war der Krieg vorbei, und die Truppen zogen nach Hause. Viele Soldaten stammten aus den britischen Kolonien und brachten die Killergrippe nun auch nach Afrika und Indien.

Schätzungsweise zwei Milliarden Menschen erkrankten daran weltweit, von denen zwischen 20 und 40 Millionen elend zugrunde gingen. Denn die Krankheitssymptome wurden im Verlauf der Pandemie (Epidemie großen Ausmaßes) zunehmend schlimmer. Der Wissenschaftsjournalist

Peter Radetsky beschreibt, wie nach dem üblichen Krankheitsverlauf Atembeschwerden und Schweißausbrüche auftraten und anschließend

> die Kranken infolge Sauerstoffmangels blau anliefen. Auf der Haut erschienen rote Blasen, aus der Nase strömte Blut. Einige wurden von Husten gepeinigt, andere [spuckten] Mengen gelbgrünen Eiters. Die Leute starben, zunächst langsam, dann schneller und immer häufiger, manchmal innerhalb weniger Tage nach Krankheitsausbruch.

Der Medizinstudent Isaac Starr schilderte, wie „sie nach einigen Stunden des Keuchens ins Delirium fielen und inkontinent wurden. Viele starben, während sie noch versuchten, den bisweilen aus Nase und Mund strömenden blutigen Schaum aus den Atemwegen zu entfernen". Es gab kein Mittel gegen die Krankheit oder ihre Ausbreitung. Damals wurde über die Existenz von Viren noch wissenschaftlich gestritten: die wahre Ursache der Pandemie war nicht zu erklären. Man mußte der Natur ihren Lauf lassen, bis der Beutezug des Virus zu Beginn des Jahres 1919 von allein zum Stillstand kam. „Bis zum heutigen Tag wurden in der Geschichte der Menschheit in ähnlich kurzer Zeit niemals so viele Menschen dahingerafft", schreibt Radetsky über die Pandemie.

TAKTIK EINES BETRÜGERS

Die Grippe tötet alljährlich immer noch Zehntausende von Menschen und bricht bisweilen als heftige Pandemie aus, wenn auch nie mehr in dem Maße wie 1918. Es ist noch immer nicht gelungen, einen wirksamen Impfstoff gegen Grippe herzustellen. Wie bei anderen nicht therapierbaren Viruserkrankungen, etwa AIDS und Schnupfen, liegt der Grund in der parasitären Vermehrungsmethode des Virus.

Das Grippevirus ist fast kugelig und weist in der Hülle Spikes auf. Es gibt zwei Arten von Spikes oder Antigenen: die Proteine Hämagglutinin (H) und Neuraminidase (N). Das H-Protein heftet sich an Zellen in Hals, Luftröhre und Lunge. Das N-Protein dagegen unterstützt das Virus offenbar bei der Auswahl der geeigneten Zellen. Wenn neue Viren eine Zelle verlassen, nehmen sie ein Stück der lipidreichen Zellwand als zusätzlichen Schutz mit: das N-Protein befreit sie von Rezeptoren oder anderen verräterischen Zellpartikeln.

Der erfolgreiche Einsatz einer Impfung wird jedoch durch das H-Protein verhindert. Ein Impfstoff bewirkt im Körper die Produktion von Antikörpern. Diese erkennen das Virus an seinen Antigenen und inaktivieren es bei seinem erneuten Auftreten, so daß es sich nicht an die Rezeptoren seiner Zielzellen heften kann. Dem Influenzavirus ist es allerdings möglich, ständig seine H-Protein-Antigene zu verändern, da es von seinen insgesamt acht Strängen genetischen Materials keine ganz exakten Kopien herstellt. Schon eine kleine DNA-Veränderung kann die Struktur des H-Proteins und folglich die chemischen Signale abwandeln, nach denen die Antikörper

Die hier gezeigten AIDS-Viren neigen wie die Influenzaviren zu zufälligen Mutationen. Diese unvorhersehbaren genetischen Veränderungen erschweren enorm die Herstellung von Impfstoffen gegen diese Krankheiten. Ein neuer Virenstamm kann die Impfwirkung einfach umgehen.

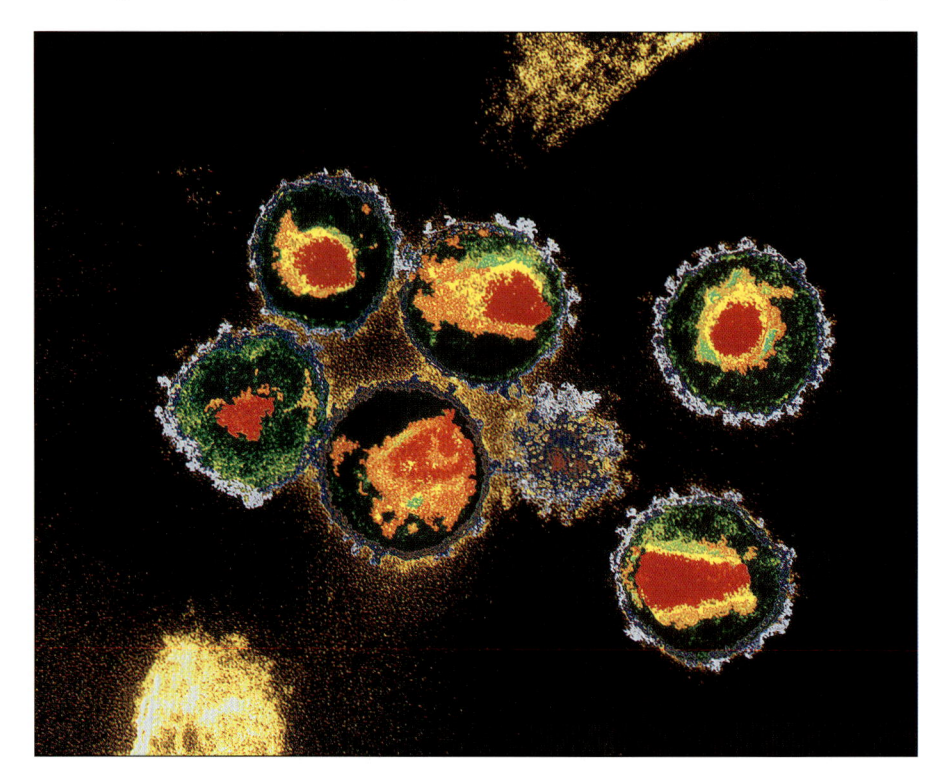

suchen. Die Impfstoffe bleiben also jeweils nur kurze Zeit wirksam, weil das veränderte Virus ihnen entgehen und auf diese Weise eine neue Infektion hervorrufen kann.

Wie kommt es jedoch zu solch verheerenden Pandemien wie 1918/19? Das Influenzavirus existiert in Dutzenden von Typen in Tieren, insbesondere Enten, bei denen sie ganz harmlos in den Eingeweiden leben, und Schweinen. Wird ein einzelnes auf den Menschen übertragen, bleibt es zunächst harmlos. Trifft es in der Zelle jedoch auf ein dort vorhandenes Influenzavirus dieser Person, kann es zum Austausch von genetischem Material kommen. Auf diese Weise entstehen dann H-Protein-Spikes, die sich von solchen vorheriger Generationen vollkommen unterscheiden. Nichts kann das Virus in diesem Fall noch aufhalten. Es befällt derart viele Zellen, daß in der Regel rasch Sekundärinfektionen entstehen. Anhand genetischer Fingerabdrücke konnte man den Ausbruch von 1918 zweifelsfrei auf eine solche Vermischung der Influenzaviren von Schwein und Mensch zurückführen.

SCHNUPFEN GEFÄLLIG?

Ein Schnupfen wird meist von Rhinoviren verursacht. Der Name stammt vom altgriechischen Wort für „Nase". Etwa 100 Typen sind bekannt. Gegen jeden kann ein Impfstoff hergestellt werden, der aber leider nicht vor den anderen 99 schützen würde und auch nicht vor den etwa 100 weiteren Virusarten, die Erkältungen verursachen können. Überdies ist ein Schnupfen nicht so unangenehm, daß man unbedingt eine Injektion dagegen, geschweige denn gleich 200, auf sich nehmen würde.

Es gibt angeblich Dutzende Möglichkeiten, um Erkältungen zu bekommen oder zu vermeiden: sich keiner Zugluft aussetzen, nasse Füße vermeiden, sich nicht in feuchtes Gras setzen, sich bei Kälte warm anziehen und so weiter. Keine dieser alten Weisheiten erwähnt, daß man sich von ande-

82 Kleine Ungeheuer

Mehrere Schnupfen verursachende Rhinoviren. Sie gehören zu den kleinsten bekannten Organismen. Da es Hunderte verschiedener Stämme gibt, ist es wenig praktisch, aber nicht unmöglich, einen Impfstoff gegen die vielen Infektionen herzustellen, die wir „Erkältung" nennen.

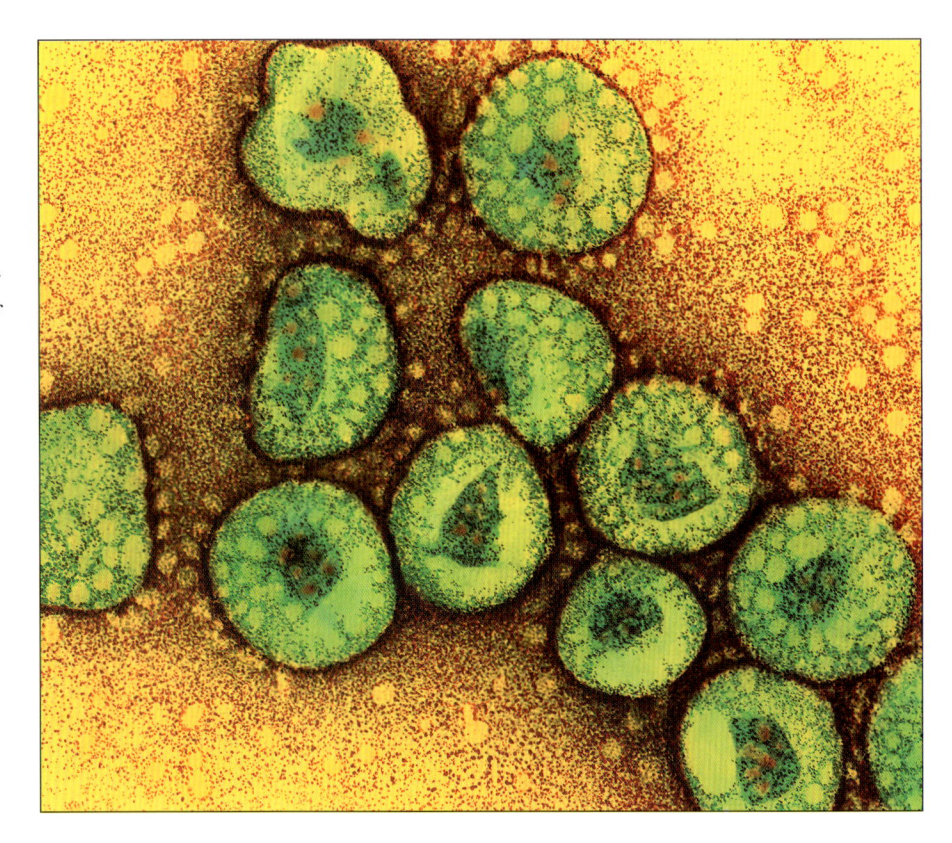

ren Menschen, der häufigsten Infektionsquelle, fernhalten soll. Einfallsreich sind auch die Volksheilmittel gegen Erkältungen: vom heißen Grog (Rum, Zucker, Wasser, Zitronensaft) über hochdosiertes Vitamin C bis zum Küssen einer Mausnase. Früher wurde Hühnerbrühe empfohlen, zumindest riet im 12. Jahrhundert der jüdische Gelehrte Moses Maimonides zu diesem Hausrezept seiner Mutter. Ähnlich viele hilfreiche, aber wirkungslose volksmedizinische Rezepte gibt es nur noch für Schluckauf.

Doch wie entsteht eine Erkältung tatsächlich? In der Nase schlagen dünne, haarähnliche Ausstülpungen wie kleine Paddel ständig vor und zurück, um den Schleimfluß aufrechtzuerhalten. Mit diesem Strom bewegen sich die Schnupfenviren bis zum hinteren Rachen. Die Mehrzahl wird entweder in den Mandeln zerstört oder – wenn sie in die Speiseröhre geraten – im Magen. Eine Erkältung verursachen solche, denen es gelingt, sich im hinteren Rachen, wo die schützende Schleimschicht besonders dünn ist, an Zellrezeptoren zu heften. Der übliche Prozeß – Zellinvasion, Reproduktion der Erbinformation und Herstellung neuer Viren – beginnt. Das Immunsystem produziert nun große Schleimmengen, die die Viren wegspülen sollen. Damit möglichst viele Antikörper heranstürmen können, erweitern sich die Kapillaren: der Rachen entzündet sich. Demnach fühlen wir uns gerade wegen der Selbstheilungsanstrengung des Körpers so elend. Gleichzeitig verbreitet der Heilungsprozeß, in dessen Folge wir husten und niesen, paradoxerweise die Erkältung und sichert somit das Überleben des Virus – jedenfalls in der Theorie.

Seltsamerweise kann die Medizin noch nicht genau erklären, wie die Erkältung übertragen wird. Es erscheint logisch, daß winzige Speichel- und Schleimtröpfchen (Aerosole) zusammen mit den Viren von einer infizierten Person in die Nase einer anderen gelangen. Ebenfalls einleuchtend ist die Annahme, daß die Viren durch Berührung übertragen werden. Mit und ohne Schnupfen werden Nasen geschneuzt, gerieben und gekratzt, und die von den Fingern aufgenommenen Viren landen auf Türklinken, Handtüchern, Papier – also auf Alltagsgegenständen, die andere Finger alsbald berühren und damit die Viren zu einem neuen Vermehrungsort bringen. Aber selbst langjährige Versuche konnten nicht nachweisen, ob Erkältungen nun durch Kontakt oder durch Tröpfcheninfektion verbreitet werden.

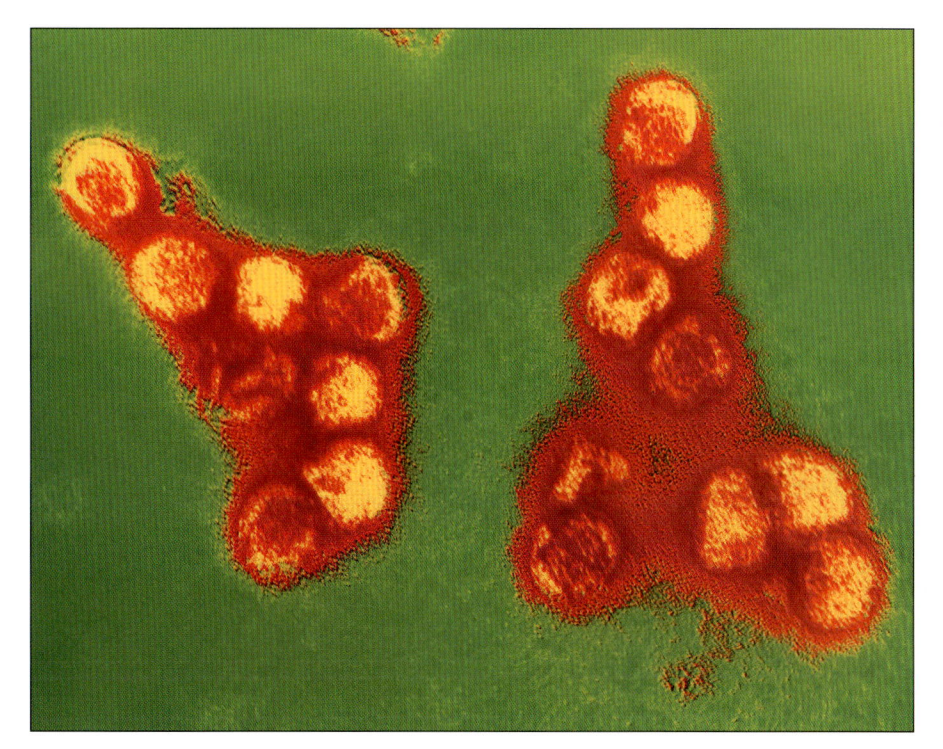

Zwei Virengruppen, die Enzephalitis (Hirnhautentzündung) verursachen. Nicht alle Viruserkrankungen werden durch Husten, Niesen oder zwischenmenschlichen Kontakt verbreitet. Enzephalitis wird von Zecken übertragen. Diese befallen Nagetiere und bodenbrütende Vögel und gefährden insbesondere Forstarbeiter.

Ein kühnes Unterfangen

Im allgemeinen schaden uns die meisten Viren nicht. Forschern gelang es nun sogar, sie Gutes vollbringen zu lassen. 1998 konnte man in der Zeitschrift *New Scientist* lesen, daß der Chemiker Trevor Douglas von der Temple Universität in Philadelphia und der Pflanzenpathologe Mark Young von der Universität von Montana in Bozeman eine Technik erfunden haben, die Viren in Medikamentenlieferanten und Diagnosefahndern verwandelt.

Die beiden Forscher entfernten bei Kuherbsenmosaikviren (wie der Name schon sagt, befallen sie normalerweise Pflanzen) den genetischen Kern und legten die leeren Proteinhüllen in eine Lösung, wo sie undurchlässige hohle Kugeln bildeten. Nach Reduktion des Säuregehalts der Lösung öffneten sich im Protein Poren. Douglas und Young fügten der Lösung verschiedene Substanzen und wieder Säure zu. Die Poren der Virushülle schlossen sich und hielten die Substanzen im Inneren zurück. Elektronenmikrobilder zeigten, daß sie sich kristallisiert hatten.

Unzählige Anwendungsmöglichkeiten dieser Entdeckung sind vorstellbar. So könnte man theoretisch passende, mit Arzneimitteln gefüllte Virushüllen durch den Körper schieben, die nach infizierten Stellen suchen, um diese unschädlich zu machen. Derzeit erkunden die Forscher Möglichkeiten, die Hüllen mit magnetischem Material zu befüllen. Ein Virus sucht immer nur nach seinen spezifischen Zellen, deshalb könnte man in einer Magnetresonanzaufnahme sehen, wo sich ein magnetisch beladenes Virus im Körper befindet. Das wiederum würde dem Diagnostiker zeigen, ob und wo sich gegebenenfalls bestimmte Zellen oder Bakterien aufhalten – und zwar ohne operative oder endoskopische Verfahren.

DER MENSCH ALS NAHRUNGSQUELLE

Permanent fressen Parasiten am Menschen: wie bereits geschildert, ernähren sich Bakterien, Milben und Insekten ständig oder zeitweise von Fetten, Schweiß und Blut des Körpers. Warum sollte ihnen dann nicht auch unser Inneres zur Verfügung stehen? Die Natur hat einige Lebewesen hervorgebracht, für die wir lediglich Futterwert haben und die danach trachten, ins Innere unseres Körpers zu gelangen, ohne unbedingt Krankheiten zu verursachen. Mit etlichen haben wir uns bis zu einem gewissen Grad arrangiert. Sie betrachten uns bereits seit langem als Nahrungsquelle, und wir haben gelernt, mit ihnen zu leben, auch wenn das eine eigenartige Vorstellung sein mag. Leichter fällt die Beschäftigung mit Eindringlingen, die auf den ersten Blick als gefährlich einzustufen sind.

Unzweifelhaft gefährlich sind verschiedene *Anopheles*-Mücken bzw. genauer: die Parasiten namens *Plasmodium*, von denen sie befallen werden und die sie beim Blutsaugen am Menschen auf diesen übertragen. Diese Einzeller durchlaufen in ihrem eigenartigen Lebenszyklus etwa sieben Stadien, manche davon ausschließlich in Säugetierblut. Trauriger Nebeneffekt dieses Phänomens ist die Malaria, die jährlich weltweit zwischen 1,5 und 3,5 Millionen Menschenleben fordert.

Ein typisches Malariasymptom ist der Wechsel zwischen Fieberschüben und symptomlosen Perioden. Die Krankheit beginnt mit Kopfschmerzen,

Eine malariaübertragende Anophelesmücke. Riesige Komplexaugen sehen in fast alle Richtungen und erschweren damit das Töten des Tiers. Der spitze Saugrüssel dringt zur Blutaufnahme leicht in die Haut der Opfer ein.

allgemeinem Unwohlsein, Müdigkeit, Übelkeit, Muskelschmerzen, leichtem Durchfall und geringer Temperaturerhöhung. Diese vagen Symptome werden oft als Grippe oder Magen-Darm-Infekt fehlgedeutet. Die schweren Krankheitsformen kündigen sich allerdings mit einem raschen Fieberanstieg an. Es folgen Halluzinationen, Bewußtseinstrübungen und Krämpfe, schließlich anhaltendes Koma und Tod.

Tödliche Verwandlung

Malaria wird beim Menschen von vier *Plasmodium*-Arten verursacht: *P. falciparum, P. vivax, P. ovale* und *P. malariae*. Am virulentesten und gefährlichsten ist *P. falciparum*, aber wenn man nur unter genügend viele Moskitos gerät, kann man von allen diesen ungewöhnlichen Mikroben gleichzeitig befallen werden. In einem bestimmten Endstadium erscheinen sie als transparente, halbmondförmige einzellige Lebewesen, sogenannte Protozoen.

Ein mit *Plasmodium* infizierter Moskito bringt die Parasiten als kugelförmige, einzellige „Sporozoiten" in den Blutkreislauf des Opfers. Im menschlichen Wirt gelangen sie in die Leber, wo sie sich in „Schizonten" verwandeln. Als solche befallen sie rote Blutkörperchen, in denen sie zu „Merozoiten" heranreifen, sich ungeheuer vermehren und schließlich aus den zerfallenden roten Blutkörperchen hervorbrechen. Dieser Zerfall geht mit Fieber einher; schlimmer ist jedoch, daß im Gewebe des Wirtskörpers ein Sauerstoffmangel entsteht, denn der Sauerstoff wird sonst von den roten Blutkörperchen transportiert. Doch Blutarmut ist eine eher harmlose Folge. Ist der Infekt so heftig, daß das Immunsystem der Merozoiten nicht mehr Herr wird, erstickt das Körpergewebe, was zum Tod führen kann.

Die Merozoiten schwellen von Zeit zu Zeit an und entlassen zappelnde, peitschenförmige Wesen, die in männlichen und weiblichen Formen auftretenden „Gametozyten". Ein blutsaugender Moskito pumpt mit seinem Speichel Sporozoiten in den Blutkreislauf und nimmt mit dem

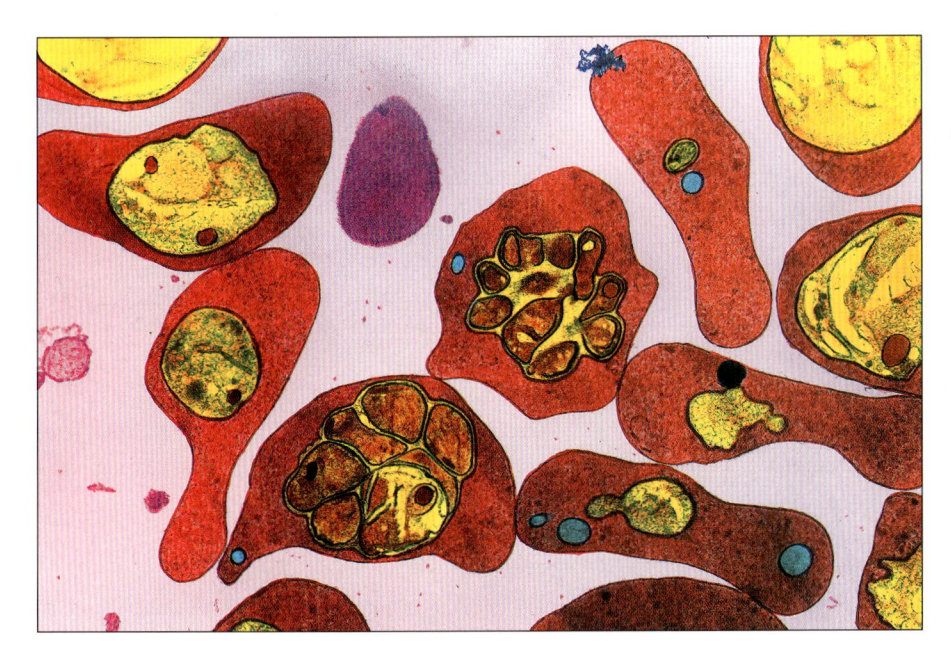

Keine psychedelische Light-Show aus den 60er Jahren, sondern malariainfizierte menschliche Blutzellen im Elektronenmikroskop. Die Zellen in der Mitte befinden sich im letzten Schizontenstadium des Parasiten, kurz bevor er sich in 24 Merozoiten verwandelt. Diese werden beim Platzen der roten Blutkörperchen frei.

Blut eines Malariakranken Gametozyten auf. Im Moskitomagen verschmelzen die geschlechtlich unterschiedlichen Mikroben miteinander. Aus den so entstehenden „Zygoten" werden Zysten, die sich der Darmwand anheften. Ein bis zwei Wochen später entläßt dann die aufbrechende Zyste eine neue Generation von Sporozoiten, die in die Speicheldrüsen des Moskitos wandern, um von dort in den Blutkreislauf eines neuen menschlichen Wirts zu gelangen.

Durch *P. vivax* und *P. ovale* entstehen wiederkehrende Malariaformen, die bei ihrem Wirt manchmal nach Jahrzehnten einen neuerlichen Krankheitsausbruch auslösen können. Nicht alle Sporozoiten, die in die Leber gelangen, wandeln sich in Schizonten um. Aus einigen werden „Hypnozoiten" (deutsch: kleine schlafende Tiere), die in der Leber ruhend ausharren und auf ein Aktivierungssignal – etwa einen plötzlichen Schock – warten. Genaueres ist darüber nicht bekannt.

Bei der virulentesten Malariaform, der Falciparum-Malaria, gibt es praktisch keine Rezidive. Da die Mikrobe am menschlichen Wirt als Dauerherberge nicht interessiert ist, kümmert sie auch sein Überleben nicht. Sie sichert ihr Fortbestehen durch Infizieren neuer Wirte. Deshalb ist sie auf die Tropen beschränkt, wo Moskitos das ganze Jahr über aktiv sind. Die Falciparum-Parasiten vermehren sich im Wirtsblut so ungeheuer, daß die

Zelltrümmer der roten Blutkörperchen die Blutkapillaren verstopfen, bis diese platzen. Geschieht dies im Gehirn, verursachen die austretenden Parasiten eine heftige Hirnhautentzündung. Besonders schwere Krankheitsformen können zur Zerstörung der Nieren führen. Dann gelangt ungereinigtes Blut in den Harn und verursacht eine Reihe weiterer Entzündungen.

Vorsicht vor Schnecken

Bilharziose – jetzt offiziell Schistosomiasis genannt – wird durch den zu den Trematoden gehörenden Pärchenegel *Schistosoma* verursacht. Der mehrstadige Lebenszyklus dieses Parasiten vollzieht sich im Menschen, im Abwasser und in Wasserschnecken.

Der Mensch kommt in tropischen Flüssen und Seen mit diesem Parasiten in Kontakt. Sie sind dann im letzten Larvenstadium, heißen Cercarien und ähneln ein wenig Kaulquappen mit einem reptilienartigen Kopf und einem langen, gegabelten Schwanz. Die Cercarien bohren sich durch die Haut, gelangen ins Blut und setzen sich in den Blutgefäßen von Blase und Darm fest. Während ihrer mehrwöchigen Entwicklung zur ausgewachsenen Form (Adultform) verlieren sie ihren Schwanz und bilden Haftorgane zur Verankerung im menschlichen Gewebe aus.

Männliche und weibliche Pärchenegel leben eng beieinander. Das Weibchen setzt sich in einer Körperspalte des Männchens fest und wird ständig befruchtet. Die Eier durchdringen die Blutgefäßwand, gelangen in Blase oder Darm und verlassen mit Kot oder Urin den Körper. Der Trematode überlebt, weil Menschen schon immer Bäche, Flüsse und Seen als Latrinen oder Abfallgruben verwendet haben. Im Wasser entwickeln sich die bestachelten, tropfenförmigen Eier zu „Miracidien", die aufgrund ihrer haarförmigen Cilien schwimmen können. Sie suchen Wasserschnecken und bohren sich in deren weiches Gewebe. Hier entwickeln sie sich zu „Sporocysten", reifen zu „Redien" heran und produzieren auf ungeschlechtlichem Wege „Cercarien". Diese verlassen ihren Wirt und suchen als neue Heimstatt einen Menschen. Eine einzelne infizierte Schnecke kann täglich mehrere tausend Cercarien freisetzen.

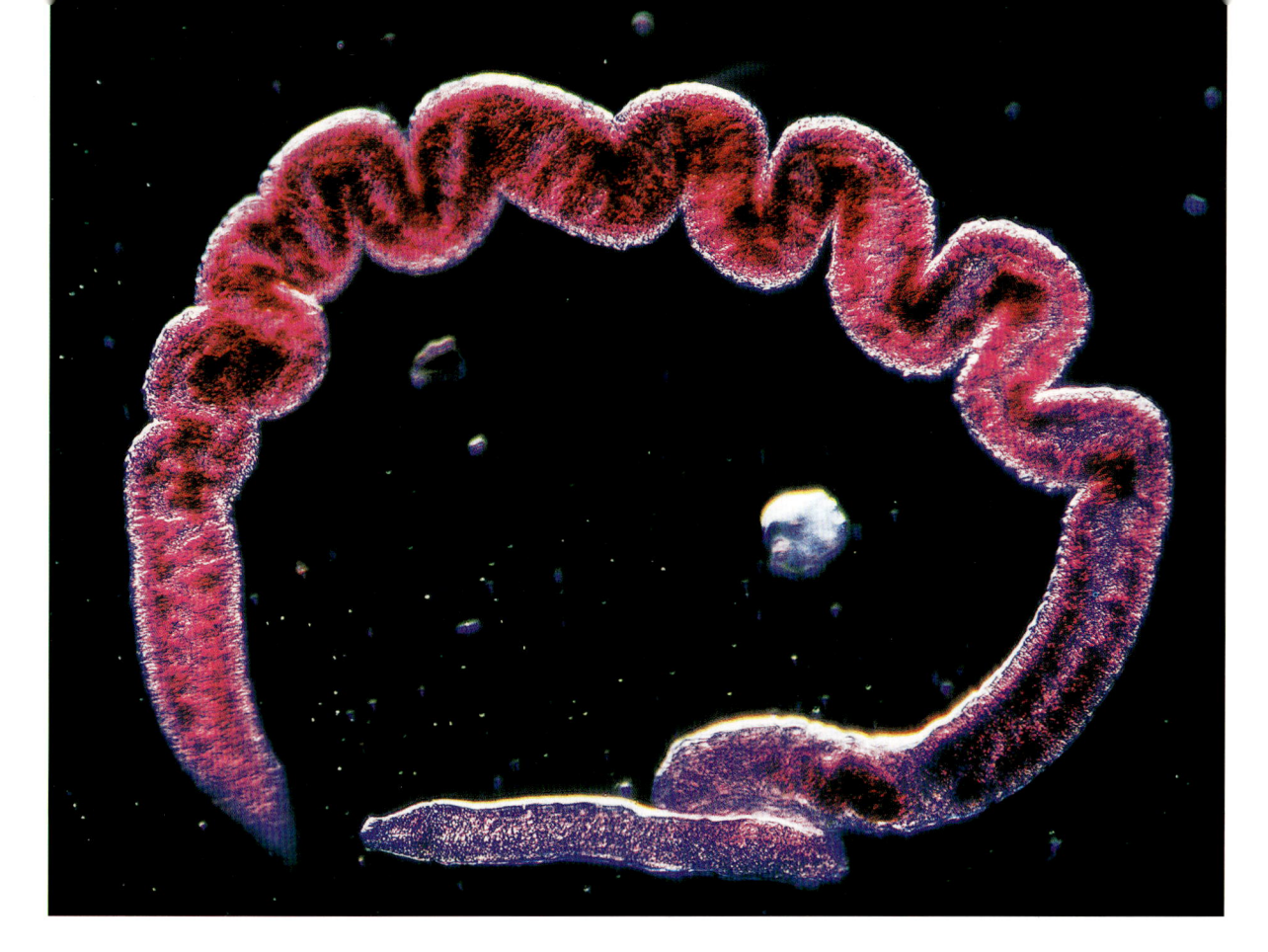

Die Menschen reagieren sehr unterschiedlich auf einen Bilharziosebefall. Manche zeigen überhaupt keine Symptome. Erste Anzeichen sind Brennen und juckender Hautausschlag an der Eintrittsstelle der Cercarien in die Haut. Wochen später, wenn die Adultformen Eier legen, können leichte grippeähnliche Symptome auftreten. Dieses Stadium verläuft teilweise sehr qualvoll. Die Stacheln auf den Eiern verursachen Entzündungen, Blutungen, Geschwüre und lassen Narbengewebe entstehen. Dauerschmerz in Bauch und unterem Rücken begleiten häufig eine Leber- und Milzvergrößerung. Bei Dauerbefall können weitere Komplikationen wie Leberzirrhose, Nierenversagen und Blasenkrebs hinzukommen.

Gegen Bilharziose gibt es keinen Impfstoff. Praziquantel tötet nur die ausgewachsenen Egel. Zur Ausrottung der Krankheit muß ihr Lebenszyklus unterbrochen werden. Dies setzt Hygiene und ordnungsgemäße Abwasserbeseitigung voraus, ein Luxus in den meisten Ländern, in denen die Bilharziose vorkommt.

Ein erwachsener weiblicher Pärchenegel: Verursacher der Bilharziose. Die Egel setzen sich in den Blutgefäßen menschlicher Eingeweide fest und verursachen bestenfalls Blutarmut, schlimmstenfalls Leberzirrhose.

Haken, Fäden, Nadeln und Peitschen

Hakenwurm, Madenwurm und Peitschenwurm gehören ebenso wie Trichine, Medinawurm, Filarien und einige mehr zu den Nematoden (vom griechischen Wort für „Faden") oder Fadenwürmern. Einige leben frei im Boden und befallen Menschen nur gelegentlich, andere können nur im Menschen ihr Adultstadium erreichen. Die Larven der Filarien werden durch blutsaugende Insekten übertragen.

Jede Art Wurmklasse hat einen spezifischen Entwicklungsort im Menschen. Die Filarien befallen das Lymphgefäßsystem, Haken-, Peitschen- und Madenwürmer besiedeln den Verdauungstrakt und Medinawürmer das Bindegewebe unter der Haut.

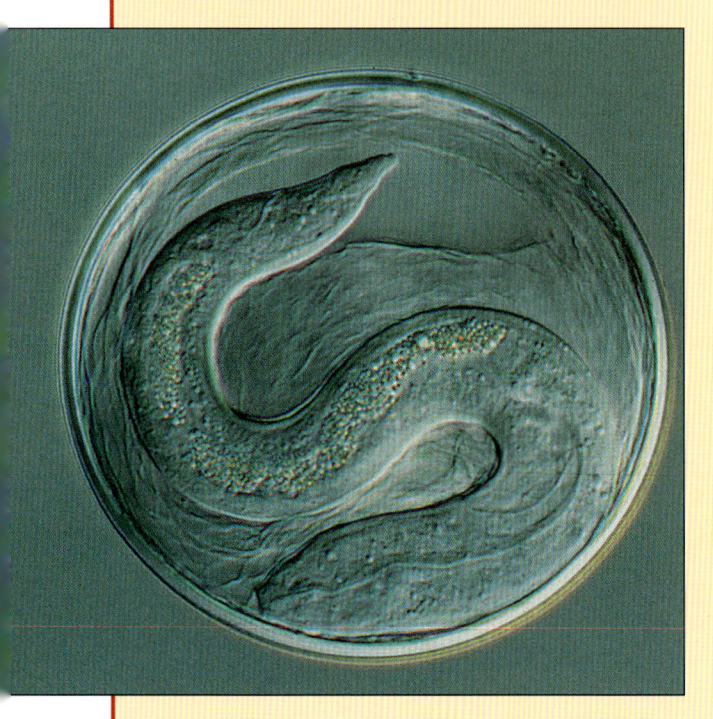

Medinawürmer brauchen als einzige Nematoden für ihre Entwicklung ein anderes Tier. Die Larven entwickeln sich in dem winzigen Wasserfloh *Cyclops*, der in den Tropen lebt. Wenn der Mensch wasserflohhaltiges Wasser trinkt, gelangen die Larven in den Körper und wandern in die Gewebe. Nach etwa einem Jahr sind aus den Larven erwachsene Würmer entstanden. Die trächtigen Weibchen stehen vor dem Setzen der Larven. Etwa zu diesem Zeitpunkt leidet der Wirt unter Juckreiz, Schwindel, Erbrechen und Durchfall. Unterdessen wandert der Wurm zur Hautoberfläche – meist an Armen und Beinen. Eine große entzündliche Blase erhebt sich um seinen Schwanz herum, und die Larven werden in die Flüssigkeit abgegeben. Wenn die Blase aufbricht, etwa beim Waschen, gelangen die Larven in die Gewässer und in die dort lebenden Wasserflöhe – der Zyklus beginnt aufs neue. Da das Wurmende sichtbar ist, besteht die traditionelle Therapie darin, den Übeltäter um ein Stöckchen zu wickeln und herauszuziehen. Das dauert möglicherweise einige Zeit, denn das Tier kann bis zu 1,2 Meter lang sein.

Die winzigen Trichinen (*Trichinella spiralis*) leben normalerweise in Schweinen, Hunden und Ratten als scheintote Larven in Zysten. Nach dem Verzehr von halbgarem befallenem Schweinefleisch werden die Larven frei und entwickeln sich zur Adultform. Sie befallen verschiedene Gewebe – einschließlich Herz und Gehirn – und enzystieren auch im Menschen. So ekelhaft das alles auch klingen mag: die Symptome – Fieber und Muskelschmerzen – sind meist wenig ausgeprägt. Nur selten kommt es zu schweren Krankheitserscheinungen oder gar Todesfällen, denn Medikamente wie Thiabendazol töten erwachsene Würmer und Larven.

Ein Ei des Hunde- und Katzenspulwurms *Toxascaris leonina* mit dem darin enthaltenen Wurmembryo.

SICH WINDENDE WÜRMER

Der bei weitem spektakulärste Parasit des Menschen ist der Bandwurm: die durchschnittlich sechs Meter langen Würmer – manche Arten erreichen sogar zehn Meter – haben ebenfalls hochkomplizierte Lebenszyklen, in denen der Mensch (bequem für den Wurm) als End- und als Zwischenwirt fungieren kann. Trotz ihrer Länge verursachen erwachsene Bandwürmer weniger physische Beschwerden als psychische Probleme, wenn er vom Wirt entdeckt wird. Eine Infektion mit den nur bis zu acht Millimeter langen Echinokokken ist wenig angenehm, da die larvalen Zysten bösartige Geschwülste im Körper verursachen können. Die meisten medizinischen Komplikationen entstehen tatsächlich durch die Bandwurmlarven.

Der Bandwurm gerät in seinen menschlichen Wirt, nachdem dieser Fisch oder Fleisch mit enzystierten Larven gegessen oder die Larven aus Haustierkot aufgenommen hat. Der voll entwickelte Wurm lebt im Darm des Menschen. Er besteht aus dem „Scolex" (Kopf), einem kurzen Hals und einem ziemlich merkwürdigen Körper.

Am Kopf befinden sich zwei pigmentierte Flecken als primitive Augen, für die es im Darm ja ohnehin wenig zu sehen gibt. Sie sind Reste aus der

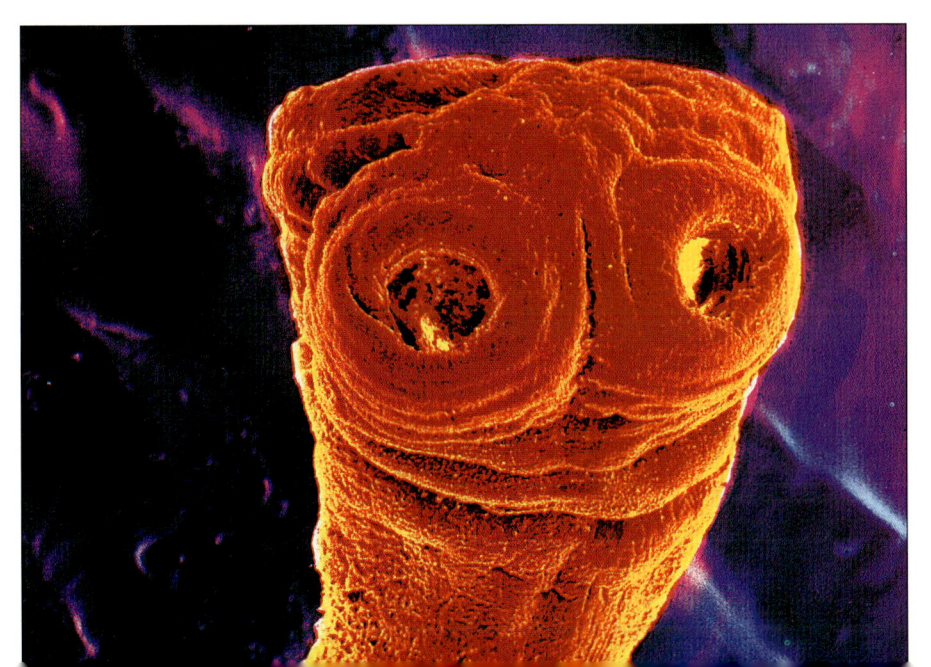

Der Kopf eines erwachsenen Bandwurms, dessen schwache Augen in der Dunkelheit seines Lebensraums nichts zu sehen bekommen. Es sind Relikte aus der Zeit, als Bandwürmer frei lebten, nicht parasitär im Darm von Menschen oder Tieren.

Zeit der freilebenden Vorfahren des Wurmes. (In verschiedenen Lebensräumen trifft man auch heute noch auf die allerdings viel – teilweise mikroskopisch – kleineren Turbellarien.) Da es im Gedärm keine Luft zum Atmen gibt, haben Bandwürmer keine Nase, auch Mund und Darm fehlen. Sie nehmen die Nährstoffe mit ihrem äußeren hautähnlichen Integument auf. Einen durch Medikamente zerstörten Körper kann der Scolex neu bilden und so den Befall aufrechterhalten.

Körper („Strobila") und Kopf verfügen über Saugnäpfe, Stacheln oder Haken, damit sich das Tier in der Darmwand verankern kann. Die Strobila wird aus Segmenten zusammengesetzt, den „Proglottiden". Bandwürmer haben sowohl männliche als auch weibliche Sexualorgane – in ihrem engen Quartier besteht kaum Platz für einen Partner – und befruchten sich selbst. Die Proglottiden sind ihrerseits mit zwittrigen Sexualorganen ausgestattet, und jedes Segment kann bis zu 40 000 befruchtete Eier enthalten.

Das Blasenwurmstadium des Schweinebandwurms, in dem er sich im Muskelgewebe seines Wirts verkapselt. Nur wenn das Fleisch gegessen wird, entwickeln sich die Finnen zum erwachsenen Wurm, der sich im Darm des Essers ansiedelt.

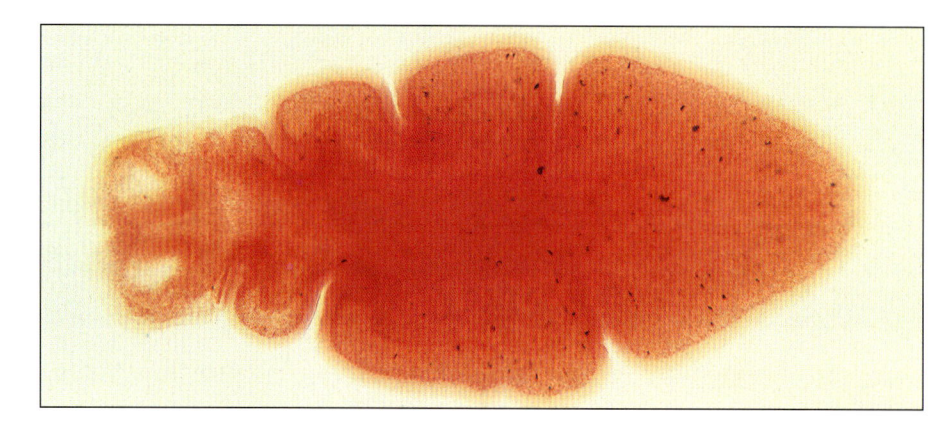

DER GESAMTE ZYKLUS

Die Segmente brechen nach und nach ab und verlassen mit dem Kot den Wirt. Die Larven schlüpfen erst, wenn sie von einem anderen Säuger – Hund, Schwein, Affe oder Mensch – aufgenommen worden sind. Sie schlüpfen im Verdauungstrakt, bleiben aber nicht dort, vermutlich um nicht mit einem vielleicht schon vorhandenen erwachsenen Wurm zu konkurrieren. Sie bohren sich aus dem Darm heraus in ein Blutgefäß und lassen sich vom Blutstrom in das Muskelgewebe oder das Gehirn tragen. Dort entwickeln sie sich weiter, kapseln sich ein und warten: in diesem sogenannten „Blasenwurm"-Stadium liegen Scolex und Hals wie aufgefaltet in einer mit Flüssigkeit gefüllten Zyste.

Nach dem Tod des Zwischenwirts frißt irgendwann ein geeignetes Tier das Muskelgewebe. Menschen nehmen die Larven unter Umständen beim Verzehr von nicht durchgebratenem Rind- oder halbgarem Schweinefleisch auf. Dann schließt sich der Kreis: der Blasenwurm verankert sich in der Darmwand und wächst rasch.

Noch komplizierter ist der Lebenszyklus der Fischbandwürmer. Die Eier gelangen mit dem Kot aus dem Wirtskörper ins Wasser. Dort schlüpfen winzige, haarähnliche Larven. Sie werden von Krebsen gefressen, diese wiederum von Fischen, in denen sich die Larven enzystieren. Nach dem Verzehr des Fisches werden Menschen, Bären oder Hunde zum Endwirt des erwachsenen Wurmes.

Als Endwirt leidet der Mensch unter Bandwürmern weitaus weniger denn als Zwischenwirt. In ersterem Fall jedoch enzystieren sich Eier, die aus Tierkot aufgenommen wurden, in den Muskeln, der Leber oder im Gehirn des Menschen. In letzterem Fall dagegen können sie Persönlichkeitsabbau, Lähmungen, epileptische Anfälle und möglicherweise tödliche Krämpfe hervorrufen. Hyatiden – die von Hundebandwurmlarven gebildeten Zysten – können einen Durchmesser von zehn Zentimetern erreichen. Die bisweilen gebildeten Tochterzysten schädigen das Gewebe, in dem sie sich festsetzen. Die Larven einiger Arten bilden statt Zysten bösartige Geschwulste. Man kann dies als evolutionäre Überlebensstrategie deuten: die Larven erreichen, wenn sie ihren Wirt umbringen, schneller das nächste Stadium, wenn ein anderes Tier sie zusammen mit dem toten Menschenkörper aufnimmt. Heutzutage kommt dies jedoch kaum mehr vor.

Interessanterweise hat der Mensch jedoch keinen natürlichen Schutz gegenüber Bandwürmern entwickelt und das, obwohl der Wurm seinem Wirt viele Beschwerden verursachen kann. So zum Beispiel Koliken und Magenkrämpfe, Erbrechen, Schwindel sowie Abmagerung. Erfolgreich ist eine Wurmkur nur, wenn es gelingt, den Kopf des Wurmes zu entfernen.

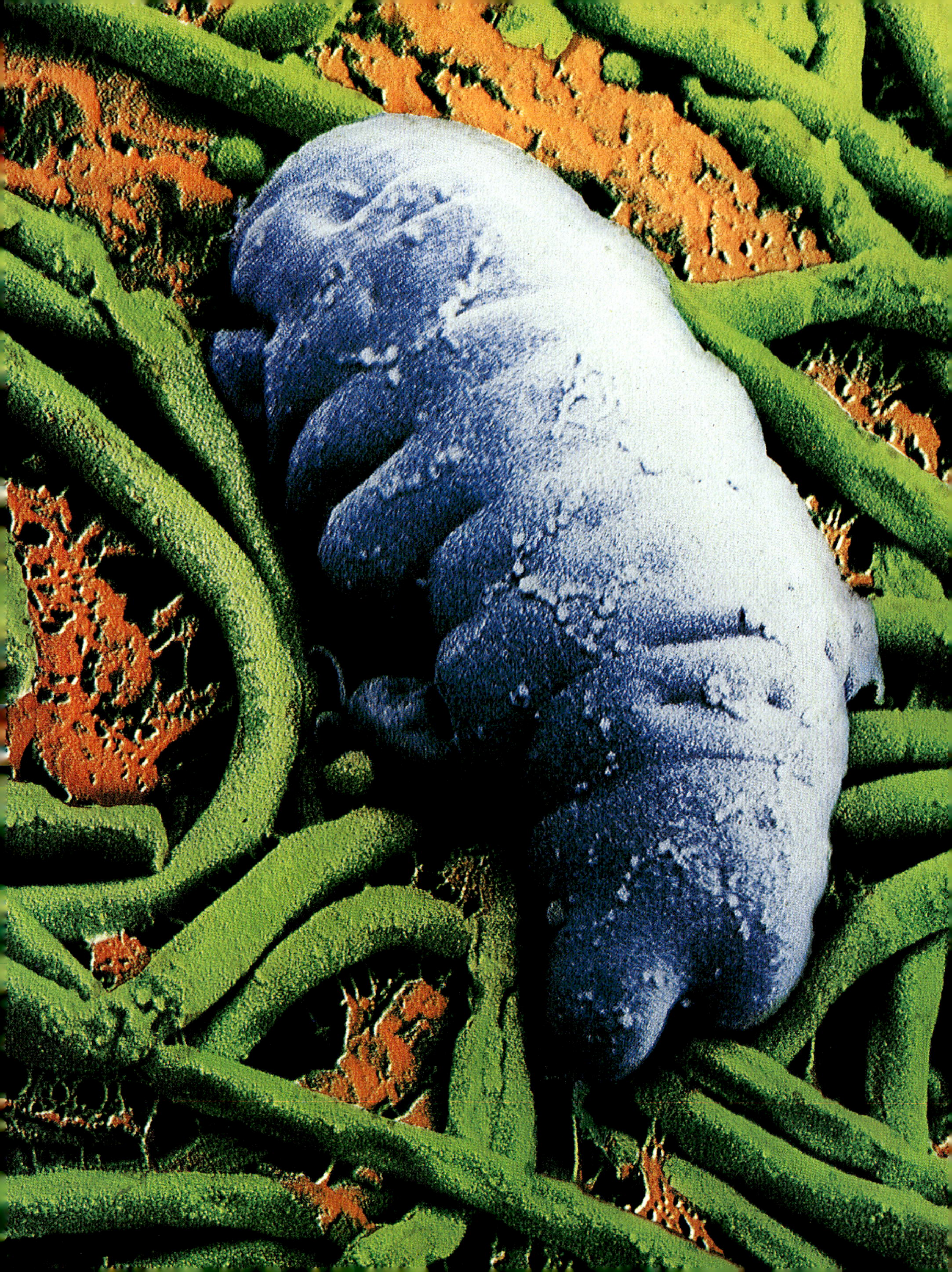

Haustiere und deren Untermieter

Das merkwürdige Bärtierchen oder wissenschaftlich ausgedrückt: ein Tardigrade, überlebt die extremsten Bedingungen, die ihm Mensch oder Natur zumuten.

Eine Katze sucht alle möglichen Winkel in Haus und Garten auf. Sie wechselt gern ihre Aussichtspunkte und insbesondere ihre Liegeplätze, sei es nun aus Langeweile oder aus Neugier. Wenn wir einer Katze in ihrem Revier von einem Platz zum anderen folgen, begegnen wir dabei einigen weiteren Haustieren samt jenen Geschöpfen, die in, auf oder um sie herum leben.

Obwohl die Katze als Einzelgängerin gilt, ist sie wahrscheinlich wie andere Pelzträger mit der üblichen Floh- und Milbenfracht und deren verborgenen Bakterien und Viren beladen. Der Katzenfloh zeichnet sich leider dadurch aus, daß er Zwischenwirt des Bandwurms *Hymenolepis* sein und die Larven von der Katze auf den Menschen übertragen kann. Diese Bandwürmer sind nicht so riesig wie die, welche man mit dem Fleisch von Nutztieren aufnehmen kann: sie werden nur vier Zentimeter lang, und es entstehen meist nur schwache Symptome. Katzenflöhe sind nicht besonders wild auf menschliches Blut, aber im eigenen wie im Interesse der Katzen sollte man seinen Haushalt wurm- und flohfrei halten.

Katzen und Hunde unter demselben Dach kommen in der Regel gut miteinander aus – ebenso ihre Flöhe. So findet man auf einem Hund sehr wahrscheinlich Katzenflöhe und umgekehrt. Der Katzenfloh unterscheidet sich durch seinen schlankeren Kopf vom Hundefloh. Auf Hund und Katze gleichermaßen finden sich mit Sicherheit Demodex-Milben.

Diese Wesen, die in unseren Haarbälgen leben, haben wir bereits im ersten Kapitel kennengelernt. Unter bestimmten Umständen können sie bei

Hund und Katze Räude verursachen: Demodexräude oder Demodicosis. Die erkrankten Tiere weisen an manchen Stellen, schlimmstenfalls auf der gesamten Haut, Wunden und Entzündungen auf.

Die Krankheit entsteht, wenn sich die Milben übermäßig vermehren und im Haarbalg das Haar verdrängen. Eine Entzündung ist die Folge: die Kapillaren erweitern sich, um weiße Blutkörperchen zum befallenen Bereich zu bringen. Die Infektion kann zur Zerstörung der Haarbälge führen. Dann ergießt sich ihr Inhalt – Haare, Bakterien, Zellteile und Milben – ins benachbarte Gewebe. Hautrötung – Demodicosis hieß früher auch „rote Räude" –, Haarausfall und Generalisierung des Infekts folgen. Als Grund für die explosionsartige Milbenvermehrung nimmt man eine Immunschwäche des Tieres an. Diese kann ererbt oder infolge schlechter Ernährungs- und Lebensbedingungen entstanden sein. Besonders anfällig sind streunende Tiere, die fressen, was sie auftreiben.

Mit festem Griff

Hunde haben häufig Zecken. Diese leben zumeist auf Weideland oder in Laubwäldern, aber einige Hundezecken haben sich selbst zu häuslichen Plagegeistern domestiziert. Sie sind äußerst geduldig, haben sie doch einen Lebenszyklus entwickelt, der weitgehend vom Zufall abhängt.

Die Weibchen halten sich tagelang an einem Wirt fest und bohren ihre Mundwerkzeuge in dessen Haut ein, um Blut zu saugen. Zum Vielfachen ihrer ursprünglichen Größe angeschwollen, fallen sie ab, legen ihre Eier in einer passenden Nische oder einem Spalt ab und sterben. Aus den Eiern schlüpfen sechsfüßige Larven (es gibt auch einige achtbeinige Zeckenlarven), die an Grashalmen nach oben kriechen, sich festhalten und warten. Sie warten auf den Buttersäuregeruch, den alle Säuger abgeben. Er signalisiert der Larve, daß sie sofort ihren Sitz verlassen muß, um sich auf das vorbeilaufende Tier fallen lassen zu können. Die Larven nehmen eine ordentliche Blutmahlzeit, fallen wieder herunter, streifen ihre äußere Hülle ab und erscheinen als achtfüßige Nymphen. Auch diese warten standhaft, bis ein Wirt vorbeikommt, lassen sich niederfallen, fressen und fallen erneut herunter. Nach der Häutung sind sie adult und können nun hungernd bis zu drei Jahren auf einem passenden Wirt ausharren.

Gefährlich werden können vor allem Schildzecken: Wenn verschiedene Rickettsien, Bakterien oder Viren von der Zecke ins Wirtsblut gelangen, können sie eine Reihe tödlicher Krankheiten übertragen, etwa Fleckfieber, rezidivierendes Fieber, Tularämie und Enzephalitis. Einige Zecken geben beim Saugen Toxine ab. Bei einem einzelnen Wirt könnten genügend

Die braune Hundezecke Rhipicephalus sanguineas. *Das achtbeinige Lebewesen bohrt seine Mundwerkzeuge tief in die Haut des Opfers und hängt dort einige Tage. Die Zecke erreicht vollgesaugt ein Mehrfaches ihrer Ausgangsgröße.*

Zecken mit der entsprechend großen Dosis eine möglicherweise tödliche Lähmung der Atemmuskeln verursachen. Etwa 40 infizierte Zecken können ein Pferd lähmen; Menschen sollten sich vor Zecken also tunlichst in acht nehmen.

ZUM WIEHERN?

Katzen und Pferde mögen sich. Interessanterweise läßt sich keines der beiden Tiere durch das andere beunruhigen. Es stört die Pferde ganz und gar nicht, wenn Katzen sich an ihren Fesseln oder sogar ihrem Maul reiben. Eine unbezähmbare Neugierde scheint die beiden Tiere zu verbinden.

Aber vieles andere beunruhigt Pferde. Die Fliegen fallen sogar dem ungeübten Auge auf. Ein mit dem Schweif schlagendes Pferd versucht, sich gegen viel Schlimmeres zu wehren als nur gegen die Belästigung, die diese brummenden Insekten für uns Menschen bedeuten. Fliegen können bei Pferden viele unangenehme Krankheiten verursachen, die dem Betrachter ebenso übel wie faszinierend erscheinen.

Ein Beispiel ist der Befall mit *Habronema*- und *Draschia*-Würmern. Stuben- und Stechfliegen entwickeln sich aus Eiern in Pferdemist. Im Misthaufen fressen sie die Larven von *Habronema* und *Draschia*. Diese setzen ihren Lebenszyklus fort, sobald aus der Fliegenlarve die Adultform entsteht. Eine erwachsene Fliege trägt Wurmlarven des dritten Stadiums in sich, wenn sie auf einer Pferdeschnauze landet, um lebensspendendes Naß von Maul und Nase zu lecken. Die Wurmlarven wechseln von den Fliegen auf die Pferdelippen, werden anschließend verschluckt und reifen dann im Magen des Pferdes heran.

Über Jahrtausende haben sich Pferd und Wurm einander angepaßt. Im Magen bereitet der Wurm dem Pferd keine Probleme. Aber die Larven verursachen juckende „Sommerwunden". Wenn Fliegen an kleineren Schnitten oder Kratzern in der Pferdehaut lecken, kriechen die Wurmlarven heraus und befallen die Haut. Sie entwickeln sich zwar nicht weiter, verursachen jedoch glatte, gelblichrote Wunden. Durch Kratzen und Reiben kann es in

Arbeiterparadies?

In T.H. Whites epischem Roman *The Once and Future King*, der von der Sage um König Arthur von Britannien handelt, lehrt der Zauberer Merlin dem jungen Arthur die Achtung vor anderen Lebewesen, indem er ihn in ihre Körper zaubert. Arthur wird zum Barsch im Burggraben, zum Zwergfalken, zur Gans, die über den Atlantik fliegt, und zur Ameise. Dieser Teil des Buches wurde unmittelbar vor dem Zweiten Weltkrieg geschrieben, und Arthurs Ameisenstaat erinnert befremdlicherweise stark an Nazideutschland oder die Sowjetunion zur Zeit Stalins. Die Ameisen grüßen einander mit „Heil Barbarus", die Ameisensprache kennt keine Wörter für „richtig" oder „falsch", „gut" oder „schlecht", ihre wichtigsten Kategorien sind „erledigt" oder „nicht erledigt". Über jedem Tunneleingang steht:

ES GIBT NUR VERBOTE ODER PFLICHTEN

Für White ist die Ameisengesellschaft totalitär. Folglich gleichen totalitäre Gesellschaften dem Ameisenstaat: „Fragen waren für sie Zeichen des Wahns. Ihr Leben stand nicht zur Debatte, es wurde befohlen." Die Metapher vom Ameisenhügel als politischem Unheilsstaat, den der junge Arthur zu verabscheuen lernt, beeindruckt, aber ist sie biologisch korrekt?

Zweifellos gibt es keine solitär lebenden Ameisen, alle Ameisenarten sind sozial. Aber die Geschichte der Blattschneiderbiene, die mechanisch und sinnlos ihren eigenen Untergang betreibt (siehe Seite 109), zeigt uns deutlich, daß in der Tierwelt Einzelgängertum nicht mit individuellem freien Willen gleichzusetzen ist. Diese Lebewesen funktionieren aufgrund ihrer DNA und ihrer Millionen von Jahren andauernden evolutionären Entwicklung in exakter und vorhersehbarer Weise wie lebende Maschinen.

Das müssen wir uns immer wieder vor Augen führen. Wie der junge Arthur fühlen wir uns oft vom blutrünstigen oder gefühllosen Verhalten verschiedener Tiere abgestoßen und geraten leicht ins Moralisieren. Aber die Natur hat, wie bereits Tennyson bemerkte, rote Zähne und Klauen. Die scheinbaren Grausamkeiten, durch die räuberische Tiere sich und ihre Jungen ernähren und das Überleben der Art sichern, haben sich entwickelt, weil sie am wirksamsten sind.

Ein denkender Mensch könnte das Sozialleben der Ameisen nicht lange ertragen, es sichert jedoch höchst wirkungsvoll den Erhalt der Ameisen.

---

der Folge zu Sekundärinfektionen kommen, die oft schlimmer als der Primärinfekt sind.

Pferdemagenbremsen haben eine andere Überlebenstechnik entwickelt. Mit ihren gelben Körperringen erinnern die Bremsen ein wenig an Bienen. Die Weibchen haben eine am Hinterleib herabhängende Legeröhre, die wie ein Stachel aussieht. Ihre Eier legen sie auf die Haare an Vorderbeinen, Schultern, Hals und Mähne des Pferdes – Stellen, die für die Pferdeschnauze leicht erreichbar sind. Innerhalb einiger Tage entwickeln sich im Ei die Larven. Ihre Entwicklung setzt sich fort, wenn sich das Pferd mit den Zähnen aufkratzt oder wenn zwei Pferde sich gegenseitig Hals und Hinterteil pflegen (was eher dem Vergnügen als der Körperpflege dient). Die Kombination aus Wärme, Feuchtigkeit und Reiben regt die Larven zum Schlüpfen und zur Wanderung ins Pferdemaul hinein an.

Dort bohren sie sich ins Zungen- und Zahnfleischgewebe und erreichen in etwa einem Monat das zweite und dritte Entwicklungsstadium. Dann tauchen sie aus dem Gewebe auf und werden verschluckt. Mit ihren zwei großen schwarzen Haken können sich die Bremsenlarven leicht in der Magenwand verankern. Hier bleiben sie acht Monate, lösen sich wieder ab und gelangen schließlich mit dem Kot in den Boden. Einen Monat später haben sie bereits ihre Adultform erreicht.

Bremsenlarven im Magen eines Pferdes. Erwachsene Bremsen vertragen keine Kälte. Deshalb bleibt die gesamte Population dieser Parasiten im Winter als Larven im Pferdeinneren.

Pferdebremsen sind auf Pferde angewiesen. Die Larven bleiben so lange im Pferdemagen, weil die Adulten schon bei relativ geringer Kälte und leichtem Frost absterben. Im Winter lebt deshalb die gesamte Bremsenpopulation gemütlich im Pferdeinneren. Es überrascht angesichts dieser Abhängigkeit also kaum, daß die Larven dem Pferd zumeist kaum schaden. Aber um die Pferde doch ein wenig von den quälenden Plagegeistern zu befreien, ist man, zumeist in einigen Industrieländern, dazu übergegangen, den Pferden – günstigerweise im Winter – Medikamente zu verabreichen, die die Bremsenlarven abtöten.

AM WASSER

Katzen lungern selten in der Nähe von Misthaufen herum. Sie sind jedoch nicht abgeneigt, einen sonnigen Nachmittag am Teichufer zu verträumen. Es könnte ja ein Fisch darin sein. In und um einen Teich wohnen noch viele andere Lebewesen, so daß die Katze mit Sicherheit auf einigen liegt, insbesondere wenn sie sich ein angenehmes Moospolster als Ruheplatz ausgesucht hat.

Moos ist „lebendig". Am merkwürdigsten sind vielleicht die Bärtierchen oder Tardigraden. Diese walzenförmigen Tiere haben ein segmentiertes, äußerst hartes Außenskelett und acht stummelartige Beine (von denen sie allerdings häufig nur sechs gleichzeitig zum Laufen benutzen und das freie vordere oder hintere Beinpaar nach oben strecken), die in scharfen Krallen enden. Es gibt etwa 350 verschiedene Bärtierchenarten, deren Größe zwischen 0,2 und 1 Millimeter schwankt. Wegen ihrer Besonderheiten betrachtet man die Tardigraden als eigenen Tierstamm. Sie gehören zu einem exklusiven Zirkel, dem manche Enthusiasten eine etwas irrationale Zuneigung entgegenbringen. Die Bostoner Rockband Flank hat ihnen sogar ein Lied gewidmet.

Wer leicht entsetzt über das Treiben der Nematoden war (siehe vorhergehendes Kapitel), liest sicher mit Genugtuung, daß jene Würmer bevorzugt auf der Speisekarte der Tardigraden stehen. Diese harpunieren ihre

Beute geradezu mit den „Stiletten", den pfeilförmigen Organen in ihrem Mundrohr. Dahinter befindet sich der muskulöse Schlundkopf, der die angestochene Nahrung erbarmungslos aussaugt.

Einen Tardigraden kümmert es wenig, wenn eine einzelne Katze auf ihm liegt – sei sie auch noch so schwer. Trotz ihrer Winzigkeit gehören Bärtierchen zu den unverwüstlichsten Wesen auf Erden. Sie können einen Druck von bis zu 6 000 Atmosphären aushalten – fast sechsmal soviel Druck, wie auf dem Grund des tiefsten Meeresgrabens herrscht. Sie überstehen auch einen Beschuß mit Röntgenstrahlen; man hat sie sogar bei −253 °Celsius (nur 20 °Celsius über dem absoluten Nullpunkt) eingefroren: sie haben es überlebt. Damit nicht genug: Tardigraden, die von Wissenschaftlern ein ganzes Jahr lang in flüssiger Luft bei −190 °Celsius gehalten worden waren, erwachten wieder zum Leben. Schließlich wurden sie bei +151 °Celsius gekocht und vakuumiert, ohne daß sie Schaden nahmen.

Die Tardigraden überleben durch einen Starrezustand, eine vorübergehende Einschränkung ihrer Lebensfunktionen. Sie nehmen ihn in ihrem natürlichen Lebensraum bei Bedrohung durch Feinde ein oder wenn die ihnen zuträgliche feuchte Umgebung austrocknet, etwa im Sommer. Sie erstarren, indem sie bis zu 90 Prozent des Körperwassers ablassen, schrumpfen und sich mit Trehalose (einem Zucker) präparieren, um die Zellmembranen gegen Austrocknung zu schützen. In diesem Zustand können sie über ein Jahrhundert und vielleicht länger überdauern – wenn man sie wässert, werden sie wieder lebendig. Diese Entdeckung machte man nach der Befeuchtung eines 120 Jahre alten Museumsmooses: auf ihm fand man wiedererweckte, muntere Tardigraden.

Japanische Wissenschaftler der Universität Kanagawa in Hiratsukashi wandten unter der Leitung Kunihiro Sekis das Starresystem der Tardigraden auf Rattenherzen an. Sie dehydrierten diese und tauchten sie in Trehalose. Nach zehn Tagen rehydrierte man die Herzen, die darauf wieder einwandfrei arbeiteten. Seki hofft, mit dieser Technik einmal menschliche Organe für eine Transplantation konservieren zu können. Derzeit lassen sich die meisten Organe nur 30 Stunden – Herz und Lunge sogar nur vier Stunden – aufbewahren. Einfrieren oder Dehydrieren schädigt das Gewebe, aber vielleicht kann man einmal mit Hilfe der Tardigradentechnik Organbänke aufbauen.

SKATEBOARDER UND SKIFAHRER

Unsere Katze würde das alles kalt lassen: Ihr Starren (Katzen machen pro Minuten nur zwei Lidschläge) würde sich eher auf die über der Wasseroberfläche tanzenden Insekten richten.

Wasserläufer leben von den Körpersäften ins Wasser gefallener Insekten. Mit extrem dünnen, silbrigen Haaren an Beinen, Füßen und der Körperunterseite halten sie sich auf der Wasseroberfläche. Die wasserabstoßenden Haare helfen auch bei der Verteilung des Körpergewichts und verhindern, daß das Tier die Oberflächenspannung des Wassers durchbricht und einsinkt. Das System funktioniert so gut, daß Wasserläufer sogar auf dem Wasser von einem Ort zum anderen springen können, ohne bei Start oder Landung einzutauchen. Die dunkelbraunen oder schwarzen Insekten bewegen sich mit Hilfe ihres mittleren Beinpaares, das sie wie Ruder flach aufs Wasser legen. Mit den Hinterbeinen wird gesteuert, die Vorderbeine bleiben zum Ergreifen der Beute frei. Sie nehmen eine potentielle Mahlzeit mit den Beinhaaren wahr, die Wasserbewegungen registrieren.

Wasserläufer auf einer Wasseroberfläche. Sie rudern mit ihrem großen mittleren Beinpaar und steuern mit den beiden Hinterbeinen. Der Körper ist mit feinsten, wasserabstoßenden, silbrigen Haaren bedeckt.

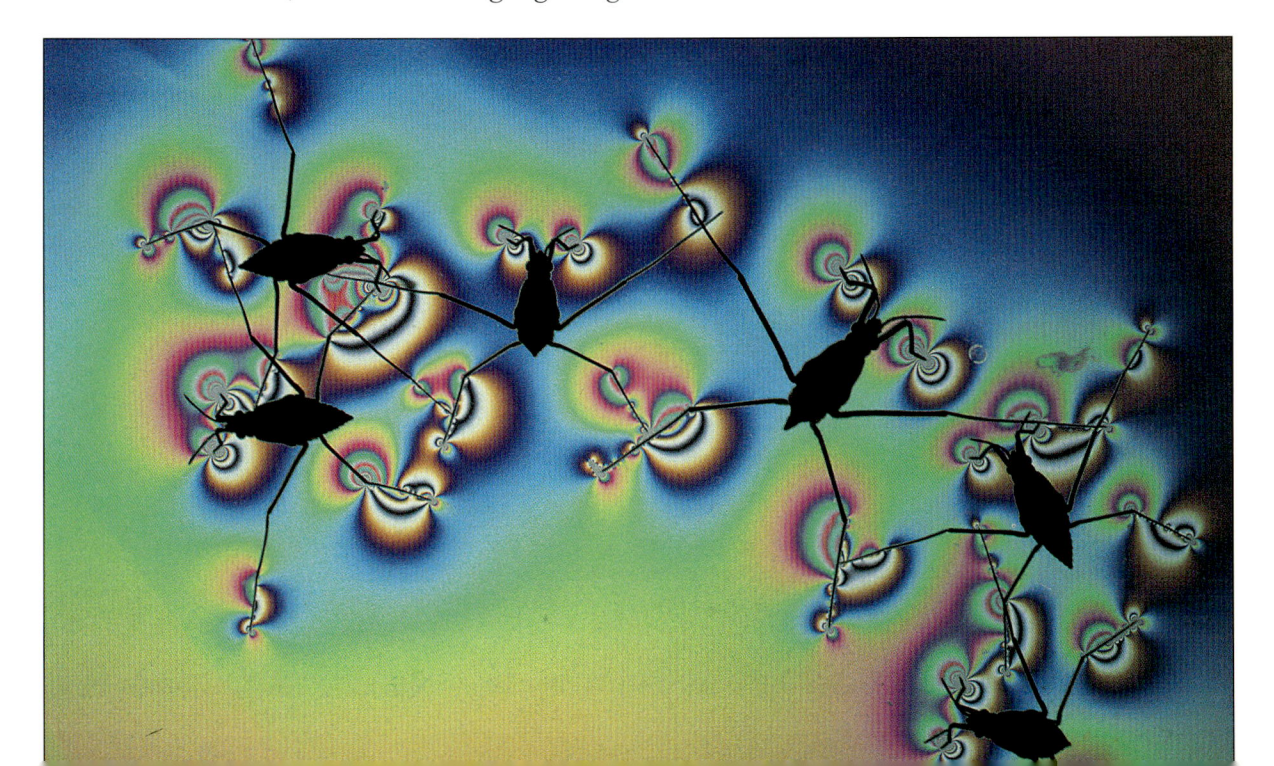

Ein Weibchen der Wasserflohart Simocephalus vetulus. *Unter der Rückenschale (Carapax) bilden sich gerade mehrere Eier. Wasserflöhe sind keine Insekten, sondern Krebstiere, also entfernte Verwandte von Krabben und Hummern.*

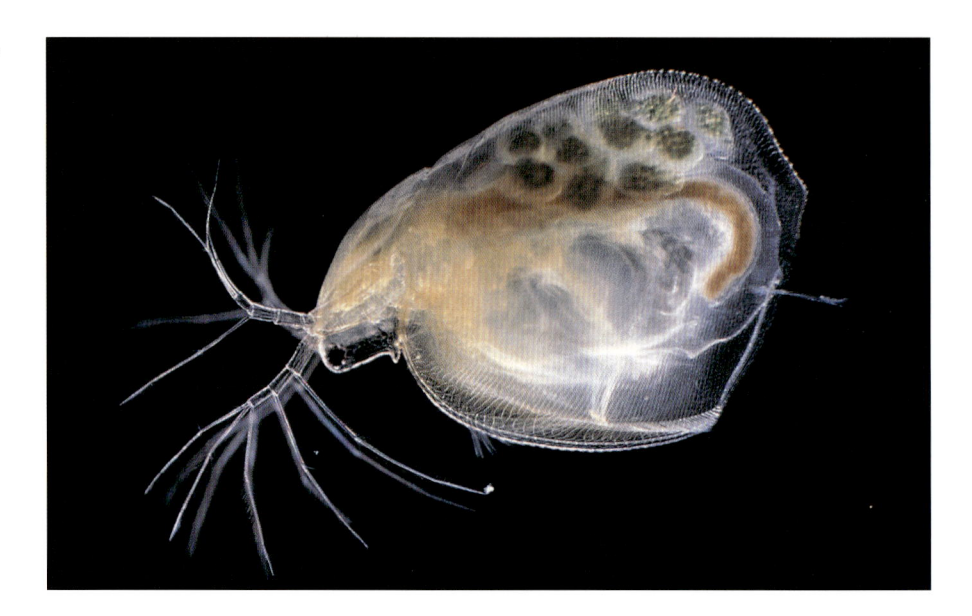

Wasserflöhe, die wir bereits als Zwischenwirt für eine Bandwurmart kennengelernt haben, sind keineswegs Flöhe. Sie sind nicht einmal Insekten, sondern Krebstiere und deshalb entfernt verwandt mit Krabben, Hummern, Rankenfüßern und Asseln.

Wie der Insektenkörper ist auch derjenige der Krebstiere in drei Teile gegliedert (Kopf, Brust und Hinterleib). Ihr hartes Außenskelett müssen die Flöhe durch Häutung ihren drei wachsenden Körperteilen anpassen. Wasserflöhe fressen Algen und werden ihrerseits von Vögeln und Fischen verzehrt. Die weiblichen Wasserflöhe kennen zwei Fortpflanzungsarten, was bei Tieren eher selten ist.

Wasserflöhe entstehen meist durch Parthenogenese: die Weibchen legen Eier, die sich ohne Befruchtung entwickeln. Die Eier liegen in einem Brutraum unter der Rückenschale (Carapax) des Weibchens. Nach einigen Tagen schlüpfen nicht Larven, sondern lauter weibliche Miniaturausgaben der Adultform. Nach einigen Tagen des Wachsens können sie sich selbst versorgen. Sie schwimmen davon, legen selbst Eier und produzieren weitere Weibchen. Daher fehlen im Frühling und Sommer in Wasserflohpopulationen häufig die Männchen.

Mit Herbstbeginn ändert sich das plötzlich. Dann produzieren manche Weibchen nur zwei oder drei sogenannte „Wintereier". Diese sind größer als die anderen Wasserfloheier und dotterhaltig. Sie müssen also zunächst befruchtet werden. Die erforderlichen Männchen entstehen in dieser Zeit in einigen „Normaleiern". Die Männchen befruchten die im Brutraum befindlichen Wintereier. Nachdem sie ihre Schuldigkeit getan haben, sterben sie im Verlauf des Winters.

Die Wintereier bleiben bis zur nächsten Häutung des Weibchens im Brutraum. Beim Abstoßen der Rückenschale werden die Eier in einen festen Behälter, das Ephippium, verpackt, das auf den Teichgrund sinkt. Dort bleiben die Eier den Winter über. Im nächsten Frühjahr entschlüpft ihnen die erste Generation parthenogenetischer Weibchen.

Offenbar wird der Übergang von Parthenogenese zu sexueller Fortpflanzung durch den Temperaturrückgang beim Nahen des Winters ausgelöst. Ein plötzlicher Nahrungsmangel kann den gleichen Effekt haben. Winterei und Ephippium entsprechen einer Kapsel beziehungsweise einem Kühlbehälter. Beide sichern das Überleben der Art, selbst wenn durch ungünstige Umstände die gesamte Population vernichtet werden sollte.

SUMMEN UND STECHEN

Unsere Katze bequemt sich höchstens, die winzigen am Teich herumwuselnden Wesen mit der Pfote anzutippen. Einer Biene oder Wespe, die ihr um die Nase fliegt, wird sie jedoch einen kräftigen Schlag versetzen. Katzen müssen sich wohl instinktmäßig auf alles stürzen, was sich ruckartig bewegt: offene Schnürsenkel, Hundeschwänze, Schlauchleitungen, Fliegen, Wollknäuel und – für eine freilebende Katze nahrhafter – Vögel, Fische und kleine Nager.

Bienen stechen nur, wenn sie sich ernsthaft bedroht fühlen. Für sie ist es ein wirklich letzter Ausweg, denn wegen seiner Widerhaken läßt sich der im Opfer steckende Stachel nur schwer wieder herausziehen. Das Insekt kann den Stachel lösen und davonfliegen, wenn ihm ein sehr nachsichtiges Opfer genügend Zeit läßt. Aber die meisten schlagen, streifen oder zerren

Selbstmörderischer Bienenstachel: Der Stachel bleibt im Menschenfinger stecken, der davonfliegenden Biene werden Muskel- und Nervengewebe ausgerissen, eine tödliche Verletzung. Der Stachel hat eine Pumpe, die Gift in den Stichbereich pumpt, sowie Pheromonzellen, deren spezifischer Duft andere Bienen herbeiholt und zum Angriff auf das Opfer anregt.

die Biene weg und reißen damit ihre Eingeweide heraus. Das Bienengift soll beim Räuber Entzündung und Juckreiz hervorrufen, um ihn so vom Nest oder vom Stock fernzuhalten. Etwa einer unter 200 Menschen reagiert so allergisch auf Bienenstiche, daß er daran sterben kann.

Die Giftblase bleibt in jedem Fall am Stachel hängen. Beim Versuch, den Stachel mit Daumen und Zeigefinger herauszuziehen, wird unvermeidlich noch mehr Gift in die Wunde gepreßt, was stärkere Schmerzen zur Folge hat. Man sollte den Stachel wie einen Splitter sorgsam mit einem sauberen Skalpell oder einer dünnen Nadel herausheben, die, verglichen mit dem Bienenstachel (wie die Abbildung zeigt), immer noch ziemlich stumpf sind.

Beim Bienen- oder Wespenstachel handelt es sich eigentlich um die umgewandelte Legeröhre, durch die das Insekt Eier in die Stock- oder Nestzellen legt. Deshalb stechen auch nur die weiblichen Bienen. Bei Solitärbienen, die allein die Arbeit eines gesamten Stockes verrichten, hat der Stachel noch seine ursprüngliche Funktion. Bei sozialen Arten ist

HAUSTIERE UND DEREN UNTERMIETER **107**

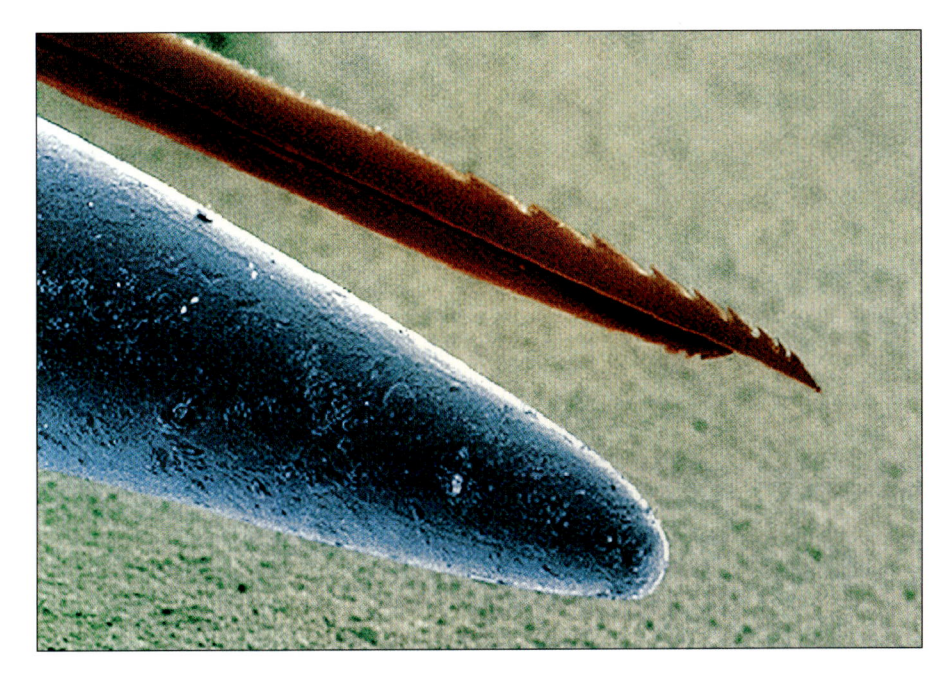

Der Stachel einer Honigbiene neben einer Nähnadel. Der ungeheuer scharfe Stachel trägt Widerhaken, die ihn im Körper des Opfers festhalten und so sicherstellen, daß die ganze Giftladung ihr Ziel erreicht.

Eierlegen das alleinige Vorrecht der Königin. Die Arbeiterinnen – wir sehen sie beim Pollen- und Nektarsammeln – sind steril. Ihre Legeröhren dienen ausschließlich als Waffen.

DROHNENSCHLACHT

Sei es das freundliche Summen, sei es ihr pelzig-freundliches Aussehen oder ihre Honigproduktion: Bienen haben seit jeher einen besseren Ruf als Wespen. Wespen töten Insekten oder füttern sie bei lebendigem Leib ihrer Brut, brummen laut und können so oft stechen, wie sie wollen, und dennoch unversehrt davonfliegen. Doch Bienen können ebenso brutal sein.

Soziale Bienenarten brüten zur Fortpflanzung Eier von Königinnen aus. Im Spätsommer nehmen die jungfräulichen Königinnen in einem Wettflug das Sperma der stärksten und besonders hoch fliegenden Drohne auf. Bei dieser Lufthochzeit findet keine Befruchtung statt. Die Königin bewahrt das Sperma in einer Tasche auf. Das Sperma überdauert die Winterruhe der

Königin, die danach mit ihm die Eier befruchtet, aus denen Arbeiterinnen werden. Aus unbefruchteten Eiern entstehen Männchen.

Die Drohnen tragen außer der Befruchtung der Königin nichts zum Überleben oder zur Organisation des Bienenvolkes bei. Im Herbst rebellieren die Arbeiterinnen gegen eine derartige Faulheit – so sieht es zumindest aus. Für den belgischen Dichter Maurice Maeterlinck scheinen sie eine „kalte, vorsätzliche Wut" auf die trägen Männchen zu entwickeln, in deren Folge „die friedlichen Arbeiterinnen zu Richtern und Henkern werden":

> Ehe die verblüfften Parasiten so richtig merken, daß nun im Staat ein anderer Wind weht und … ihr eigenes herrliches Dasein mitreißt, wird auch schon jeder einzelne von drei oder vier Justizbevollmächtigten gepackt; … [die] Flügel der elenden Gestalten werden zerrissen, ihre Fühler abgebissen, ihre Beinglieder weggezerrt; ihre herrlichen Augen, einst Spiegel üppiger Blumen, in denen das blaue Licht und die unschuldige Pracht des Sommers leuchteten, spiegeln jetzt, durch Leiden getrübt, nur die Qual und Pein des Endes wider.

Die Überlebenden werden zusammengetrieben und von Arbeiterinnen bis zum Hungertod bewacht. Wer entweichen konnte, kehrt zurück in der Hoffnung auf Einlaß und Futter, wird aber vertrieben und verhungert.

Drei Vertreter der Milbenart Varma jacobsoni *auf einer Honigbiene. Diese Bienenparasiten sind von Mitteleuropa bis Südostasien verbreitet. In kühleren Gegenden spielen winzige Milben der Familie* Eugamasidae *als Parasiten des Totengräbers eine ähnliche Rolle.*

Unbezahlte Überstunden

Im Leben einiger Bienen gibt es einige tragische bzw. mitleiderregende Aspekte. Die solitäre Blattschneiderbiene benutzt eine verlassene Wurmhöhle, Schilfrohr oder einen ähnlichen vorgefertigten röhrenförmigen Gang für ihr Nest. Die Blattschneiderbiene fertigt mit viel Mühe etwa ein Dutzend Kammern aus ausgesägten Blattstückchen – besonders liebt sie Rosenblätter –, stattet die Kammern mit Pollen und einem Honigvorrat aus und legt jeweils ein Ei hinein.

Die Biene führt diese Arbeiten nacheinander für alle Kammern durch, und zwar, wie es der Natur des gewählten Ortes entspricht, im Dunkeln. Jede Zelle wird mit mehreren Blatteilchen verschlossen, die genau der Größe des Gangs entsprechen, um den Zelleneingang abzudichten. Weitere zehn, etwas größere Abdichtungen sind so geformt, daß sie den gewölbten Boden der nächsten Kammer bilden. Wenn die Kammern fertig sind, schützt die Blattschneiderbiene das Legenest zusätzlich, indem sie weitere Blattstückchen unterschiedlicher Größe hineinstopft.

Doch auch wenn die Biene sämtliche Eier gelegt hat, setzt sie ihre Arbeit unvermindert fort. Das Tier sucht sich eine andere Legeröhre, stattet sie mit Hunderten von Blattstückchen aus und schützt so ein leeres Nest. Von seinem Instinkt getrieben, führt es diese sinnlose Arbeit bis zum Lebensende fort. Gleichermaßen verhalten sich bestimmte Arten solitärer Mauerbienen, die Schneckenhäuser für ihre Nester bevorzugen: auch wenn die Biene keine Eier mehr legen kann, legt sie weiterhin Pollenkörner in Schneckenhäuser ab und verschließt diese leeren Kammern mit einem stabilen Pfropfen, bis der Tod die nutzlose Plackerei beendet.

Jäger im Streifenwams

Die meisten Bienen- und Wespenarten leben nicht in Völkern, sondern solitär. Vielleicht beachten wir die sozialen Wespen stärker, weil sie mehr unserer Vorstellung von Wespen entsprechen: ihre ausgeprägte gelbschwarze Streifung, ihr typisches Gebrumme und ihre scheinbar ständige Gereiztheit. Die meisten Wespen sind auch extrem klein mit Flügelspannweiten von nur zwei bis sieben Millimetern. Ihre Färbung reicht vom metallischen Grünschwarz der kleinen Eulophiden bis zum Rot mancher Grabwespen, dem Tiefschwarz der Platygasteriden oder dem leuchtenden Orange von Gallwespen.

Natürlich gibt es auch Ausnahmen, etwa die Flügelspannweite von 4,5 Zentimetern bei der leuchtendgelb und schwarz gezeichneten *Rhyssa*

Eine Wespe bei Tisch. Die heruntergeklappten segmentierten Fühler sind Geruchsorgane, das Riechorgan der Wespe. Die Atmung erfolgt dagegen durch Tracheen, die den gesamten Körper durchziehen.

persuasoria (Ichneumonidae). Mit ihren drei Zentimetern ist sie noch etwas länger als die Gemeine Wespe. Allerdings unterscheidet sie sich im Aussehen – segmentierter schlanker Leib, mächtige Fühler und lange nadelspitze Legeröhre – deutlich von der „klassischen" Wespe. Bei der ebenfalls solitären Riesenholzwespe *Urocerus gigas* handelt es sich um eine Säge- oder Blattwespe. Mit einer Flügelspannweite von 5,5 Zentimetern und einem riesigen Stachel am Hinterteil wirkt sie so bedrohlich wie eine Hornisse. Der furchterregende Stachel ist ein kraftvoller Legebohrer, der bei der Eiablage in Eichen, Ulmen und Ahornbäume getrieben, aber nicht gegen Beute oder Menschen eingesetzt wird.

Zartfühlende Menschen werden die Lebensweise vieler Wespen als gewalttätig und grausam empfinden. Manche Ichneumonidenarten durchbohren erwachsene Spinnen mit ihrem Legestachel und deponieren ihre Eier im lebenden Körper. *Rhyssa persuasoria* spürt die Larven von Holzwespen im Holz auf und legt ihre Eier hinein. So parasitiert eine Larve eine andere, und diese parasitiert an Bäumen. (Die Holzwespenlarven fressen das Holz nicht direkt. Nach der Eiablage geben die Weibchen aus speziellen Drüsen an der Basis ihres Legestachels Schimmelpilzsporen ab. Die Larven bohren im Holz Gänge, in denen die ausgekeimten Pilze wachsen, sich mit Holzmehl verbinden und zur Larvennahrung werden.)

Die Weibchen einiger winziger Trichogrammatiden (Flügelspannweite bis zwei Millimeter) hängen sich an den Rücken anderer Insektenweibchen, etwa von Käfern, um sicherzustellen, daß sie ihre Eier in frisch gelegte Wirtseier legen können. Nur unwesentlich größer sind die Zwergwespenweibchen von *Caraphractus cinctus*, die nach den Eiern großer Wasserkäfer suchen. Sie benutzen ihre Flügel als Paddel und können tagelang unter Wasser bleiben. Einige Encyrtiden-Wespen zeichnen sich durch Polyembryonie aus. Ein einzelnes, im Körper eines anderen Insekts oder einer Raupe abgelegtes Ei teilt sich wie Bakterien oder Amöben sofort mehrfach. Die Larven entwickeln sich im Wirt bis zur Adultform. So fand man in einer einzigen Gammaeulenlarve 3 000 erwachsene Schlupfwespen.

Viele Wespen stechen nicht, die Pompiliden sind jedoch mit Vorsicht zu genießen. Die schlanken, langbeinigen, schwarzen Weibchen sind leicht zu erkennen. Unter ständigem Flügelschlagen bewegen sie sich mehr lau-

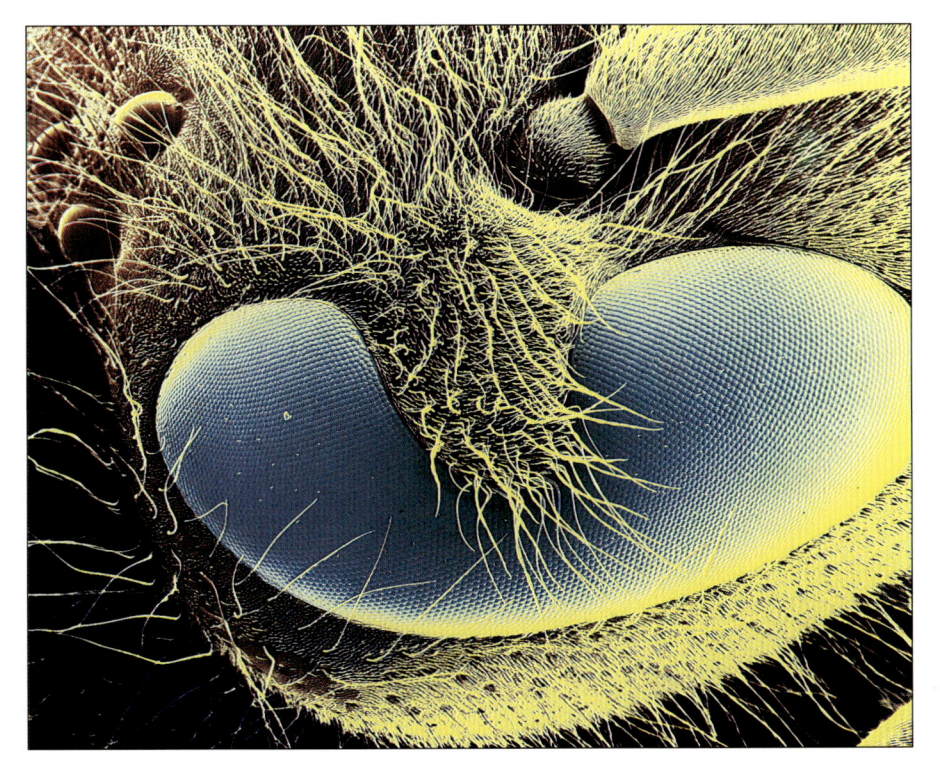

Das Komplexauge einer Wespe. Jedes Einzelauge sendet ein eigenes Signal zum Gehirn, das alle eintreffenden Signale zu einem Gesamtbild zusammensetzt. Ein solches System verhindert zwar das räumliche Sehen, nimmt aber Bewegungen sehr präzise wahr. Auf der „Stirn" oben links sieht man drei Ozellen, einfache Augen, die nur die Lichtrichtung feststellen.

fend als fliegend am Boden. Sie suchen nach möglichst großen Spinnen und lähmen sie durch ihren Stich. Das Gift bedeutet für die Spinne indirekt den Tod. Die Wespe legt ein Ei auf die gelähmte Spinne und schafft sie in ein eigenes Brutnest oder in die Spinnenhöhle. Manche Pompiliden bauen das Nest erst, nachdem sie die Spinne gefangen haben; dann kann es sein, daß andere Pompilidenweibchen ebenfalls ein Ei auf ihr ablegen. Die geschlüpfte Larve wird durch die Spinne mit frischer, noch lebender Nahrung versorgt. Dabei achtet sie sehr sorgfältig darauf, lebenswichtige Organe erst am Schluß zu fressen. So lebt sie mehrere Wochen, bis sie sich verpuppt und sich schließlich als fertiges Insekt aus dem Nest befreit.

Erwachsene Wespen ernähren sich weitgehend von Nektar. Es gibt auch pflanzenfressende Wespen: Ihre Larven verursachen die manchmal wunderschönen Gallen auf Holzgewächsen. Manche, etwa Arten der zu den Torymiden gehörenden Gattung *Megastigmus*, haben sich auf Rosen spezialisiert, was von verschiedenen Insekten, Spinnen und Larven, nicht jedoch von Gartenfreunden, begrüßt wird.

DIE HERRSCHAFT DER AMEISEN

Gärtner mögen Katzen oft nicht besonders, da sie dort Löcher graben, wo keine sein sollen, doch Katzen folgen grundsätzlich ihren eigenen Regeln. Kaum ein Tier der verborgenen Welt gleicht den individualistischen, neugierigen Katzen so wenig wie die Ameisen.

Die Solidarität geht in der streng reglementierten Gesellschaft des Ameisennests so weit, daß Ameisen von anderen hervorgewürgtes Futter verzehren. Dieses genetisch angelegte Wohlfahrtssystem, das es nur in hoch organisierten Gesellschaften geben kann, ermöglicht vielleicht das lange Ameisenleben. Arbeiterinnen können sieben Jahre, Königinnen bis zu 15 Jahre alt werden. (Oder umgekehrt: Weil Ameisen von Natur aus lang leben, konnte sich ihr kompliziertes Sozialleben entwickeln.)

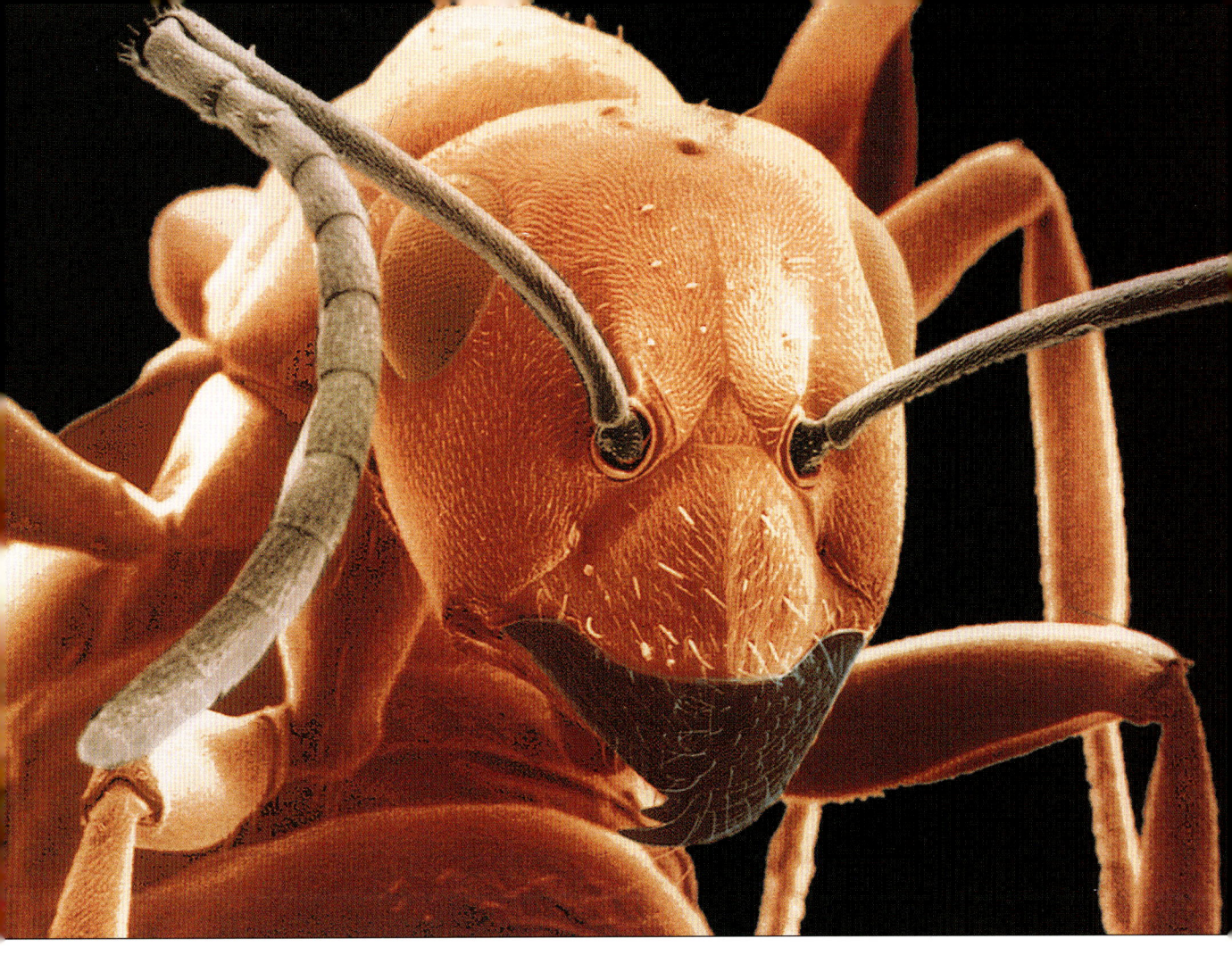

Die gemeinschaftliche Lebensweise und die Langlebigkeit der Ameisen läßt dauerhafte und manchmal überraschend riesige Nester entstehen. Die Staaten der Roten Waldameise umfassen nicht selten 100 000 Mitglieder, die anderer Arten sogar bis zu einer halben Million. Die größte bekannte Kolonie wurde im Jura, dem Grenzgebirge zwischen Frankreich, Deutschland und der Schweiz, gefunden. Ökologen der Universität Lausanne (Schweiz) fanden im Jahr 1977 eine Kolonie Roter Knotenameisen, die sie auf 300 Millionen Tiere schätzten. Auf einem 68,7 Hektar großen Gebiet waren 1 200 Ameisenhügel untereinander durch 100 Kilometer Ameisenstraßen verbunden.

Das in so großen, zentral ausgerichteten Populationen entstehende Versorgungsproblem hat bei einigen Arten zu einer ungewöhnlichen Spezialisierung geführt – gerade so, wie manche Länder durch Bankwesen, Kaffeebohnen, Autoproduktion oder Tourismus wirtschaftlich überleben. Manche Ameisen sind unter die Gärtner gegangen und züchten eine

Der monströs erscheinende Kopf der Waldameise Formica fusca. *Diese Ameise kann zur Sklaverei gezwungen werden. Weibchen der Blutroten Waldameise* Formica sanguinea *überfallen Nester der anderen Waldameise, stehlen Puppen und zwingen die entwickelten Ameisen, für die Königin der Blutroten Waldameise zu arbeiten.*

bestimmte Pilzart. So kultivieren die tropischen Blattschneiderameisen den Pilz auf einer Schicht gekauter Blätter, auf die sie ein wenig kräftige Dünge- und Nährlösung aus ihrem Körper träufeln. Die Wissenschaftsjournalistin Nesta Pain beschreibt, wie die Ameisengärten

> am Grund großer unterirdischer, mit Gewölbedecken versehener Kammern, die etwa 50 bis 100 Zentimeter lang und ungefähr 30 Zentimeter breit sind, angelegt werden. Das Problem der Belüftung dieser unterirdischen Gärten scheinen die Ameisen erkannt zu haben, denn sie legen Öffnungen an, die von diesen Kammern zur Erdoberfläche führen. Auch die Temperatur wird nicht dem Zufall überlassen, denn die Ameisen schließen diese Öffnungen von Zeit zu Zeit und öffnen sie wieder, so daß die Temperatur konstant auf einer für den Pilz zuträglichen Höhe bleibt.

Fremdpilze, die in dieser dunklen feuchten Atmosphäre gedeihen und deren Sporen die Ameisen ständig hereintragen, werden sorgfältig ausgejätet. Oberirdisch überlebt der Ameisenpilz nur schwer, da er anfällig für Infektionen und Befall durch andere Pilze ist. Dank der Hilfe der Ameisen gedeiht er jedoch in ihren manchmal riesigen Gärten. Ein derartiger Garten wuchs in den sechs Jahren nach seiner Anlegung auf insgesamt 1920 Kammern an und versorgte 44000 Ameisen mit Nahrung. Um ihn zu bauen, hatte die Kolonie 40 Tonnen Erde bewegen, um den Pilz zu ernähren, etwa sechs Tonnen Blätter von den Bäumen der Umgebung sammeln müssen.

Tierische Milchwirtschaft

Andere Ameisen betreiben Nutzviehhaltung. So haben sich verschiedene Arten auf Blattläuse (Baumläuse, Kriebelmücken, Röhrenläuse) spezialisiert. Blattläuse saugen große Pflanzensaftmengen und geben eine zuckerhaltige Flüssigkeit – den „Honigtau" – ab, den Ameisen mögen. Die Ameisen „melken" Blattläuse, indem sie deren Seiten mit ihren Fühlern so lange streicheln, bis diese einen Tropfen (oder mehr) süße Flüssigkeit ausscheiden. Manche Ameisen bauen sogar schützende Erdunterkünfte für „ihre" Blattläuse. Außerdem sammeln sie sogar Blattläuse auf, bringen sie zum Nest, entfernen die Erde von Pflanzenwurzeln und lassen die Blattläuse dort fressen. Die so versorgten Blattläuse können dann von den Ameisen bequem gemolken werden. „Wilde" Baumläuse stoßen den Honigtau so aus, daß er in einiger Entfernung landet; unter Ameisenobhut geben ihn manche so langsam ab, daß ihn die Ameisen bequem sammeln können.

Die wohl komplizierteste dieser Symbiosen hat sich zwischen dem Arion-Bläuling und einer Knotenameisenart, *Myrmica sabuleti*, entwickelt. Der Feldthymian ist Mittler in dieser eigenartigen Verbindung.

Im Juni legt der Arion-Bläuling seine Eier auf die ungeöffneten Blütenknospen des Thymians, pro Knospe ein Ei. Nach etwa einer Woche schlüpft die Larve, eine grünlichgelbe, etwa 0,8 Millimeter lange Raupe, die stark den Blütenknospen des Thymians ähnelt. Etwas mehr als drei Wochen ernährt sich die Larve von den Thymianblüten und erreicht ihre vierfache Ausgangsgröße. Nach der dritten Häutung hört die nun ziemlich

Eine Ameisenarbeiterin holt sich Honigtau von Blattläusen auf einem Walnußbaumblatt. Honigtau ist Nahrung für die Ameise. Als Gegenleistung schützt sie die Blattläuse vor Feinden, etwa Florfliegen und Marienkäfern.

dicke und formlose Raupe mit dem Fressen auf, beginnt ziellos umherzuwandern und fällt schließlich vom Thymian auf den Boden.

Hier kommt die Ameise ins Spiel. Sie fuchtelt mit den Fühlern, sobald sie die Raupe sieht, und beginnt, sie mit den Beinen zu streicheln. Während dieser bis zu einer Stunde dauernden „Werbung" saugt die Ameise eine Flüssigkeit auf, welche die Raupe aus der Drüse eines Hinterleibsegments absondert. Zwischen den „Drinks" wandert die Ameise eine Zeitlang um die Larve herum, kehrt dann zurück und „melkt" sie wieder. Sobald dann die ersten drei Segmente der Larve anschwellen, ist dies für die Ameise ein Signal: Sie kann nun die Raupe bequem ins Nest tragen.

Nun lebt die Larve unter der Erde und läßt sich zum Dank für die Pflege weiterhin von den Ameisen melken. Das honigsüße Getränk ist für die Ameisen offensichtlich so wichtig, daß sie sogar den drastischen Kostwechsel hinnehmen, den die Raupe nach ihrer Ankunft bei den Ameisen vollzieht: sie beginnt nämlich riesige Mengen junger Ameisenlarven zu fressen. Die Raupe wächst bis zum Spätherbst rasch und verfällt dann in Winterstarre. Im Frühjahr frißt sie weiter, bis sie etwa 1,5 Zentimeter lang ist, verpuppt sich und verläßt nach etwa drei Wochen den Kokon als ausgewachsener Arion-Bläuling. Er krabbelt durch den Bau hinauf ins Freie. Nach einer Stunde sind die Flügel trocken, und der Bläuling fliegt davon.

Ohne die naschhafte Knotenameisenart kann der Arion-Bläuling nicht überleben. In Großbritannien ist er ausgestorben, weil im Lebensraum der beiden Insektenarten das Gras nicht mehr abgeweidet wurde und deshalb die Ameisen im Winter erfroren. Mit ihnen verschwand der Schmetterling.

Der Stich von 1853 zeigt zwei Abbildungen des sehr seltenen Arion-Bläulings, dessen Überleben von komplizierten Symbiosen mit einer bestimmten Thymianart und mit der Roten Knotenameise abhängt.

KLASSENBESTE

Die Katze empfände es wohl als groben Undank, wollten wir ihr und auch den anderen Tieren nicht eine gewisse Intelligenz zubilligen. Doch dazu gibt es sehr unterschiedliche Anschauungen. Für die Griechen sind Pferde „alogoi" (sprachlos). In bezug auf Klugheit unterscheiden sie sich nur durch ihre Unfähigkeit zu sprechen vom Menschen. Fast jeder Hundebesitzer ist überzeugt davon, daß dieser jedes Wort versteht, besonders wenn sich die Unterhaltung um den betreffenden Hund dreht. Katzen zeigen wiederum deutlich, wen sie für das intelligenteste Lebewesen auf Erden halten, und welcher Katzenhalter würde dem widersprechen.

Was also ist „Intelligenz"? Zwar benutzen wir alle das Wort und verbinden intuitiv etwas damit, doch unter Fachleuten gibt es keine Einigkeit über die genaue Definition, geschweige denn ein Meßinstrument. Manche halten Pferde oder Hunde für intelligent, da sie leicht dressiert werden können und manches perfekt beherrschen wie beispielsweise die Fährte eines Menschen, Fuchses oder Kaninchens aufnehmen. Aber diese Fähigkeiten beruhen weitgehend auf angeborenen körperlichen Eigenschaften, die das Tier nicht erlernen mußte oder vergessen könnte, selbst wenn es dies wollte.

Ein Hund kann eine Fährte aufnehmen und innerhalb von Sekunden die Richtung anzeigen, die das betreffende Tier genommen hat. Der Geruchssinn des Hundes ist etwa 1000mal feiner als der des Menschen. Der Hund untersucht die Fährte zwei Sekunden lang mit seiner Nase, die er etwa einen Zentimeter über den Boden hält, und atmet gleichmäßig etwa 13mal ein. Sobald er die Spur hat, folgt er ihr etwa sechs Sekunden und schnüffelt dabei weiterhin etwa sechsmal pro Sekunde. Der Hund erkennt anhand unterschiedlicher Duftkonzentration, wohin das Tier gelaufen ist, denn je älter der Fußabdruck, desto schwächer ist der Geruch. Er nimmt ihn auf, indem er ausdauernd, gleichmäßig und immer im gleichen Abstand zum Boden schnüffelt. Falls er die Spur in der falschen Richtung verfolgt hat, kehrt der Hund um und verfolgt das Tier, das ihn zu diesem Zeitpunkt vielleicht noch gar nicht sieht, in entgegengesetzter Richtung.

Das hat jedoch nichts mit Intelligenz zu tun, sondern stellt eine Instinkthandlung dar, bei der der Hund seine hochfeine Nase optimal nutzt. Ähnliches gilt für das angeblich intelligente Verhalten anderer Tiere. Biber sind hervorragende Dammbauer, die aus ihrer Baubegabung unbeabsichtigt noch andere Vorteile erzielen. Glaubt man dem schwedischen Verhaltensforscher L. Wilsson, so verabscheuen Biber das Geräusch strömenden Wassers und versuchen es deshalb abzustellen. Als Wilsson einer Gruppe gefangener Biber Strömungsgeräusche fließenden Wassers vorspielte, um ihre Reaktionen zu beobachten, deckten die Biber die Lautsprecher mit Schlamm zu.

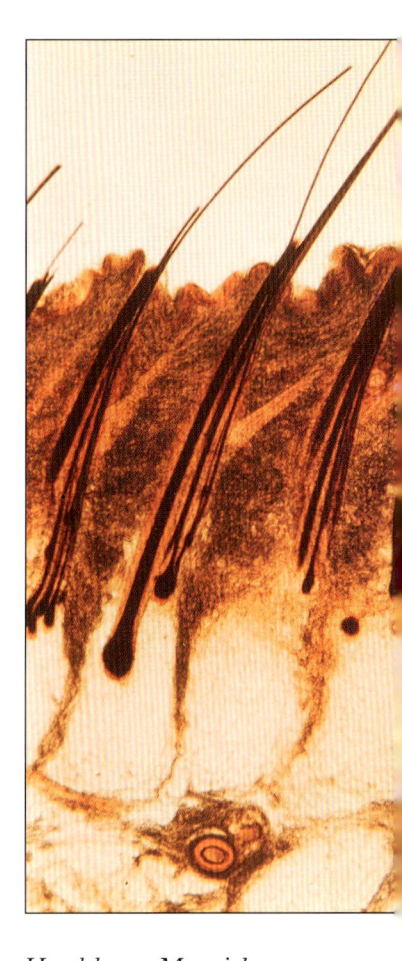

Hundehaare. Man sieht die Haarzwiebeln, in denen das Haar wurzelt, und die Haaraufrichtemuskeln, die das Haar bei Furcht oder aggressiver Stimmung des Hundes aufstellen.

Genauso verhält es sich auch mit der angeblichen Sprache der Bienen. Hier sind die komplizierten Schwänzeltänze gemeint, mit denen sie anderen Bienen Entfernung, Richtung und Qualität von Nektarblüten mitteilen. Dies ist zwar erstaunlich, aber man sollte bedenken, daß es bei Bienen immer nur um ein Gesprächsthema geht.

Wer zuletzt lacht, ...

Warum die Katzenzunge so rauh ist, zeigt ein stark vergrößertes Bild ihrer Oberfläche. Die vielen Stacheln bilden ein höchst wirksames Reinigungskissen, das Katzen bei der Körperpflege gezielt einsetzen.

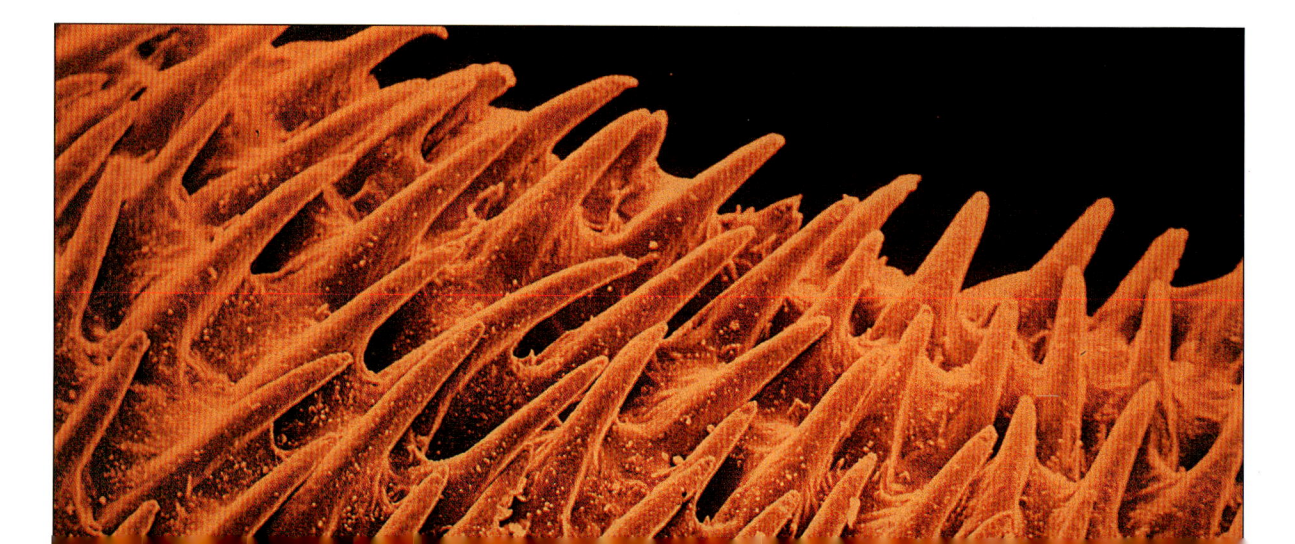

Freunde der unabhängigen, unbelehrbaren Katze betrachten dressierte Tiere oft als lebendige Automaten. Sie übersehen dann die subtileren Eigenschaften der folgsameren Tiere. Pferde und Hunde vergnügen sich gerne. Ein Pferd spielt mit einem Eimer oder verfällt plötzlich aus reiner Freude am kraftvollen Lauf in gestreckten Galopp. Beide Tiere können sich auch langweilen, woraus man auf die Existenz einer gewissen Art von Geist schließen kann, der beschäftigt werden will.

Hunde scheinen jedoch keine besondere Ausdauer im Lösen von Problemen zu haben: entweder werden sie eher zufällig mit Schwierigkeiten fertig, oder sie geben winselnd auf. Ein Pferd kann eine Stalltür öffnen, Katzen dagegen entriegeln Fenster oder springen auf Türklinken, wenn sie einen Raum betreten oder verlassen wollen. Offenbar schauen Katzen das beim Menschen ab. In einer Versuchsreihe fanden Wissenschaftler heraus, daß überraschenderweise Katzen Ratten unterlegen waren, wenn es darum ging, aus einem Labyrinth herauszufinden. Dann zeigten die Wissenschaftler einer Katze die Lösung des Problems und ließen eine andere Katze der ersten beim erfolgreichen Tun zuschauen. Die Katzen lernten schnell, und bald darauf übertrafen sie die Ratten bei weitem.

Ein deutsches Pferd, der „Kluge Hans", wurde gegen Ende des 19. Jahrhunderts berühmt, weil es offensichtlich schwierige Rechenaufgaben verstehen und lösen konnte. Die Antworten klopfte es mit dem Huf. Der Kluge Hans verblüffte viele Wissenschaftler, bis Professor Pfungst 1911 durch sorgfältige Beobachtung herausfand, daß das Pferd in Wahrheit auf Hinweise der Prüfer reagierte. Wenn Hans richtig antwortete, nickten die Leute, hielten den Atem an oder ähnliches. Das Pferd beobachtete diese Zeichen und hörte mit dem Klopfen auf. Hans war tatsächlich klug, wenn auch anders, als sein Publikum zunächst gedacht hatte.

Wenn man Intelligenz vor allem als die Fähigkeit, aus Erfahrung zu lernen, definiert, ist ein leicht dressierbares Tier sicher intelligent, zumal hier oft mit Zuckerbrot und Peitsche gearbeitet wird. Angesichts unerwarteter Ereignisse können, wenn überhaupt, nur wenige Tiere einsichtig handeln, d. h. in der Vorstellung verschiedene Möglichkeiten durchspielen, ehe sie einen geeignet erscheinenden Lösungsversuch auf das Problem anwenden. Insofern beurteilen Menschen das Verhalten von Tieren manchmal mit mehr Phantasie als Verstand. Als Beispiel bietet sich wieder die Katze an.

In den 40er Jahren unterzog man Katzen einem Sesam-öffne-dich-Experiment. Aus einem Glaskäfig konnten sie sich nur durch Berührung eines herabhängenden Drahtes befreien. Die Katzen taten das Richtige, führten zuvor allerdings ein umständliches Ritual durch: sie rieben sich an der Glasfront des Käfigs, strichen umher, liefen im Kreis und so weiter. Einige Psychologen vermuteten, daß die Katzen eine Art Zeremonie inszenierten, also „Katzenmagie" anwandten, um die Tür zu öffnen. Als man die Versuche in den 70er Jahren wiederholte, zeigte sich jedoch, daß die Katzen diese Riten nur vollzogen, wenn sie einen Menschen sahen. Waren sie allein, bemühten sie sich nicht einmal, aus dem Käfig zu entkommen. Sie rollten sich zusammen und schliefen. Die Katzen betrieben auch keine „Magie", wenn ein Mensch zugegen war: Sie begrüßten ihn lediglich auf ihre typische Weise.

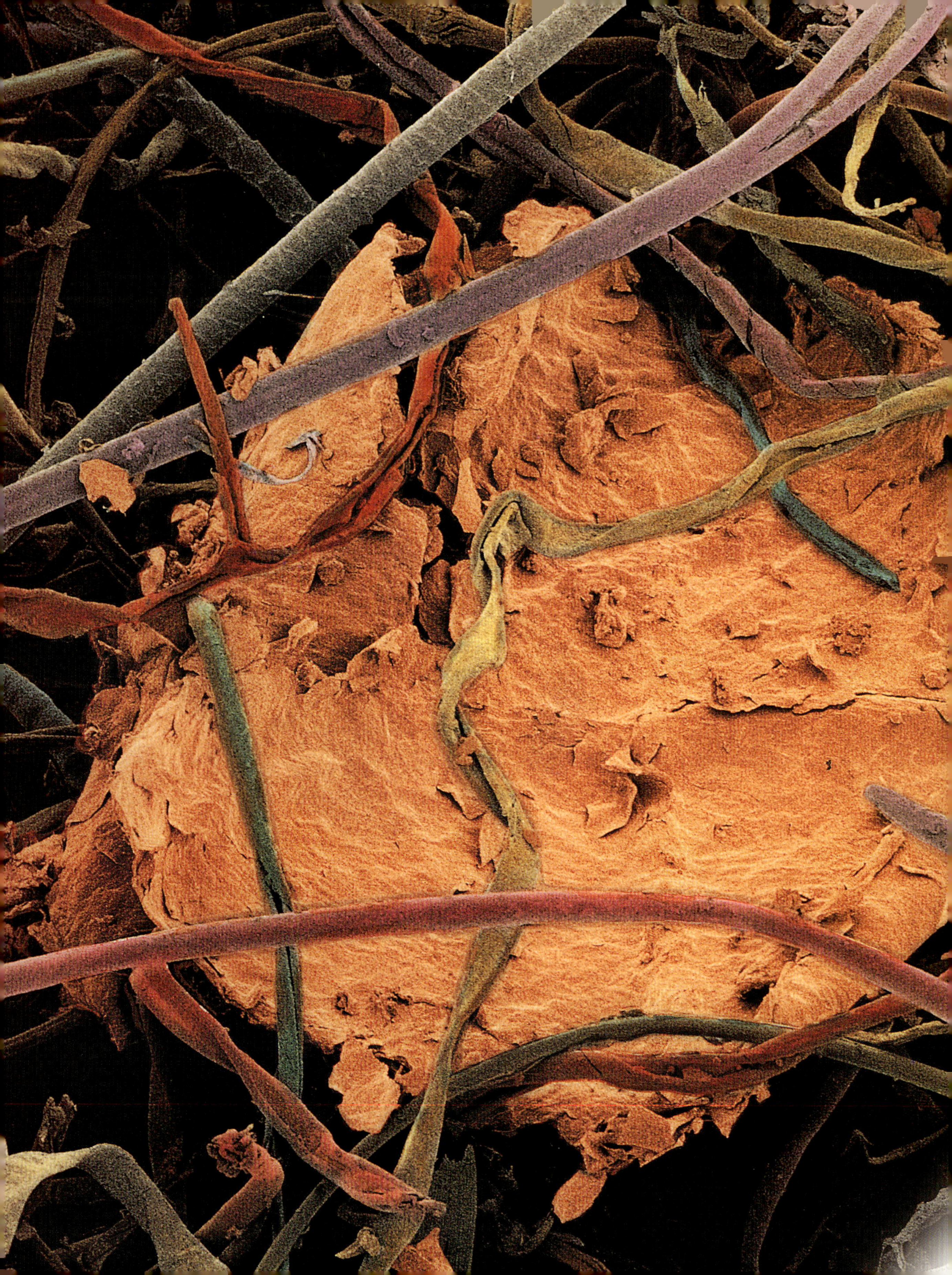

Der Zoo im Zimmer

Im Märchen geht Goldhaar im Wald spazieren und kommt zufällig zum Haus der drei Bären. Da niemand zu Hause ist, betritt sie das Haus und sieht sich um. Sie sitzt auf den Stühlen der Bären, ißt von ihrem Frühstück und probiert alle Betten. Kaum ist sie eingeschlafen, kommen die Bären nach Hause, finden sie aber nicht sofort. Aber sie bemerken, daß etwas nicht stimmt, und fragen einander: „*Weeeer* hat in *meinem* Stuhl gesessen? *Weeeer* hat von *meinem* Brei gegessen? *Weeeer* hat in *meinem* Bett geschlafen?"

Goldhaar wird nur deshalb nicht zum Bärenfrühstück, weil sie rechtzeitig aus dem Fenster springt und davonläuft. Hätten die Bären ihr Haus mit dem Vergrößerungsglas untersucht, so hätten sie noch viele andere Lebewesen gefunden, mit denen sie Haus – und Bett – teilen. Keiner dieser Untermieter würde auf die Rufe der Bären hin aus dem Fenster springen und davonlaufen.

Ein Stückchen menschlicher Haut sticht zwischen den natürlichen und künstlichen Fasern einer Hausstaubprobe ins Auge – ein leckeres Mahl für viele mikroskopisch kleine Lebewesen eines Hauses.

Nicht nur Mäuse

Viele Lebewesen in unseren Häusern können wir sehen. Mäuse, Fliegen, Spinnen, Motten, Stechmücken und Käfer können wir oft bei uns daheim betrachten, auch wenn sie uns nicht unbedingt willkommen sind.

Gelegentlich hüpfen Frösche und Kröten im Haus herum, und schlimmstenfalls begegnen wir Schaben oder Ratten. Unter dem Dach finden häufig Fledermäuse einen Ruheplatz. Aber all diese Bewohner sind Riesen im Vergleich zu den *nicht* sichtbaren Tieren.

Durchquert man einen ganz normalen Raum, so tritt man auf Tausende von Staubmilben, die etwa im Teppich leben. Diese achtbeinigen Wesen sind etwa 0,3 Millimeter lang. Dem bloßen Auge bleiben sie verborgen, ebenso ihre Hauptnahrung: winzige Stückchen unserer Haut. Diese geben wir fast ständig ab, da sich neue keratinisierte Zellen aus der Lederhaut heraufschieben und so unsere natürliche Schutzschicht erneuern. Die alten Zellen fallen ab. Die Haut des Durchschnittsmenschen wiegt etwa zwei Kilogramm und erneuert sich innerhalb von zwei Monaten vollständig. Etwa 80 Prozent des Hausstaubs bestehen aus menschlicher Haut, die mit dem warmen Luftstrom in der Raummitte vom Körper nach oben steigt und mit der kühleren Luft in Wandnähe wieder herabsinkt. Deshalb fällt Staub vor allem auf hohe Objekte. Bücherregale und Bilderrahmen oder Leisten sind demzufolge staubiger als Möbel in der Raummitte.

Stadtbewohner müssen mit unverbrannten Treibstoffteilen, also Abgasen, im Staub rechnen und im Sommer mit Bodenpartikeln, die von den Straßen hochgewirbelt werden. In Fabriknähe finden sich zumeist auch Industrieschadstoffe im Teppich. Haushaltsstaub enthält darüber hinaus viele uner-

Behaglich liegt die Larve des Katzenflohs zwischen Teppichfasern. Sie häutet sich zweimal und spinnt sich dann in einen haarigen Kokon ein, den sie als erwachsener Floh verläßt.

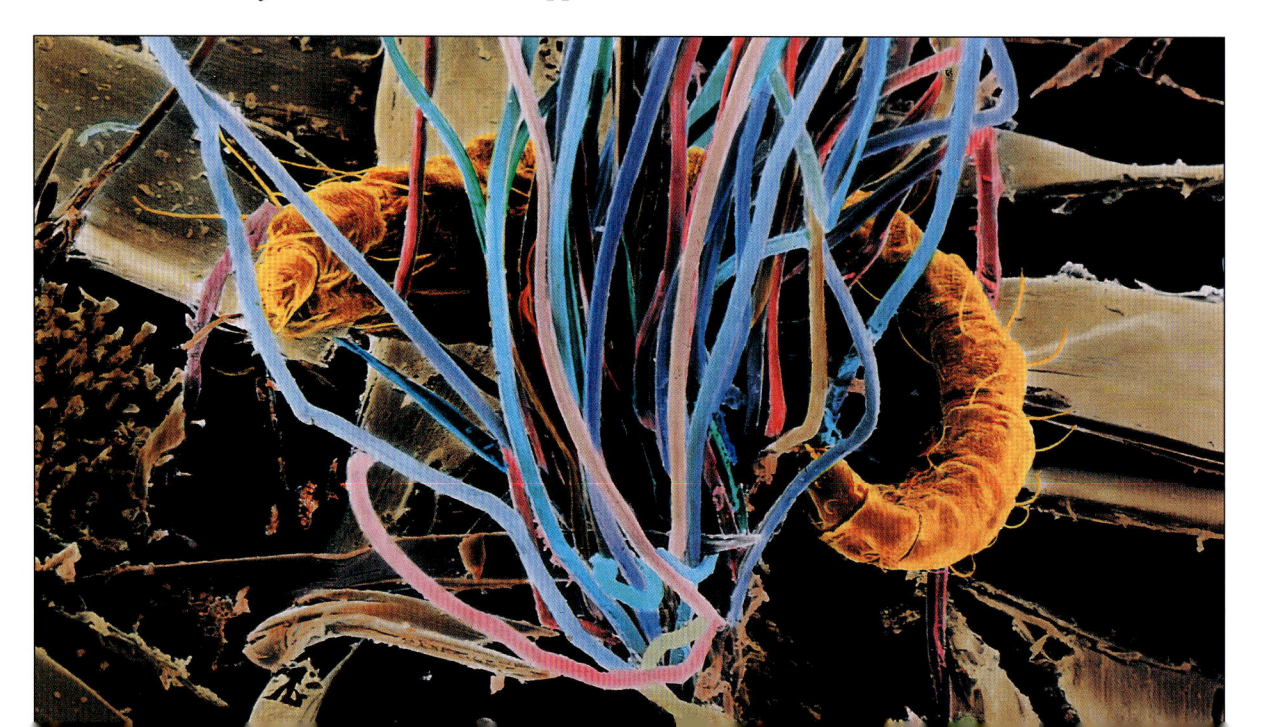

wartete Bestandteile. Ein lebendiger Anteil daran, mit dem sich Katzenhalter nicht gern beschäftigen, sind Katzenflohlarven, die sich in und auf dem Fußbodenbelag oder im Katzenkorb entwickeln.

Flöhe und ihre Brut leben die meiste Zeit nicht auf ihren Wirten. Wer einen Floh auf einem Haustier entdeckt, sollte wissen, daß sich Dutzende in oder hinter Vorhängen und Mobiliar tummeln und sich fleißig vermehren, wenn sie sich nicht gerade beim nächsten Pelztier sattfressen. Die plumpe, madenartige Larve ist ein eigenständiges Wesen, das sich vor allem vom Kot erwachsener Flöhe ernährt, der genug nahrhaftes, unverdautes Säugerblut enthält. Sie durchstöbert auch anderen organischen Abfall, etwa herabgefallene Nahrungskrümel sowie Pflanzenteile oder Tierexkremente, die mit Schuhen ins Haus getragen werden.

Auch die meisten in unserem Haus lebenden Insekten geben Körperpartikel ab. Insektenlarven häuten sich und lassen die zu enge, alte Hülle zurück. Die Körper gestorbener Insekten zerfallen. Diese Reste dienen verschiedenen kleinen Tieren als Nahrung.

Pollen werden ins Haus geweht oder getragen, bleiben an Menschen und Tieren hängen, bevor sie im Teppich versinken. Ein Teil schwebt jedoch zwangsläufig in der Luft und löst bei entsprechend veranlagten Menschen Heuschnupfen aus. Im Sommer stellen die Betroffenen häufig fest, daß sich die lästigen Symptome spätabends verstärken.

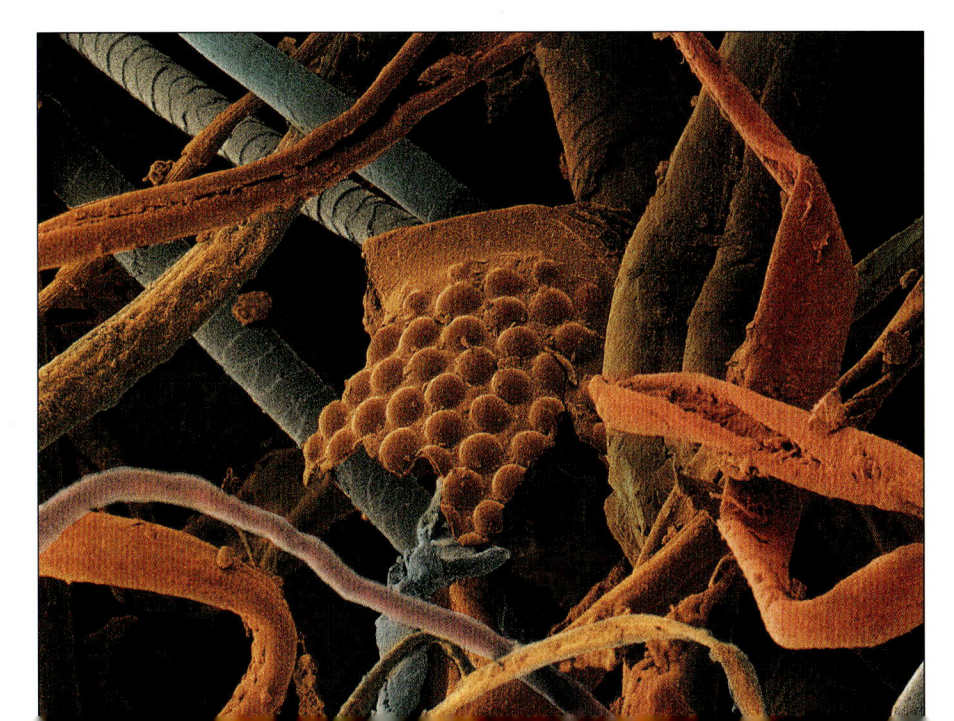

Das Fragment eines Insektenkomplexauges ist in dieser Hausstaubprobe von Menschenhaaren (graue, schuppige Schläuche) und Kleidungs- sowie Möbelfasern umgeben.

Die Pollen werden nämlich im Verlauf eines langen, warmen Tages weit nach oben getragen, sinken aber wieder nach unten, sobald die Luft kühler wird. Ein bis zwei Stunden nach Sonnenuntergang erreichen sie dann den Erdboden. Ein üppiger Haarschopf kann an einem Sommerabend unbeabsichtigt zur Falle für die quälenden Pollen werden. Später im Bett halten die winzigen Pflanzenpartikel auf den Haaren in Nasennähe das Opfer durch Niesattacken wach.

Für alle möglichen Bakterienarten stellt der Teppich einen sicheren Hafen dar (wenn auch kein so gutes Jagdgelände wie die Küche, wie wir noch sehen werden). Bakterien leben ebenfalls von winzigen Teilchen organischen Materials im Teppich und reinigen ihn unbemerkt und gründlicher als jeder Staubsauger.

Gewusel im Schlafzimmer

In einem Wohnzimmer wimmelt es von unsichtbaren Akteuren, noch lebhafter aber geht es wohl im Schlafzimmer zu. Abgesehen vom Teppich mit seinen Bewohnern teilen selbst Putzfanatiker ihre Bettstatt mit Tausenden anderer Lebewesen.

Bei den meisten handelt es sich wieder um die Hausstaubmilbe, *Dermatophagoides pteronyssinus*. Im Schlafzimmer erfüllen sie die gleiche nützliche Funktion und verleiben sich die von unserem Körper beständig herabfallenden Hautpartikel ein (nachts wachsen die unteren Epidermisschichten verstärkt). Die angenehme Kombination aus Wärme und Feuchtigkeit im Schlafzimmer sowie die Tatsache, daß wir etwa ein Drittel unseres Lebens dort verbringen, stellt für diese Lebewesen schier unerschöpfliche Nahrungsvorräte bereit: ihre Populationen blühen und gedeihen. Ein einzelnes Zimmer kann Millionen Milben beherbergen.

Ein Kopfkissen ist eine richtige Milbengroßstadt, deren häufigster Bewohner die Haarbalgmilben sind. Kein Kopfkissen ist milbenfrei, selbst regelmäßig gereinigt beherbergen sie etwa 10 000 Milben. In Haushalten (oder Hotels), in denen Kopfkissen jahrelang ungereinigt bleiben und nur der Bezug gewaschen wird, können es bis zu 400 000 Milben sein. Die lebenden und toten Milben eines solchen Kissens machen zehn Prozent seines Gesamtgewichts aus. Wird ein Kopfkissen allerdings sechs Monate lang nicht benutzt, stirbt die gesamte Milbenpopulation aufgrund Nahrungs- und Feuchtigkeitsmangel ab. Unter günstigen Umständen dauert die Entwicklung vom Ei bis zur Adultform drei bis vier Wochen. Erwachsene Hausstaubmilben leben etwa sechs Wochen. Während dieser Zeit legen die Weibchen 40 bis 80 Eier.

Die Paarung indes kann für die Hausstaubmilbe zur Falle werden. Erwachsene Milben zeigen ihre Paarungsbereitschaft durch Pheromone, den Sexualhormonen verwandte Duftstoffe, an. Aber nicht nur einsame Dermatophagoiden werden durch dieses Liebessignal munter. Für *Cheyletus*, eine andere Milbengattung, ist das wie ein Gong, der zum Essen ruft. Er marschiert los, um den Signalgeber zu verspeisen. *Cheyletus* hat einen guten Appetit, aber da in einer Milbenpopulation nur wenige einzelne Vertreter leben, können sie ihr kaum etwas anhaben.

Die Hausstaubmilbe, Dermatophagoides *(„Hautfresser")* pteronyssinus. *Kein Haus ist frei von diesen winzigen Tieren, ein einziger Raum kann Millionen davon beherbergen.*

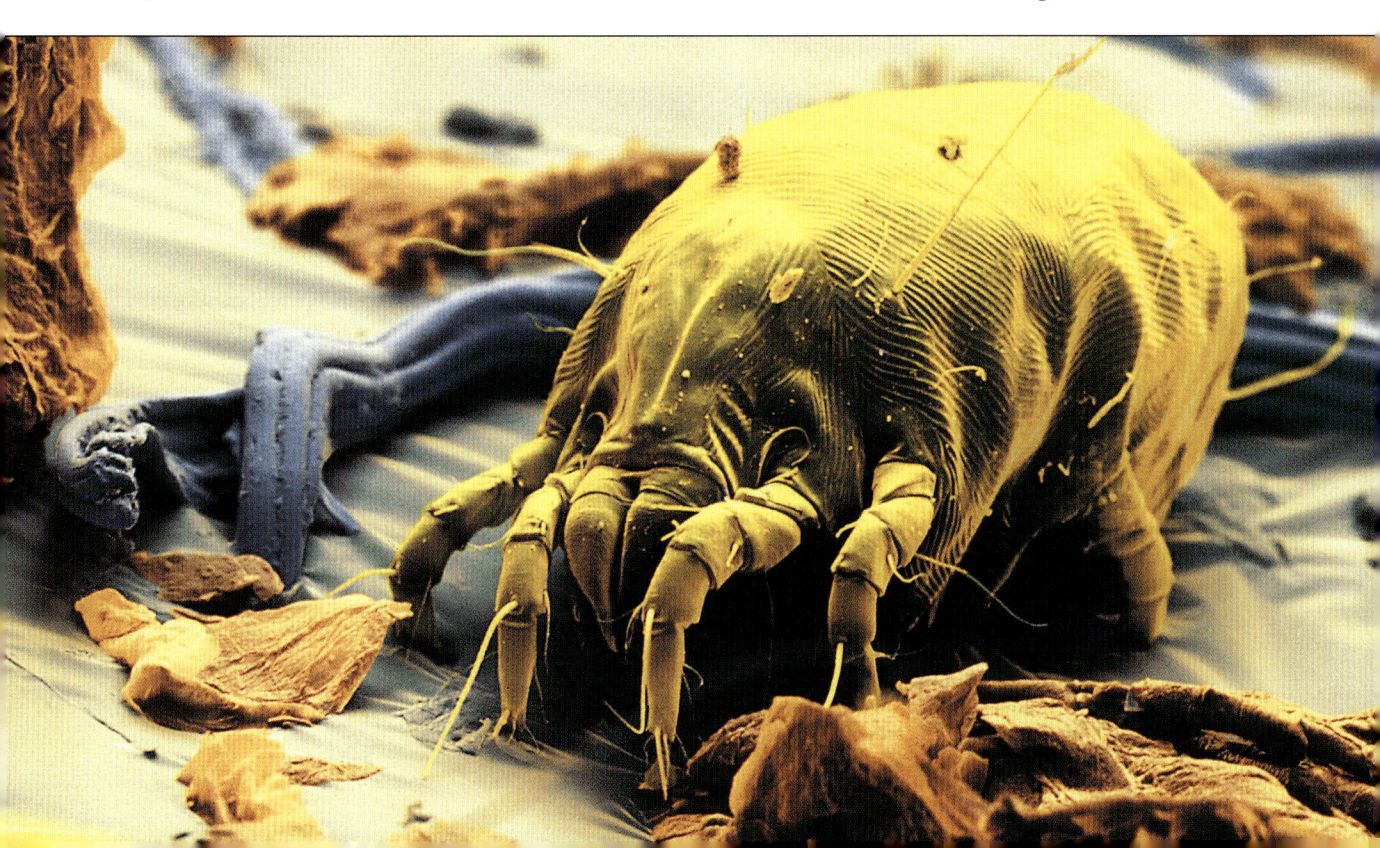

So furchterregend sieht der Kopf einer Bettwanze im Elektronenmikroskop aus. Mit dem langen, spitzen Saugrüssel durchbohrt sie menschliche Haut und saugt Blut. Eine ungestörte Bettwanze kann bis zu 15 Minuten an ihrem Opfer saugen.

Für die meisten Menschen stellen diese herumwimmelnden Mitbewohner kein Problem dar. Meist ist uns gar nicht bewußt, daß unser Kopfkissen ein Milbenparadies ist. Die kleinen Tiere verabscheuen Sonnenlicht, gedeihen jedoch bei Wärme und Feuchtigkeit. Körperwärme gibt der Mensch besonders am Kopf ab, und nachts im Schlaf atmen wir 250 bis 500 Milliliter Wasser aus. Wir drehen uns während einer Nacht auch 60- oder 70mal um und schütteln, ehe wir uns hinlegen, zu unserer Bequemlichkeit die Kopfkissen auf. Dies und die mangelnde Kissenreinigung führt manchmal zu Problemen, denn mit den Milben wird auch ihr Kot aufgeschüttelt, der Allergie und Asthma hervorruft.

Vampire im Miniaturformat

In allen Schlafzimmern leben Hausstaubmilben, in anderen leider auch Bettwanzen. Anders als viele Insekten, die nur „Wanzen" heißen, sind diese braunen, ovalen, sechs Millimeter breiten Tiere im wissenschaftlichen Sinn echte Wanzen. Ihre besonderen Merkmale: ein Saugrüssel, mit dem sie Pflanzen oder Tiere anstechen und dann deren Saft saugen, besonders gestaltete Flügel (bei der Bettwanze nur stummelförmig) und Larven – sogenannte „Nymphen" –, die sich nicht verpuppen, sondern von Anfang an ihren Eltern ähneln. Bettwanzen verraten sich durch ihren spezifischen Geruch, der einer von „Stinkdrüsen" hergestellten öligen Flüssigkeit entstammt. Bei Bettwanzen erinnert er angeblich an Mandeln oder Himbeeren und ist süßlich, muffig und äußerst unangenehm.

Bettwanzen ernähren sich fast ausschließlich von menschlichem Blut (zur Not auch dem von Vögeln oder Fledermäusen), übertragen jedoch keine Krankheiten. Ihre Reproduktionsrate ist hoch: sie legen täglich drei oder vier Eier, die Entwicklung dauert etwa sechs Wochen, ihre Lebenszeit zwischen sechs und 18 Monaten. Gefressen wird ohne Hast. Die Tiere verlassen ihre Wohnspalten und brauchen dann etwa 15 Minuten für ihre

Milbenbekämpfung

Hausstaubmilben fressen an einem einzigen Tag ungeheure Hautmengen und scheiden entsprechend viel Kot aus. Eine Hausstaubmilbe produziert 20 Kotkügelchen pro Tag. Im sechswöchigen Milbenleben summieren sie sich zum 200fachen Körpergewicht der Milbe. Ein Teelöffel voll Schlafzimmerstaub enthält an die 1 000 Milben und etwa 250 000 Kotkügelchen. Diese gelangen beim Umdrehen und Aufschütteln des Bettzeugs als Staubwolke in die Luft.

Das Immunsystem der meisten Menschen wird damit problemlos fertig. Man hat jedoch entdeckt, daß die meisten Jugendlichen mit Asthma aus stark mit Hausstaubmilben befallenen Haushalten stammen. Das anfallauslösende Allergen ist ein Protein, das sich sowohl im Milbenkot als auch im Milbenkörper befindet.

Es gibt jedoch Hoffnung: Forscher der Universität von Cambridge (England) haben vor kurzem herausgefunden, daß die Milben ihre Lieblingsnahrung, menschliche Haut, nicht roh verzehren können. Sie wird von einem auf dem Milbenkörper lebenden Pilz, *Aspergillus repens,* vorverdaut. Ohne Pilz müssen die Milben verhungern. In Zusammenarbeit mit der britischen Textilgesellschaft Courtaulds haben die Wissenschaftler ein geeignetes pilztötendes Mittel entwickelt, das in die Fasern von Matratzen- und Bettbezügen sowie Leintüchern eingewebt wird. Laut der Gesellschaft werden die Fungizide nicht ausgewaschen und verursachen ihrerseits keine Allergien.

Mahlzeit, wobei sie einen Gerinnungshemmer in die Wunde injizieren. Die Opfer tragen als Zeichen ihrer unfreiwilligen Großzügigkeit kleine, harte, weiße Höcker und sind manchmal matt und bleich, was weniger durch Blutverlust als durch Schlafmangel hervorgerufen wird.

Bettwanzen betreiben eine eigenartige Form von Paarung. Das Weibchen hat normale Genitalorgane, die jedoch das Männchen überhaupt nicht interessieren. Bei der eher unromantischen, sogenannten traumatischen Insemination reißt es mit seinem großen und spitzen Penis ein Loch in einen gepolsterten Bereich am Hinterleib des Weibchens. Ein Sack im Inneren nimmt die Spermien zunächst auf. Von dort müssen sie durch die Leibeshöhle bis zu den Eierstöcken schwimmen. Dabei müssen die Spermien außerordentliche Kraft und Entschlossenheit zeigen, werden sie doch unterwegs größtenteils von proteinfressenden Zellen vertilgt.

Die einen Millimeter langen, tönnchenförmigen Eier werden von den Weibchen in Ecken und Ritzen geklebt. Nach zehn Tagen schlüpfen die gelblichen Nymphen, suchen sich sofort eine Blutmahlzeit und sind danach rötlichviolett. Bettwanzen können – wie die entfernt verwandten blutsaugenden Flöhe – bis zu 18 Monaten fasten. Nur durch eine Spezialbehandlung mit stark wirkenden Insektiziden kann man ein Haus wanzenfrei bekommen. Als Alternative bietet sich nur ein Umzug an, am besten in kältere Zonen: die Wanzen können sich in einer Umgebungstemperatur von über 16 °Celsius nicht vermehren.

Von Fischen und Büchern

Silberfische und Bücherläuse sind größer als Hausstaubmilben. Entsprechend augenfälliger sind auch die lästigen Auswirkungen ihres Treibens, obwohl man die Urheber selbst nicht häufig sieht. Beide Tierarten sind sehr alt. Bücherläuse gibt es seit dem Perm (vor etwa 250 Millionen Jahren), Silberfische bevölkern seit 400 Millionen Jahren die Erde. Sie gehören zu den ursprünglichsten Insekten und gleichen wohl wie ihre nahen Verwandten, die Ofenfischchen, den ersten Insekten unseres Planeten.

In der Natur leben Silberfische zumeist unter oder sogar in Steinen, Holz oder Erde. Einige leben in Ameisen- und Termitenbauten. Sie schätzen deren warmes und feuchtes Milieu, doch wenn die Temperatur unter 16 °Celsius fällt, ziehen sie aus. Ihr Optimum liegt zwischen 22 und 28 °Celsius und zwischen 75 und 95 Prozent relativer Luftfeuchtigkeit. Sie gleichen länglichen, mit silbrigen Schuppen bedeckten Möhrchen: vorne breit, zum Hinterende schmaler werdend. Flügel fehlen. Die zwei Fühler und die drei borstenförmigen Schwanzanhänge sind zusammen fast ebenso lang wie der Körper (etwa zehn bis zwölf Millimeter). Silberfischchen sind äußerst scheu, fressen nachts und verbergen sich tagsüber in dunklen Ecken: wenn sie gestört werden, winden sie sich wie schwimmende Fische davon.

Im Freien leben sie von toten Pflanzen und Pilzen. Im Haus fressen sie alles Kohlenhydrathaltige – Weizenmehl, Getreide, Trockenfleisch, Leder, Stoffe, die glänzende Oberfläche von Fotos und die Stärke in Papier, Brettern, Leim und Kleister. Wer eine kostbare Büchersammlung oder alte Tapeten hat, bekämpft sie erbittert. Glücklicherweise vermehren sie sich recht langsam. So legt ein Silberfischweibchen nur etwa 100 Eier im Laufe

Eine Silberfischlarve (Lepisma saccharina) *im letzten Larvenstadium. Silberfische tanzen beim Begattungsritual. Dabei setzt das Männchen ein Spermienpaket am Boden ab, von wo es das Weibchen später aufnimmt.*

Ein Klopfkäfer (Anobium punctatum) *kommt aus seinem Versteck. Die Larven des Käfers erscheinen häufig als „Bücherwürmer" und bohren schnurgerade Gänge durch ganze Bücherreihen hindurch.*

seines Lebens (zwischen zwei und acht Jahren), und die Larven brauchen für ihre Entwicklung zur Adultform zwei Jahre.

Eine weitere Plage für Büchersammler und Bibliothekare ist die Bücherlaus. Sie ist keine wirkliche Laus, sondern ein zur Ordnung *Psocoptera* gehörendes Insekt. Der Name bedeutet in etwa „geflügeltes, nagendes Insekt". Die meisten Bücherlausarten haben zwar keine Flügel, aber immerhin nagen sie mikroskopisch kleine Schimmel- und Moderpartikel sowie andere stärkehaltige Nahrung, die bei hoher Luftfeuchtigkeit entsteht, außerdem Partikel von toten Insekten und Pollen.

Wie Silberfischchen bevorzugen auch Bücherläuse den Kleister und den Leim in Büchern. Wenn sie Schimmel an den Ecken der Buchseiten fressen, nagen sie sich auch ins Papier hinein. Bei den Bücherläusen gibt es nur Weibchen. Sie legen unbefruchtete Eier, aus denen hellgraue Nymphen schlüpfen. Diese wachsen zu einer Größe von ein bis vier Millimetern heran, bewegen sich taumelnd oder schwankend und hüpfen gelegentlich. Geflügelte Arten fliegen selten und dann nur schlecht.

Bücherläuse sollten nicht mit Bücherwürmern, den Larven von etwa 160 Käfern verschiedener Arten und Gattungen, verwechselt werden. Wohl am bekanntesten ist *Anobium punctatum*, der Gemeine Holzwurm, dessen Larven lange, zylinderförmige Vertiefungen in Bücher und Bücherregale bohren. Mit mehr oder weniger exotischen Mitteln suchte man jahrhundertelang die Bücherwürmer zu töten oder zu vertreiben, etwa mit Beifuß, Bienenwachs, Borax, Chili, Couscous, Fieberklee, Kajeputöl, Moschus, Myrrhe, Schweinswalöl, Schnupftabak, Vitriol (Sulfat) und Wermutwein. Die Wirkung dieser Mittel ist umstritten, teilweise sind sie sogar schädlich.

Bei lebendigem Leibe verspeist

Das Verzehren lebendiger Lebewesen überläßt der zivilisierte Mensch in der Regel den Tieren. Zugegeben, Austern haben das Pech, daß man sie lebendig verzehren muß und gelten als Delikatesse. Austernliebhaber nehmen auch das Risiko auf sich, eine tote Auster zu essen, deren Gifte heftige und schmerzhafte Erkrankungen hervorrufen. Ohne groß darüber nachzudenken, lassen wir uns andere lebendige Sachen schmecken – Karotten frisch aus dem Boden oder Äpfel frisch vom Baum. Wir sind auch rücksichtslos gegenüber den Bakterien im Joghurt. Manche Speisen enthalten jedoch Lebewesen einer weitaus höheren Entwicklungsstufe.

In einigen beliebten Käsesorten – beispielsweise Stilton, Roquefort, Gorgonzola – wimmelt es von Schimmelpilzen. Der grüne oder blaue Pilz gibt diesen Käsen ihr charakteristisches Aroma. Durch ein starkes Vergrößerungsglas entdeckt man, daß auf Käse – sogar einem einfachen Cheddar – nicht nur Schimmelpilze leben. Was durch das Glas wie winzige Insekten und Miniwürmchen aussieht, sind Käsemilben und ihre Larven.

Wahre Feinschmecker lagern ihren Käse im Schrank oder im Keller, um ihn noch weiterreifen zu lassen. Auf diese Weise essen sie mit großer Wahrscheinlichkeit mehr Milben und Schimmelpilze als Menschen, die stets gut gekühlte und plastikverpackte Ware im Supermarkt kaufen und kaum je Tageslicht an sie heranlassen. Die kleinen Tiere tragen vermutlich zum Aroma der verschiedenen Käse bei, denn auch sorgfältig abgehangenes – das heißt ein wenig verwestes – Fleisch schmeckt besser als frisch geschlachtetes.

Feuriges schützt

Nicht mehr ganz frische Lebensmittel schaden also im allgemeinen nicht der Gesundheit, vorausgesetzt, diese Lebensmittel werden in bestimmter Form gelagert, konserviert oder zubereitet. Letzteres spielt besonders in heißen Ländern eine große Rolle. So glaubte man lange Zeit, die auf dem indischen Subkontinent geschätzte Vielfalt an stark gewürzten Speisen sei entstanden, um den unangenehmen Geschmack leicht verdorbener Zutaten zu übertönen.

Die indischen Köche haben aber vermutlich früh bemerkt, daß sich gewürzte Speisen besser aufbewahren ließen als ungewürzte. Heute weiß man, daß die Substanzen, die den Geschmack der Gewürze ausmachen, auch von Pflanzen benutzt werden, um Insekten, Bakterien und Pilze abzuhalten oder zu töten.

Knoblauch, Zwiebel, Piment und Oregano sind Breitbandbakterienkiller. Die Gewürze Thymian, Zimt, Estragon und Kreuzkümmel töten etwa 80 Prozent, Chili und andere Cayennepfefferarten zerstören oder hemmen bis zu 75 Prozent der Bakterien. Schwarzer und weißer Pfeffer, Ingwer, Anissamen, Selleriesamen, aber auch Zitronen- und Limettensaft sind gegen 25 Prozent der Bakterien wirksam.

Die Faustregel „je heißer das Klima, desto schärfer und feuriger die Speisen", gilt seit langem, auch wenn ihr Wahrheitsgehalt erst vor kurzem wissenschaftlich nachgeprüft wurde. Paul Sherman, Professor für Neurobiologie und Verhaltensforschung an der Cornell-Universität in New York, und Jennifer Billing, eine seiner Studentinnen, veröffentlichten im Jahr 1998 ihre Forschungsergebnisse. Sie hatten die keimtötenden Eigenschaften von 43 Gewürzen mit ihrem Gebrauch in 36 Ländern in Beziehung gesetzt und auch die dort jeweils herrschenden klimatischen Bedingungen verzeichnet. Die Untersuchung bestätigte, daß das Essen um so stärker gewürzt wird, je heißer das Land ist, und daß Gewürze nicht Verdorbenes kaschieren sollen.

„Jede Form der Nahrungsaufbereitung – Trocknen, Kochen, Räuchern, Einsalzen oder Würzen – stellt den Versuch dar, sie vor der Vergiftung durch unsere winzigen Konkurrenten zu bewahren", erklärt Sherman. „Wenn man Gerichte anders würzt, kann man nahrungsbedingte Krankheiten zurückdrängen ... die Speisen schmecken anders und die Menschen bleiben gesünder."

Ganz im Gegensatz zur althergebrachten Vorstellung, daß sich die Wirksamkeit einer Arznei durch ihren schlechten Geschmack ausweist, ist Sherman der Meinung, daß Wohltuendes auch durchaus schmecken darf. „Warum schmecken Gewürze gut? Wahrscheinlich waren gerade in heißen Gegenden Menschen, die gerne Speisen mit antibakteriell wirkenden Gewürzen aßen, gesünder. Sie lebten länger und hatten mehr Kinder. Ihren Kindern und anderen brachten sie bei: ‚So kocht man Mammut'. Wir glauben, daß Gewürze letztlich dazu dienen, mögliche Bakterien und Pilze in der Nahrung zu töten."

Es überrascht uns kaum, daß ein leicht schimmelnder Käse winzige Tiere anzieht. In Wahrheit, und das sollte uns nicht weiter überraschen, sind Milben jedoch *überall*. Wie die Autoren der Website „Tree of Life" sagen, haben die Milben

> fast alle Lebensräume auf Land und im Wasser besiedelt, darunter Polargebiete und Hochgebirge, tropisches Tiefland und karge Wüstengebiete, mineralischen Untergrund bis zu zehn Metern Tiefe, kalte und bis zu 50 °Celsius warme ober- und unterirdische Quellen, Flüsse, Teiche und Seen, Schelfmeere und bis zu 5 000 Meter tiefe Ozeangräben. Präsenz und Formenvielfalt der Milben zeigt die Analyse eines Quadratmeters Laub- oder Nadelwaldstreu der gemäßigten beziehungsweise borealen Zonen. Darin befinden sich mehr als eine Million Milben in 200 verschiedenen Arten, die wenigstens 50 Familien angehören. Die Milben tragen zum komplizierten Prozeß des Abbaus von Pflanzenmaterial bei: direkt, indem sie sich von Detritus und Mikroben ernähren, indirekt, indem sie anderen Kleintieren als Nahrung dienen.

Milben und Bakterien vertilgen den Abfall anderer Lebewesen einschließlich des Menschen. Dadurch bleibt die Vielfalt des Lebendigen erhalten und erstickt nicht in ihrem eigenen Müll.

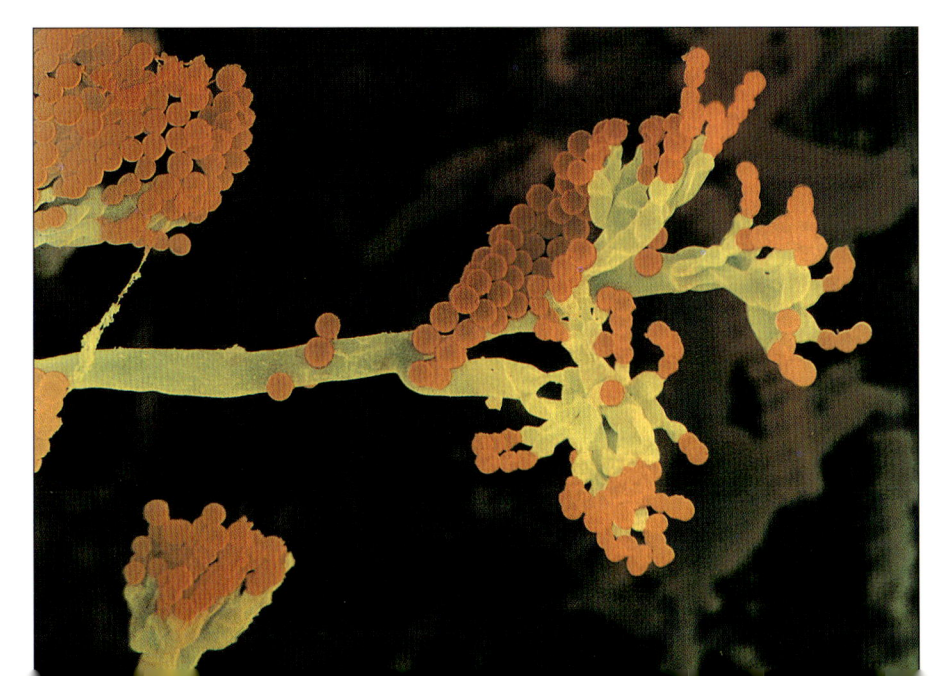

Kälte kann ihnen nichts anhaben: Fruchtkörper eines Penicilliumpilzes. Er wächst auf einem Stück Cheddar, das im Kühlschrank verschimmelt ist.

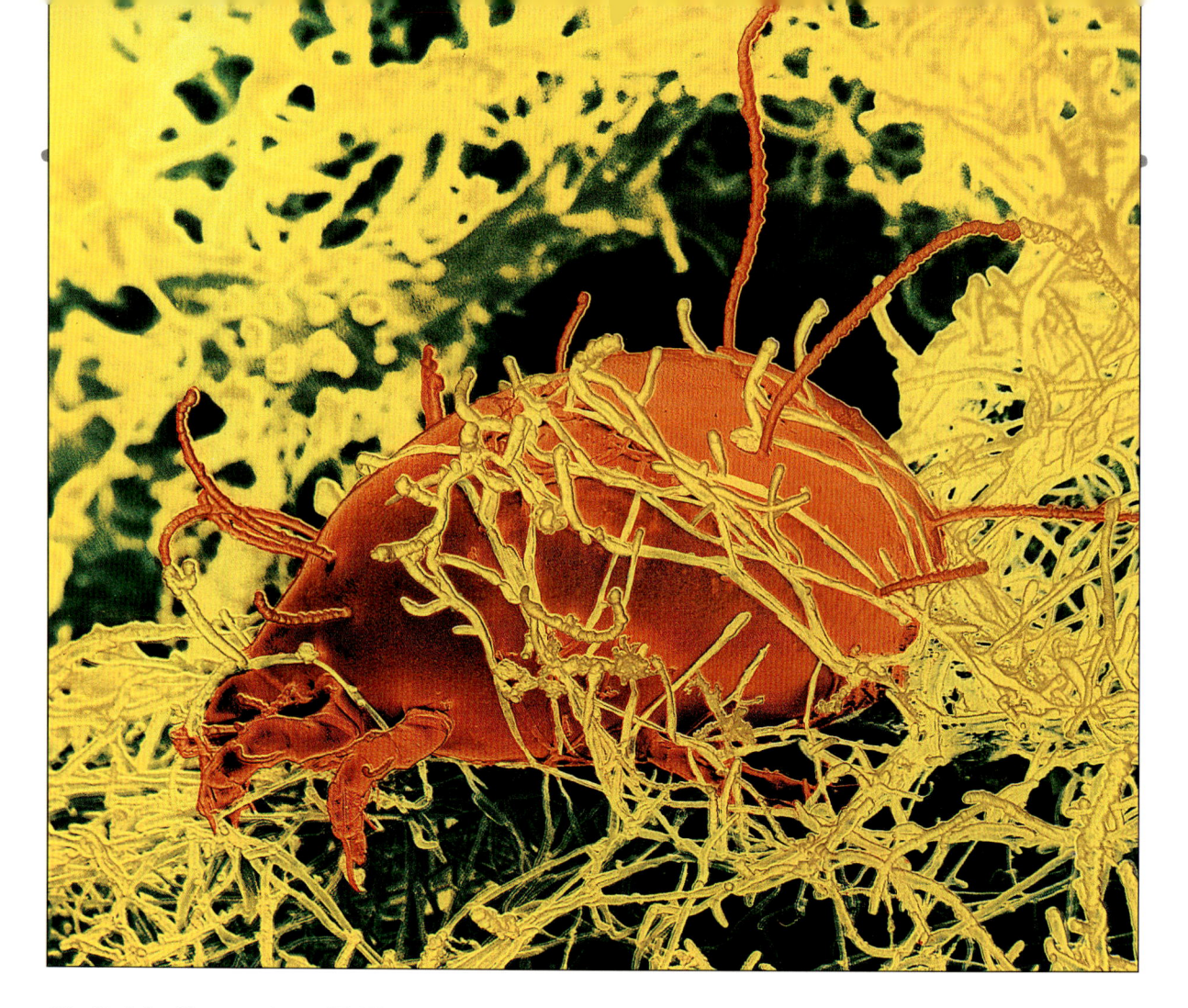

Was Sie beim Käseverzehr mitessen: die weichhäutige Milbe Acarus siro. *Sie ist von rankenförmigen Fruchtkörpern eines Penicilliumpilzes umgeben und frißt Käse.*

Verrottetes – gut und gesund

Heute allenthalben empfohlen, wurde Joghurt bereits vor Jahrtausenden in Asien und auf dem Balkan hergestellt, um dem Verderben der Milch entgegenzuwirken. In gewissem Sinn ist er selbst verwest, denn bei der herkömmlichen Joghurtbereitung ließ man Bakterien aus der Luft die Milch vergären. Kleine Mengen dieser vergorenen Milch setzte man abgekochter frischer Milch zu und hielt das Ganze warm, um das Bakterienwachstum zu fördern.

Auch in der heutigen industriellen Joghurtproduktion bauen Laktobazillen den Milchzucker der Milch zu Milchsäure ab, die dem Joghurt seinen charakteristischen sauren Geschmack gibt und andererseits dazu beiträgt, dessen wertgebenden Bestandteile zu erhalten, was teilweise durch Unter-

Der Zoo im Zimmer   **135**

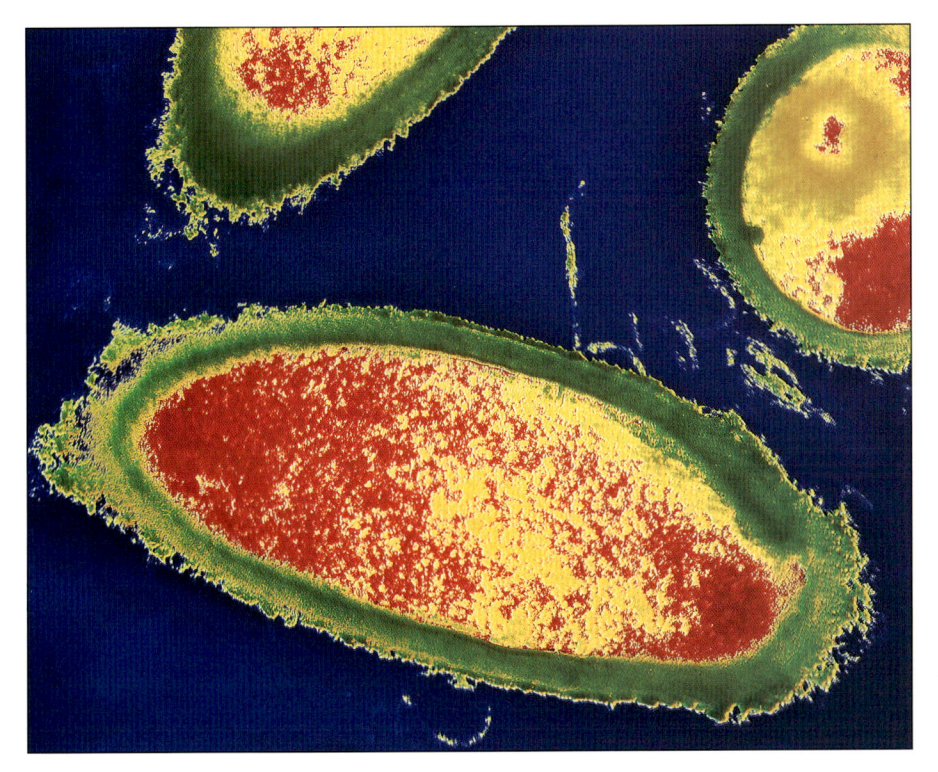

Zwei Arten von Lactobazillen, die an sehr unterschiedlichen Orten leben und durch Gärung Milchsäure erzeugen. L. acidophilus (oben) kommt in der menschlichen Scheide vor. Die Milchsäure tötet dort feindliche Bakterien. Die Milchsäure des L. bulgaricus (unten) wirkt hier im Joghurt als Konservierungsmittel. Die Milchsäure macht Joghurt zu einem nützlichen Hausmittel bei manchen Vaginalinfektionen.

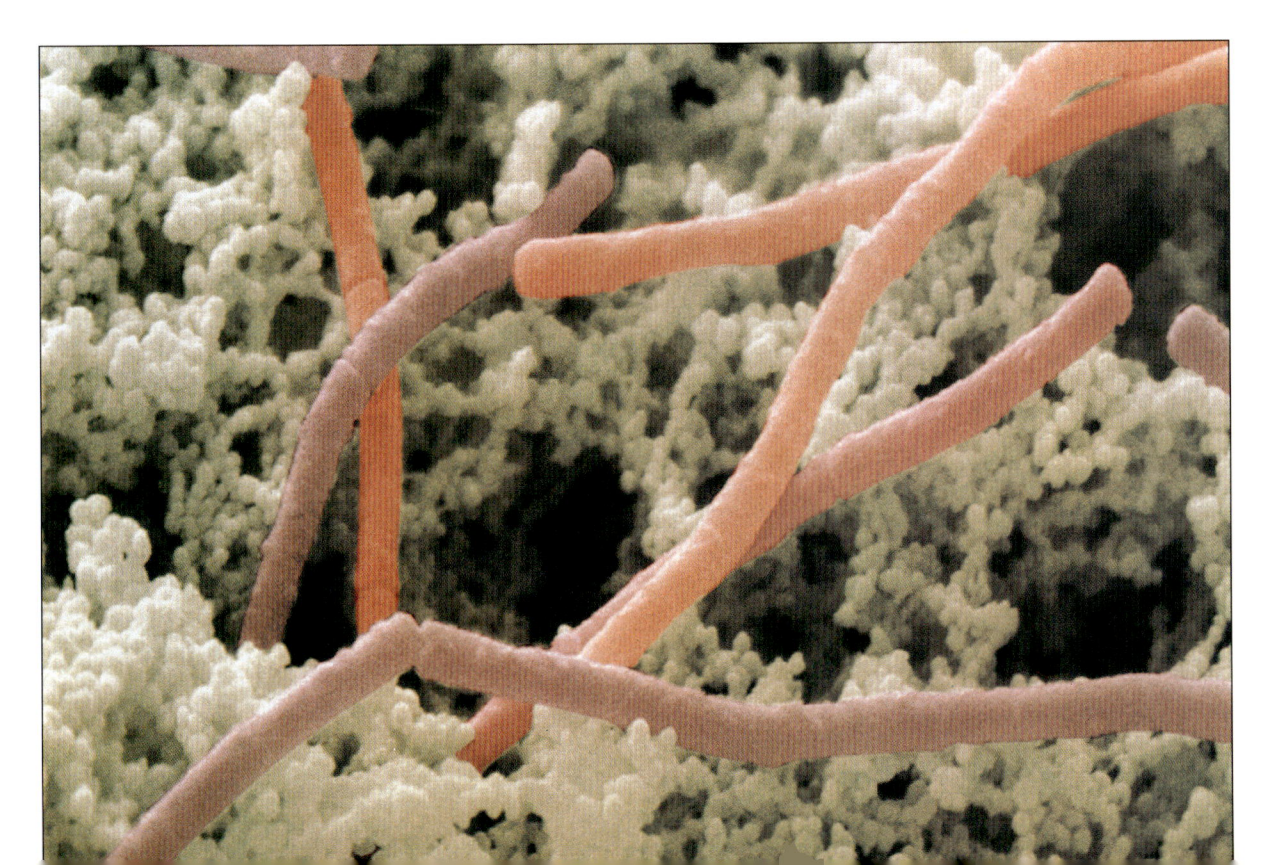

drückung anderer schädlicher Bakterien geschieht. Die derart veränderte Milch kann wesentlich länger als unvergorene aufbewahrt und verwendet werden. Überdies ist Joghurt verdauungsfreundlicher als Frischmilch. Der Darm kann aus ihm leichter Proteine, Kalzium und Phosphatide aufnehmen, da sie bei der Gärung bereits teilweise vorverdaut wurden.

Ein aktiver Joghurt enthält pro Gramm (etwa ein Teelöffel) etwa 100 Millionen lebende Bakterien. Auf dem Balkan sagte man, daß lange lebt, wer viel Joghurt ißt. Im Westen glaubt man heute, daß Joghurt zur Krebsvorbeugung, Stärkung des Immunsystems, Cholesterinsenkung und zur Vorbeugung gegen bakteriell bedingten Durchfall und Vaginalpilze beiträgt – auch wenn es für diese Annahmen noch keine hinreichenden wissenschaftlichen Beweise gibt. Zweifellos aber dienen Laktobazillen der Wiederherstellung der normalen Darmflora nach heftigem Durchfall oder einer Antibiotikabehandlung. In der Vagina halten die Laktobazillen normalerweise Candida- oder Soorpilze unter Kontrolle. Falls es doch einmal durch übermäßige Vermehrung zu einer Pilzinfektion kommt, kann sie durch eine Joghurttherapie gestoppt werden.

In Teufels Küche

Grundsätzlich gilt die Küche als sauberster Raum eines Hauses. Tatsächlich ist jedoch keine Küche ohne Keime. Einige davon schaden uns überhaupt nicht, und andere erwischt man trotz intensiven und gründlichen Waschens oder Schrubbens nicht.

Zu diesen Keimen gehören Salmonellen. Bislang wurden etwa 2000 Stämme des Bakteriums *Salmonella enteridis* identifiziert. Sie leben im Darm von Vögeln, Ratten, Nutztieren und verschiedenen anderen Tieren, vor allem aber in Reptilien und Haushühnern. Salmonellen schaden ihren Wirten nicht, meist auch nicht dem Menschen. Etwa zehn Stämme verursachen jedoch Salmonellose – eine Krankheit, die mit Fieber, Bauchkrämpfen,

Schwäche, Erbrechen und Durchfall einhergeht. Kleinkinder, alte, gebrechliche und immunschwache Menschen können sterben, wenn die Infektion aus dem Verdauungstrakt ins Blut gelangt. Die meisten Menschen genesen jedoch ohne Behandlung. Seit den 80er Jahren ist diese Krankheit in den Industrieländern häufiger aufgetreten. Hauptinfektionsquelle sind unzureichend gekochte Hühnereier.

Früher wurde eine Salmonellenvergiftung häufig durch Kotreste, die beim Legen an das Ei gelangt waren, ausgelöst. Daraufhin wurden in den Industrieländern Vorschriften über eine sorgfältige Reinigung der Eier vor der Vermarktung erlassen. Seither gingen Infektionen nur noch von bakteriellen Verunreinigungen im Inneren der Eier aus.

Man nimmt an, daß einige der Bakterien, die normalerweise den Verdauungstrakt der Hühner besiedeln, zu den Eierstöcken wandern und manchmal auch in den Dotter gelangen. Unter 10 000 Eiern findet sich nur etwa ein infiziertes. Nordamerikaner und Europäer essen jedoch durchschnittlich 250 Eier pro Jahr. Allein in den USA werden jährlich 67 Milliarden Eier auf den Markt gebracht. 90 Prozent der Amerikaner essen re-

Das Bakterium Salmonella enteridis *kann Hühnereier befallen und eine Nahrungsmittelvergiftung auslösen.*

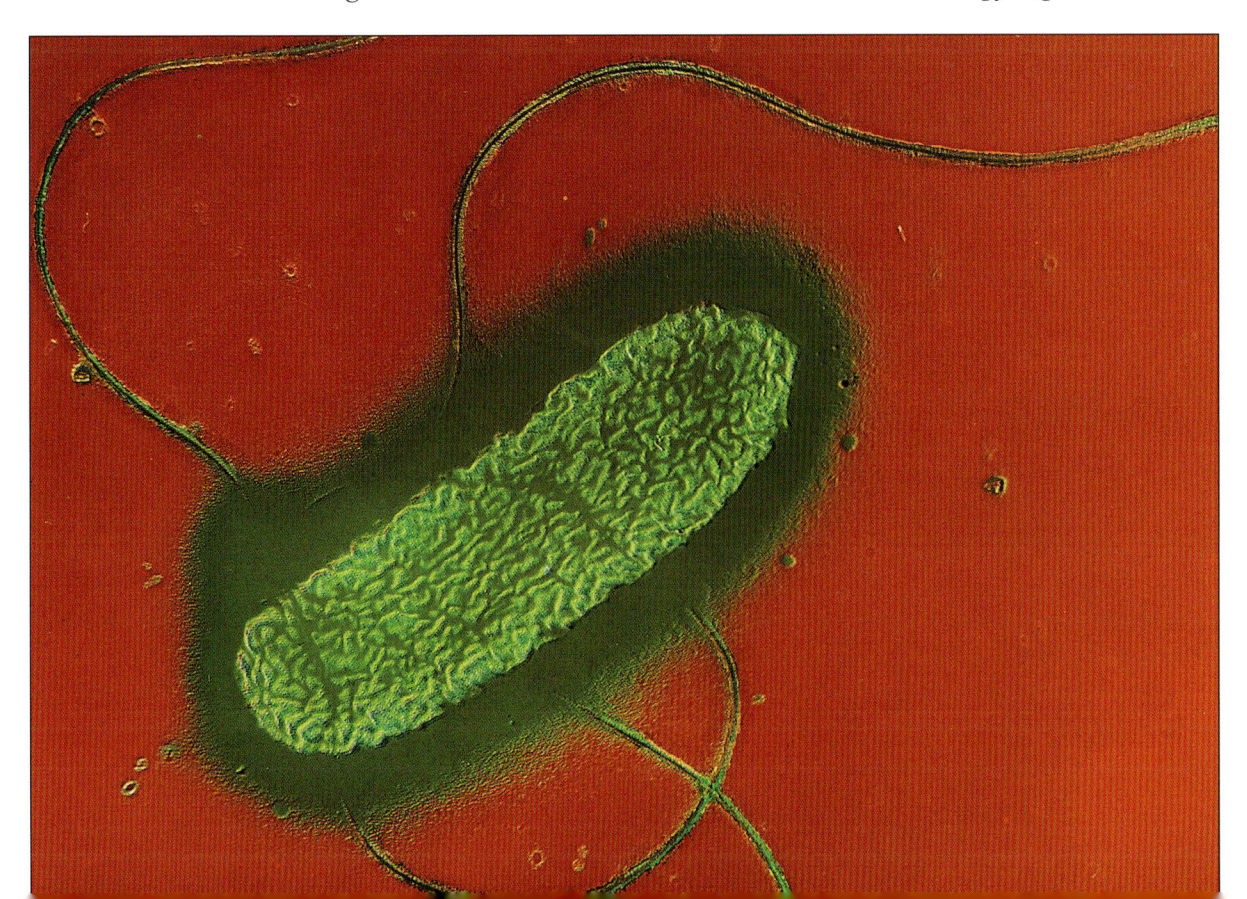

gelmäßig Eier und fünf Prozent geben an, jeden Tag rohe Eier zu essen. Dadurch erklären sich auch die eindrucksvollen Erkrankungszahlen.

Tierschützer haben festgestellt, daß Freilandhühner wesentlich seltener infizierte Eier legen. Unter beengten und unhygienischen Lebensbedingungen sind Käfighühner von Unmengen von Bakterien umgeben, was dazu führt, daß sie diese weniger gut abwehren können als Freilandhühner. Die Mehrzahl der Handelseier wird allerdings von Käfighühnern produziert. Hinzu kommt, daß die kommerziell gehaltenen Legehühner zumeist von relativ wenigen Bruttieren abstammen. Deshalb kann man vermuten, daß eine Infektion von Generation zu Generation weitergegeben wird. Diese Tatsachen machen mehr als deutlich, daß Tierquälerei, wie sie bei Käfighühnern in großem Maße üblich ist, nicht nur den Tieren schadet, sondern letztlich auch dem Menschen.

Für die Hühner wie für uns selbst wäre es am besten, nur Freilandeier zu verzehren, möglichst von eigenen Hühnern, die aus einer Freilandbrüterei stammen. Alle anderen Eier sollte man vor dem Verzehr unbedingt gründlich kochen.

Eine einzige Fliege

Ein Weltmeister im Eierlegen schwirrt in fast allen Küchen den größten Teil des Jahres herum und schläft vielleicht sogar im Winter darin. Fliegen haben als Quälgeister und Aasfresser keinen guten Ruf. Ohne Fliegen würde die Welt jedoch in Exkrementen und Leichen versinken, deshalb sollten wir den störenden kleinen Insekten dankbar sein, selbst wenn wir nach der Fliegenklatsche greifen. Zudem sollten wir bedenken, daß viele Fliegen von Nektar leben – Schwebfliegen sind nach Bienen und Wespen die wichtigsten Blütenbestäuber – oder von Pflanzensäften bzw. fauligen Früchten. Sicher gehören sie nicht zu den schönsten Kreaturen der Erde, aber schließlich muß es auch Lebewesen geben, die diese Arbeit verrichten.

Die Reptilien-Connection

Exotischer klingt es, sich seine Salmonellenvergiftung von Reptilien zu holen. Etwa 250 000 Säuglinge und Kleinkinder litten während der 60er und frühen 70er Jahre in den USA an Salmonellose als Folge des Umgangs mit Hausschildkröten, insbesondere Schmuck- und Landkartenschildkröten. Damals besaßen etwa vier Prozent aller amerikanischen Familien wenigstens eines dieser Tiere, die für 14 Prozent der damaligen Salmonellosen verantwortlich waren.

Den meisten Reptilien schaden Salmonellen nicht. Die Bakterien werden ihnen bereits vorgeburtlich in infizierten mütterlichen Ovarien übertragen oder bei der Geburt, wenn sie die Kloake (Ausführgang) passieren oder wenn sie als Jungtiere Kot fressen – für viele Tiere ein normales Verhalten, durch das sie ihre Darmflora aufbauen und Immunität erwerben.

Die amerikanische Gesundheitsbehörde verbot 1975 den Vertrieb und Verkauf von Schildkröten mit einer Panzerlänge unter zehn Zentimeter. Diese und andere Maßnahmen, die einige Bundesstaaten vorschrieben, sollen an die 100 000 Fälle von Salmonellenvergiftung verhindert haben. Damit schien das Problem gelöst zu sein. Dem Tierarzt Norman Frank, der bei der Formulierung des Gesetzes in Florida mitgewirkt hatte, fielen in diesem Zusammenhang vier Fakten auf: es erkrankten nur kleine Kinder; wurden die Schildkröten im Freien gehalten, gab es keine Probleme; Kinder in Familien, die sich mit Schildkröten auskannten, erkrankten nicht; erwachsene Tiere verursachten keine Krankheit.

„Wir hätten ... das Hauptproblem ansprechen sollen", schrieb Dr. Frank einige Jahre später. „Allein die geringe Größe und die Erschwinglichkeit macht Schildkröten nicht zu geeigneten Spieltieren für unbeaufsichtigte Zwei- oder Dreijährige. Man hätte die Eltern darüber aufklären müssen, daß man Schildkröten sauberhalten und gewisse Hygieneregeln befolgen muß. Unbeaufsichtigte Kinder tranken auch das Wasser der Schildkröten und nahmen Tiere in den Mund. Kein Wunder, daß sie krank wurden."

Menschen haben im Umgang mit Reptilien nichts dazugelernt. In den USA gewinnt seit 1986 der Grüne Leguan als Haustier an Beliebtheit. Im Jahr 1986 wurden laut dem Amt für Fischerei und Naturschutz 127 806 Grüne Leguane importiert, 1993 waren es 798 405. Im selben Zeitraum stiegen die Zahlen für von Reptilien verursachte Salmonellosen entsprechend an.

Stubenfliegen, Bremsen und Schmeißfliegen werden wohl von den meisten Menschen ohne Probleme erkannt. Sie entsprechen auch am stärksten der allgemeinen Vorstellung einer Fliege. Aber nach wissenschaftlicher Definition sind auch Moskitos, Schnaken und andere Stechmücken „Fliegen". Die Angehörigen der Familie der *Bombyliidae* gleichen in auffallender Weise den Bienen. Sie alle gehören allerdings zur Insektenordnung der Diptera (= Zweiflügler), von denen sich alle anderen vierflügeligen Fluginsekten grundlegend unterscheiden.

Irgendwann im Verlauf der Evolution verwandelte sich das zweite Flügelpaar zu keulenförmigen Stummeln, Halteren genannt. Aber sie haben es in sich: sie schwingen während des Flugs und helfen damit wie ein Gyroskop, das Insekt in der Luft im Gleichgewicht zu halten. Die Stubenfliege bewegt ihre Flügel etwa 160mal pro Sekunde, ein sirrender Moskito nicht weniger als 1 000mal. Dies dürfte den Fliegen eigentlich „nicht möglich" sein, da sich für einen solch raschen Flügelschlag die Muskeln nicht schnell genug an- und entspannen können. Die Fliegenmuskeln funktionieren jedoch wie ein Gummihammer, der nach einem Schlag noch mehrere Sekunden nachschwingt. Elastisches Gewebe an der Flügelbasis schwingt nach einem Flügelschlag gleichfalls weiter, während sich die Muskelfasern mit viel geringerer Frequenz an- und entspannen und auf diese Weise nur teilweise zum Flügelschlag beitragen.

Einer amüsant klingenden Ansicht zufolge halten Physiker Fliegen für flugunfähig. Mit dieser Argumentation ist hauptsächlich die wenig stromlinienförmig gebaute Hummel gemeint – und bis zu einem gewissen Grad entspricht das der Wahrheit. Eine der grundlegenden Formeln der Aerodynamik setzt die Masse des Objekts mit der notwendigen Schubkraft und der sie bedingenden Flügeloberfläche in Beziehung. Wendet man die Formel auf eine Fliege oder Hummel an, ergibt sich, daß das Insekt für den Schub zwar genügend Energie produzieren kann, die Flügelgröße für den erforderlichen Hub jedoch nicht ausreicht.

Die Formeln wurden jedoch für starre Flugzeugflügel, nicht für bewegliche Insektenflügel berechnet und aufgestellt. Trocken bemerkte ein Wissenschaftler: „Wenn physikalische Gleichungen versagen, bleibt immer noch die empirische Beobachtung. Wenn es aussieht, als würde eine Biene fliegen, tut sie es wahrscheinlich auch."

Fliegen sind übrigens die größten Flugkünstler unter den Insekten. Sie können schweben, rückwärts fliegen, abrupt die Richtung ändern und sogar an der Zimmerdecke landen. (Eine von ihren Füßen abgesonderte klebrige Substanz ermöglicht es ihnen, dort oder an der Wand herumzulaufen, ohne herunterzufallen.)

Wissenschaftler, die sich genauer mit dem Insektenflug befaßten, haben festgestellt, daß für Fliegen die Luft „dicker" ist als für Menschen (oder gar Flugzeuge). In Relation zu ihrer Körpergröße sind die Luftmoleküle größer, so daß ihr Flug etwa unserem Schwimmen entspricht. Aerodynamik hilft ihnen nicht, so daß sie ihre eigenen Problemlösungen entwickelt haben.

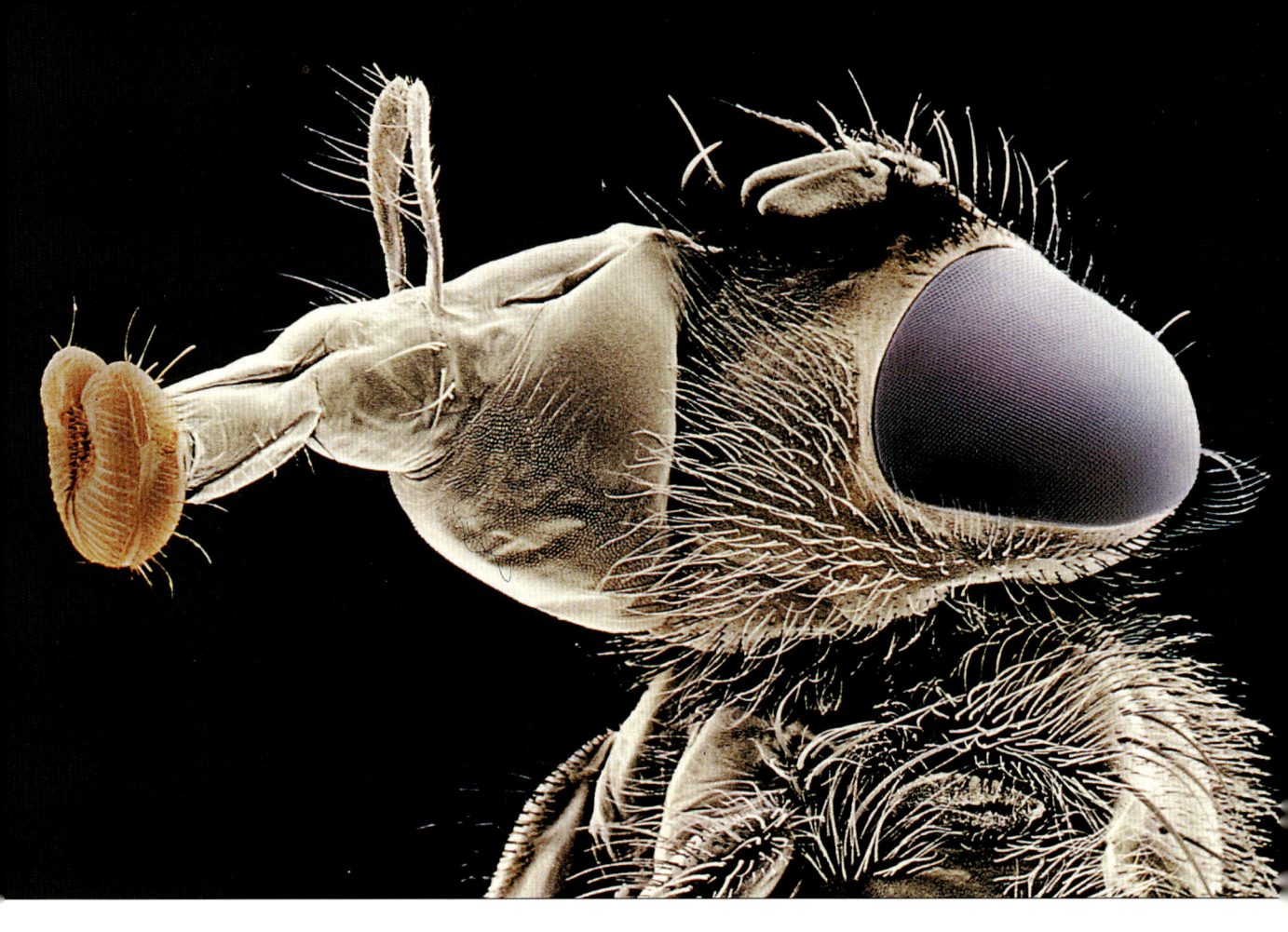

Damit es überhaupt zu einem Auftrieb kommt, muß die Oberseite des Flügels sich bewegen können und in ganz spezifischer Weise gestaltet sein, so daß der Luftdruck an der Flügeloberseite geringer ist als der Druck an der Flügelunterseite. Flugzeugflügel sind aus diesem Grund an der Vorderkante leicht aufwärts gebogen und an der Oberseite des Flügels gewölbt. So streicht die Luft länger an der Oberseite dahin, der Luftdruck pro Quadratmeter wird reduziert und der Flügel wird nach oben gezogen. Gleichzeitig leitet das Querruder (per „Anstellwinkel") wie ein Segel Luft – und damit Druck – auf die Flügelunterseite.

Die Insektenflügel beschreiben beim Flug in der Luft einen länglichen Kreis – auf- und abwärts, zurück und vor – ähnlich dem Schmetterlingsstil im Schwimmen, wobei sie die Profilwölbung der Flügeloberfläche optimal einsetzen. Genauere Untersuchungen des Insektenflugs haben allerdings ergeben, daß auch dieses ausgeklügelte System nach den Gesetzen der Mathematik nur zwischen einem Drittel und der Hälfte der Hubkraft bewirkt, die nötig ist, um die Insekten in der Luft zu halten. Woher nehmen sie also die zusätzliche Kraft?

Der Kopf der Großen Stubenfliege (Musca domestica). Das schwammartige Saugrüsselende kann Flüssignahrung gut aufsaugen, aber auch Bakterien verbreiten. Die Fliege befeuchtet nämlich ihr Mahl mit Speichel.

142 Kleine Ungeheuer

Beim Flugzeugflügel bedingt ein hoher Anstellwinkel, daß die Luft in einem Wirbel zurückströmt und kurzfristig einen gewaltigen Auftrieb erzeugt. Der Wirbel reißt jedoch schnell ab, Flügel und Flugzeug sacken durch und fallen schließlich herunter. Das passiert, wenn, bezogen auf den Anstellwinkel, eine bestimmte Geschwindigkeit unterschritten wird, unabhängig davon, wie stark die Flugzeugmotoren sind. Der Zoologe Charles Ellington von der Universität von Cambridge (England) fragte sich deshalb, ob Insekten mit ihren Flügeln keine Wirbel erzeugen. Um diesen Sachverhalt zu klären, setzte er zusammen mit Kollegen Schwärmer in einen Windkanal. Tatsächlich zeigten sich an der Vorderkante der Schwärmerflügel Wirbel, die erstaunlicherweise jedoch nicht abrissen: irgendwie konnte das Insekt den Wirbeleffekt aufrechterhalten und auf diese Weise den benötigten Auftrieb bekommen.

Ellingtons Team entwickelte für 40 000 £ (etwa 120 000 DM) ein zehnfach vergrößertes Schwärmermodell, um das Phänomen genauer untersuchen zu können. Die Arbeit am Modell bestätigte, daß sich beim Flügelabschlag ein auftrieberzeugender Wirbel auf dem Flügel bildet und bis zum Beginn des Flügelaufschlags bestehenbleibt. Berechnungen zeigten, daß der Wirbel den eineinhalbfachen Auftrieb erzeugt, den der Schwärmer braucht, um

Die Flügel der Stubenfliege in Aktion. Nach dem Aufschlag bewegen sich die Flügel nach vorne und nach unten – das Tier schwimmt förmlich durch die Luft. Die aerodynamische Analyse des Insektenflugs ist erst teilweise gelungen.

DER ZOO IM ZIMMER **143**

in der Luft zu bleiben. Zwar fanden die Forscher nicht heraus, wie der Insektenflügel einen stabilen Wirbel erzeugt, aber immerhin konnten sie beweisen, daß Insekten wirklich fliegen können.

UNERWÜNSCHTE MITBRINGSEL

Längst weiß man hingegen, wie und warum Fliegen so leicht Krankheiten übertragen. Fliegen müssen ihre Nahrung verflüssigen, ehe sie mit dem Rüssel aufgesaugt werden kann. Deshalb würgen sie Verdauungssäfte *und* etwas Mageninhalt auf die Nahrung. Der entstandene Brei wird dann wieder eingesaugt. Mit der Nahrung nehmen die Tiere auch Mikroben auf, die sie übertragen, wenn sie die nächste Mahlzeit mit Speichel benetzen.

„Die Fliegengestalt erleichtert die Aufnahme von Krankheitserregern", sagt Dr. Peter Grubel vom Elisabethkrankenhaus in Boston (Massachusetts).

„Der Saugrüssel hat viele feine Haare, an denen Stoffe aus der Umwelt leicht hängenbleiben. Auch Haare und klebrige Haftballen an allen sechs Beinen erhöhen das Übertragungspotential. Es überrascht deshalb nicht, daß man sechs Millionen Bakterien auf dem Körper einer einzelnen fressenden Fliege gefunden hat und über 100 Arten krankheitserregender Organismen aus dem Verdauungstrakt von Fliegen isolieren konnte." Fliegen sind in der Lage, schwere Krankheiten zu übertragen, etwa Typhus, Durchfall, Ruhr, Cholera, Trachom und möglicherweise auch Tuberkulose und Kinderlähmung. Dr. Grubels eigene Untersuchungen legen zudem nahe, daß Fliegen auch Bakterien übertragen, die weltweit eine bestimmte Art von Magengeschwüren verursachen.

Bestimmte Verhaltensweisen von Fliegen würde wohl kaum jemand gerne übernehmen. Man denke nur an die Buckelfliege *Conicera tibialis*. Diese kann nach den Worten des Entomologen Gordon Ramel ein Jahr oder länger in Särgen in der Erde leben und Generationen von Nachkommen hervorbringen, die sich von Leichen ernähren. Weniger schauerlich, aber ebenso erstaunlich ist die Buckelfliege *Megaselia scalaris*, die sich angeblich von praktisch allem ernähren kann: verrotteten Pflanzen, Schuhcreme, Farben, in Formalin eingelegten menschlichen Leichen und sogar von dem Lungengewebe lebendiger Menschen.

Appetit auf Insekten

Angesichts der merkwürdigen Nahrungsvorlieben mancher Insekten sollte man nicht vergessen, daß Menschen in verschiedensten Teilen der Welt nichts dabei finden, Insekten oder deren Larven zu verzehren. Die Aborigines sind dafür bekannt, daß sie Bohrkäferlarven (von holzbohrenden Käfern), Schwärmerraupen und „Honigtopf"-Ameisen essen. Letztere haben einen von Honigtau und Nektar angeschwollenen Hinterleib und dienen der Ameisenkolonie als lebendige Vorratsgefäße.

Der Zoo im Zimmer 145

In Mexiko gelten mit Schokolade überzogene Honigtopf-Ameisen als ausgesprochene Delikatesse. Ähnliches gilt für in Alkohol eingelegte Sandkäfer. Auch die Eier zweier Arten von Riesenwasserwanzen werden in Mexiko wie Kaviar gegessen.

In Ägypten sollen früher Frauen des Niltals ihr Aussehen durch den Verzehr von Totengräber- und Pillendreherkäfern verbessert haben. Angeblich verhalf das – entsprechend dem damaligen Schönheitsideal – zu einer raschen Gewichtszunahme. In Lombok (Indonesien) wiederum bestreicht man Zweige mit Vogelleim und fängt damit Libellen. Der von Flügeln und Beinen befreite Körper wird dann mit Zwiebeln und Garnelen gebraten.

Wen nun der Hunger plagt, der mag sich fragen, warum der Magen knurrt. Die einfache Antwort lautet, daß sich die Muskeln des Verdauungstrakts regelmäßig zusammenziehen, um den Nahrungsbrei weiterzubefördern. Sie folgen diesem Rhythmus auch dann, wenn es nur ein wenig Luft zu befördern gibt. So entstehen die Geräusche, die hungrige Menschen von sich geben. Wissenschaftlich erklären sich die fortgesetzten Bewegungen im Verdauungstrakt durch das Vorhandensein eines Geflechts von Nervenzellen, den Cajalzellen. Diese steuern durch minimale regelmäßige elektrische Signale die Darmkontraktionen. Wie so oft in der Wissenschaft ergibt sich aus der Antwort eine neue Frage: Niemand weiß, was die Zellen veranlaßt, ihre Signale abzugeben. Also muß weitergeforscht werden.

Die verborgene Welt der Küche: Auf einer Melone wächst Schimmel, der mit bloßem Auge nicht zu erkennen ist. In den endständigen Kapseln befinden sich Sporen, die den Pilz weiterverbreiten.

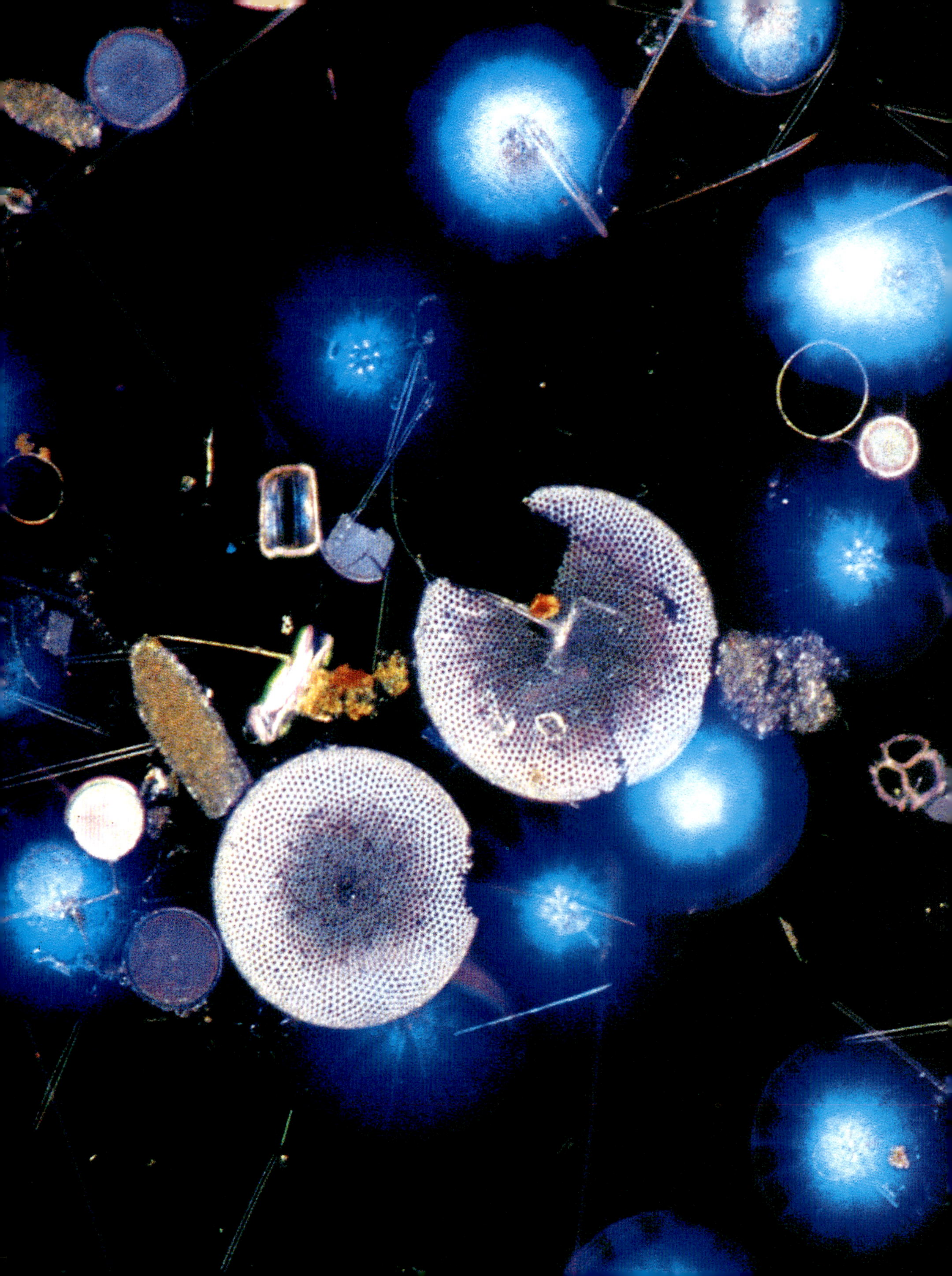

Verborgene Welten

Schein und Wirklichkeit stimmen nicht immer überein. So überträgt die lästige Fliege zwar einige der schrecklichsten Krankheiten, verzehrt aber andererseits allen möglichen Dreck. Ohne ihr verdienstvolles Wirken würde uns wohl Schlimmeres widerfahren. Bakterienstämme, die friedlich in uns leben und uns am Leben halten, werden in unserer Nahrung unter Umständen zur tödlichen Gefahr. Haustiere beherbergen alle möglichen schauerlichen Parasiten und geben sie an ihre vernarrten Halter weiter. Verschiedenste Lebewesen tummeln sich um uns herum und manchmal auch auf uns, ohne daß man sie je zu Gesicht bekommt und ohne daß sie uns in irgendeiner Weise stören. Nicht anders ist es außerhalb unseres Körpers und unserer Wohnung. In ganz gewöhnlicher Umgebung können sich merkwürdige und verblüffende Dinge ereignen.

Diatomeen – einzellige, in Süß- und Salzwasser lebende Algen – stehen am Anfang der Nahrungskette. Hier sieht man die beiden Grundformen: rund und stäbchenförmig. Die Masse solch einfacher Organismen übertrifft bei weitem die aller anderen Lebewesen auf Erden.

WELTEN INNERHALB ANDERER WELTEN

Obwohl wir sie kaum je zu Gesicht bekommen, erahnen wir die verborgene Welt, die sich unter einer Stadt auftut, und zwar deshalb, weil wir von ihr profitieren. Zu ihr gehören Tunnel, Röhren und Leitungen für Züge, Stromkabel, Telefonleitungen, Radio- und Fernsehkabel, Gas und Zentralheizungsanlagen sowie Wasser- und Abwasserkanäle. In der Londoner City wie auch in anderen Innenstädten verbinden unter den Straßen liegende Tunnel Regierungseinrichtungen und -büros. Die Senatoren von Washington, D.C., haben ihre eigene Untergrundbahn. In Rom gibt es die Katakomben.

Ein implantierter Herzschrittmacher. Die Batterie befindet sich unterhalb des rechten Schlüsselbeins direkt unter der Haut. Der Draht, der elektrische Impulse zum Herzen leitet, verläuft quer über das Brustbein.

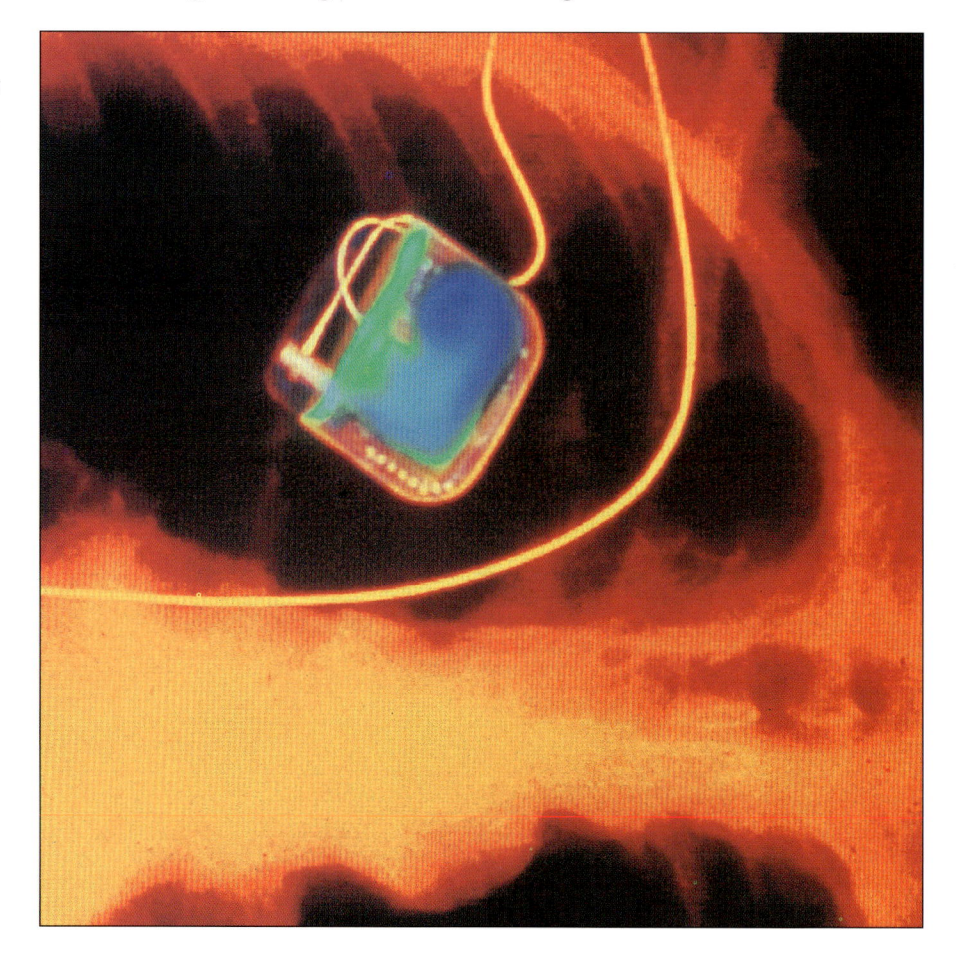

Ähnlich der geschäftigen oberirdischen Großstadt kann sich hinter jeder äußeren Fassade eine praktisch unsichtbare innere Miniatur- oder Mikrowelt verstecken. Schauen wir uns die Leute auf der Straße an. Wie viele verdanken ihr Hiersein einem Wunder der modernen Wissenschaft? Ihre Gesundheit beruht auf den Errungenschaften des medizinischen Fortschritts, zu dem auch der vergleichsweise einfache Herzschrittmacher gehört.

Herzschrittmacher hielt man für technische Wunder. Sie wurden von zwei Medizinern des Banting-Instituts in Toronto (Kanada) erfunden. Das Gerät, das im Oktober 1950 vorgestellt wurde, konnte nicht nur die Herzschlagfrequenz steuern, sondern auch ein stehengebliebenes Herz wieder zum Schlagen bringen. Es glich jedoch kaum dem heutigen winzigen und federleichten Ding. Das damalige Gerät war etwa 30 Zentimeter lang und mehrere Zentimeter hoch. Das Herz wurde an einen Stromkreis angeschlossen, der es mit leichten elektrischen Schlägen zu regelmäßigem normalfrequentem Schlagen anregte.

Acht Jahre später entwickelte der Elektroingenieur Wilson Greatbatch in seiner Scheune den ersten implantablen Herzschrittmacher. Seine Erfindung (US-Patent 3057356) veränderte das Leben vieler Menschen mit operativ nicht zu heilendem, zu langsamem oder unregelmäßigem Herzschlag. In den folgenden Jahrzehnten entwickelte Greatbatch immer kleinere und langlebigere Batterien und verkleinerte sein Gerät weiter. Heute erfolgt das Einsetzen eines Herzschrittmachers unter örtlicher Betäubung in einer Stunde. Er funktioniert dann ohne Wartung bis zu zwölf Jahren.

Die meisten Herzschrittmacher arbeiten reaktiv: sie überwachen das Herz und greifen erst ein, wenn die Herzfrequenz ein vorgegebenes Minimum – meist 60 Schläge pro Minute – unterschreitet. Ein komplizierteres Modell registriert Veränderungen im Körper, die über den Grad seiner momentanen Aktivität Auskunft geben. Paßt der Herzschlag nicht dazu, hebt beziehungsweise senkt das Gerät ihn langsam bis zur richtigen Frequenz, die zwischen 60 und 150 Schlägen pro Minute liegen kann. Der implantierte Defibrillator, eine weitere Entwicklung, bringt durch einen Stromstoß ein zu schnell schlagendes Herz auf normales Tempo. Diese winzigen Geräte lassen sich ohne chirurgischen Eingriff neu programmieren. Die geänderten Daten überträgt der Kardiologe mit Hilfe eines Senders auf einen im Schrittmacher befindlichen Mikrochip.

Schein und Wirklichkeit

In gewisser Weise ist die Großstadtstraße eine Welt der Illusionen. Luxusautos fahren vorbei, die auf Kredit gekauft oder für einen bestimmten Zeitraum gemietet werden. Die Schaufenster sind voll mit Waren, die weniger zum Verkauf bestimmt sind als dazu, Leute ins Geschäft zu locken. Diese können dort anderen reizvollen Dingen nicht widerstehen und geben oft mehr Geld aus als ursprünglich geplant. Durch Kleidung wollen die Menschen Eindruck machen und anderen etwas über sich mitteilen. Zum

Ein unter dem Drüsengewebe der Brust eingesetztes Implantat aus Silikongel. Implantate verwendet man zu kosmetischen Zwecken und um die Brust nach Entfernung von Krebsgewebe wiederaufzubauen.

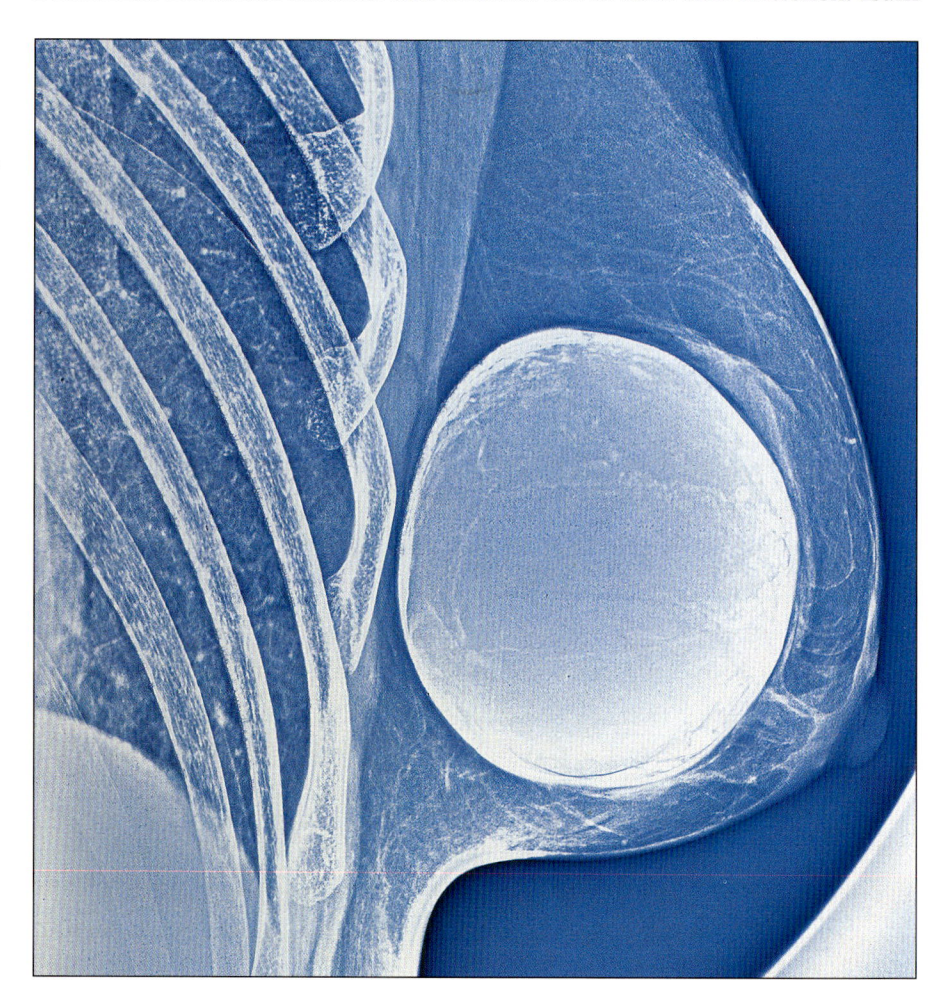

Mißfallen von Puritanern oder Feministinnen benutzen viele Frauen immer noch Kosmetika. Gemäß einer uralten Tradition versuchen sie damit, körperliche Vorzüge oder Mängel zu betonen oder zu verbergen.

Seit den 60er Jahren ist es Frauen möglich, chirurgisch Form und Größe ihrer Brüste verändern zu lassen. Offenbar müssen fast alle Möchtegern-Hollywoodstars, die davon träumen, die Glitzerwelt zu betreten, zuvor den Schönheitschirurgen konsultieren. Allein in den USA ließen sich bis 1992 ein bis zwei Millionen Frauen zur Hebung ihres Körpergefühls Brustimplantate einsetzen. Nur 20 Prozent dieser Operationen dienten dazu, die Brüste von Frauen nach einer Brustkrebsoperation oder einem Unfall wiederherzustellen. Die Zahl der Amerikanerinnen, die sich einer Brustoperation unterzogen, stieg von 39 247 im Jahr 1994 auf 87 704 im Jahr 1996.

Ein Wachstum um 123 Prozent innerhalb dieses Zeitraums ist fast erschreckend, zumal bei einer großen Anzahl von Frauen, die sich diese Implantate hatten einsetzen lassen, daraufhin schwere gesundheitliche Probleme auftraten. Marcia Angell, Chefredakteurin des *New England Journal of Medicine,* schrieb:

> Eine wachsende Zahl der Amerikaner gelangte zu der Überzeugung, daß Brustimplantate dem übrigen Körper schaden können. Vor allem mit Silikongel gefüllte Implantate wurden für eine Reihe von Störungen verantwortlich gemacht, die als Bindegewebserkrankungen bekannt sind. Bei diesen Krankheiten ... wird das Immunsystem veranlaßt, die Körperabwehr gegen sich selbst zu richten, und es kommt zu Autoimmunerkrankungen. Bei diesen findet ein anhaltender Kampf innerhalb des Körpers statt, der von tiefgreifender Schwäche und Müdigkeit und verschiedenen Schäden an Gelenken, Haut und inneren Organen begleitet wird. Man nahm an, daß aus den Implantaten austretendes Silikon eine Immunreaktion hervorruft, die schließlich in einen Autoimmunprozeß mündet.

In den frühen 90er Jahren strengten Frauen in den USA daraufhin mehrere Zivilprozesse an. Sie fanden Glauben vor Gericht und erhielten teilweise sensationelle Entschädigungen: so wurde im Dezember 1991 ein Fall mit 7,5 Millionen Dollar (etwa 13,9 Millionen DM) beigelegt, 1992 erhielt eine

Frau in Texas von den Implantatherstellern nicht weniger als 25 Millionen Dollar (etwa 46,2 Millionen DM). Die amerikanische Gesundheitsbehörde verbot im selben Jahr Silikonimplantate in der Schönheitschirurgie, erlaubte jedoch weiterhin ihre Verwendung bei wiederaufbauenden Operationen (etwa nach Brustentfernung wegen Krebs).

Der Sieg der Anwälte

Tatsächlich lag aber kein wissenschaftlicher Beweis vor, daß Brustimplantate diese Probleme verursachten. Nach zwei längeren Anhörungen zog auch die Gesundheitsbehörde den Schluß, daß „es keinen zwingenden Beweis dafür gibt, daß Silikongele Störungen des Immunsystems oder Bindegewebserkrankungen hervorrufen". Da die Hersteller vor der Vermarktung der Implantate keine oder nur unzureichende Sicherheitsprüfungen veranlaßt oder durchgeführt hatten, gab es allerdings auch keine Beweise für die Harmlosigkeit ihrer Produkte.

Keine ernstzunehmende wissenschaftliche Organisation unterstützte die Forderungen der Kläger: Ärzte und Forscher sahen keinen Hinweis für den angeblich angerichteten Schaden der Implantate. Das Zusammenwirken geschäftstüchtiger, auf Erfolgsbasis arbeitender Anwälte, die von Emotionen und eher von geübter Rhetorik denn von klarer, sachlicher Beweisführung geprägte Atmosphäre sowie eine Jury mit tiefverwurzeltem Mißtrauen gegenüber großen Unternehmen ließ wissenschaftlichen Fakten keinen Platz.

Die Anwälte, die zweifellos viel Geld witterten, erhoben nun gegen die Implantathersteller eine Sammelklage, bei der viele Einzelklagen in einer einzigen Gerichtsverhandlung bearbeitet wurden. Für die Beklagten sind im Fall einer Verurteilung die Kosten begrenzt, da sie nur einen festgesetzten Betrag zahlen müssen, der unter den Klägern aufgeteilt wird. Im April 1994 kamen die wichtigsten Hersteller überein, 4,25 Milliarden Dollar (8,1 Milliarden DM) zu zahlen. Von diesem Geld ging eine Milliarde Dollar

Verborgene Welten 153

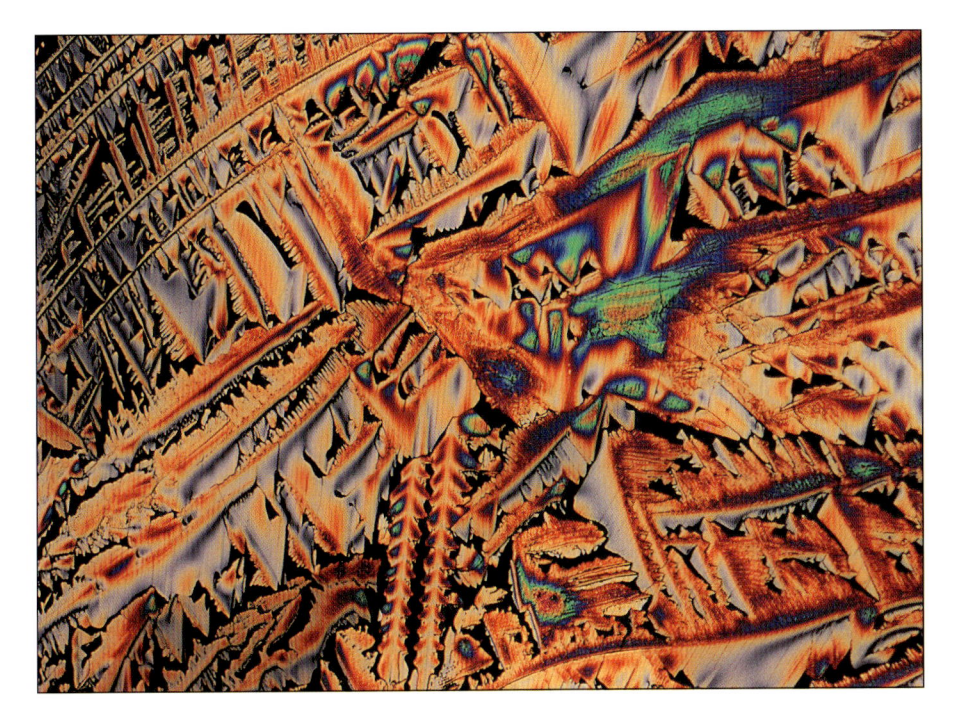

Kristalle des weiblichen Sexualhormons Östron – eine der sechs in den Eierstöcken produzierten Östrogenformen. Östrogene sind wesentlich an der Entwicklung der Geschlechtsorgane und der sekundären Geschlechtsmerkmale wie der Brüste beteiligt.

Kristalle von Östradiol, dem wirksamsten weiblichen Sexualhormon, einem Steuerelement im Menstruationszyklus. In kleinsten Mengen produzieren alle Frauen das starke männliche Hormon Testosteron, alle Männer Östradiol. Bei Überproduktion kann es bei Männern zur Ausbildung weiblicher Merkmale kommen.

(1,9 Milliarden DM) an die Anwälte. Bis Juni 1995 hatten 440 000 Frauen ihren Anspruch angemeldet.

Trotzdem folgte nun ein Boom an Brustkorrekturen. Nachdem Silikon verboten war, wurden solegefüllte Implantate verwendet. Zu Beginn des Jahres 1998 kamen 20 voneinander unabhängige Studien – aus Skandinavien, Schottland, Kanada und den USA – zu dem Schluß, daß „es wenig Hinweise auf ein erhöhtes Risiko für Bindegewebserkrankungen in der Silikonbrustimplantat-Gruppe" gebe und „die Sorge, daß eine untypische Autoimmunerkrankung eintreten könnte, durch unsere Ergebnisse nicht gestützt wird".

Altern ohne Spuren

Gegen ein entsprechendes Honorar vermag die Schönheitschirurgie fast alles, um das Aussehen einer Person zu „verbessern". Michael Jackson ist wohl das bekannteste Beispiel eines Menschen, dessen äußeres Erscheinungsbild bis hin zur Hautfarbe über Jahre hinweg völlig verändert wurde.

Viele andere Menschen haben in Hunderten von Operationen ihr Gesicht und ihren Körper „perfektionieren" lassen.

Ein ziemlich mühsames und teures kosmetisches Unterfangen stellte die Reduzierung von Falten dar. Sie wurden bisher mit Kollagen, Silikon oder körpereigenen Fetten „aufgefüllt". Jetzt gibt es eine weitaus einfachere und billigere Methode, um Stirnfalten und „Krähenfüße" um die Augen zu beseitigen, ebenso auch andere Spuren, die unsere Gesichtsmuskeln hinterlassen, wenn wir lächeln, die Stirn runzeln, spotten oder einfach Mensch sind. Man benutzt Botulinustoxin, das stärkste Gift der Welt (siehe „Das Innenleben").

Das Toxin – ein Protein – verursacht in seiner unveränderten Form eine tödliche Lähmung. Es unterbindet nämlich die Informationsübertragung zwischen Nerven und Muskeln, was zur Entspannung der Muskulatur führt. Ist die Herz- oder Lungenmuskulatur betroffen, droht der Tod. Wird das Toxin jedoch in kleinsten Mengen und sehr stark verdünnt in die Muskeln gespritzt, deren Anspannung für die Faltenbildung verantwortlich ist, hat es sich bisher als gefahrlos erwiesen. Das spezifisch nur diese Muskeln beeinflussende Toxin bewirkt eine Faltenglättung nach drei oder vier Tagen. Die Wirkung hält zwischen drei und sechs Monaten an. Eine Behandlung kostet zwischen 100 und 500 £ (300 bis 1 500 DM), je nachdem, wie viele Injektionen für erforderlich gehalten werden. Sie ist auf jeden Fall weitaus preiswerter als eine teure und gefährliche Operation.

Eben weil Botulinustoxin ein so berüchtigtes Gift ist, sind wohl merkwürdige Gerüchte über Nebenwirkungen entstanden. Eine New Yorkerin soll einen angeblichen Horrortrip nach einer Injektion erlebt haben. Sie sei eingeschlafen und nach dem Erwachen soll „ein Auge nach unten abgesackt gewesen sein". Dies ist jedoch schlichtweg unmöglich. Schlimmstenfalls könnten Augenlider oder -brauen vorübergehend herabhängen.

Glücklicherweise gibt es immer noch Menschen, die lieber in Würde altern und darauf bauen, daß es noch mehr Menschen gibt, welche Falten nicht als Makel, sondern als Zeichen von Reife ansehen.

Nach einer 1997 veröffentlichten dänischen Studie an über 11 000 Frauen mit und ohne Implantat könnte *jede* Brustoperation die Symptome, die zuvor nur den Frauen mit Implantaten zugeschrieben worden waren, verstärken. Eine amerikanische Untersuchung fand im selben Jahr heraus, daß Frauen mit kosmetischen Brustimplantaten auch einen Lebensstil mit mehr Risikofaktoren führten, etwa Rauchen, Trinken und eine höhere Anzahl von Sexualpartnern. Diese Faktoren könnten unabhängig von der Operation anfälliger für Krankheiten machen.

Die Moral dieser traurigen Geschichte: die Anwälte, deren Vorstellungen von Beweisführung so ganz anders sind als die von Wissenschaftlern, geht es weder um ihre Klienten noch um die Wahrheitsfindung. Was einzig und allein zählt, ist die Höhe des Schadenersatzes.

REINE EINBILDUNG

In einer belebten Großstadtstraße kommt einem kaum in den Sinn, daß es Menschen gibt, deren Gehirn anders ist als ein „normales" menschliches Gehirn. Rein bildlich nennen wir einander – beziehungsweise Hooligans, Politiker oder Fußballschiedsrichter – des öfteren einmal „hirnlos". Es gibt jedoch Menschen, die keinerlei Anzeichen von Dummheit oder einer anderen Form geistiger Störung zeigen und deren Gehirn trotzdem nur einen Bruchteil der üblichen Größe besitzt.

Dieses merkwürdige Phänomen wurde erstmals in den 80er Jahren durch den Neurologen Professor John Lorber von der Universität von Sheffield (England) bekannt. Lorber hatte sich auf den meist angeborenen Hydrozephalus, gemeinhin Wasserkopf genannten Defekt, spezialisiert. Die Hirnventrikel produzieren Zerebrospinalflüssigkeit, die normalerweise innerhalb und außerhalb der Ventrikel des Gehirns und im Zentralkanal des Rückenmarks zirkuliert. Als Gleitmittel und Stoßdämpfer schützt sie Gehirn und Rückenmark und federt Stöße und Schläge ab. Beim Hydro-

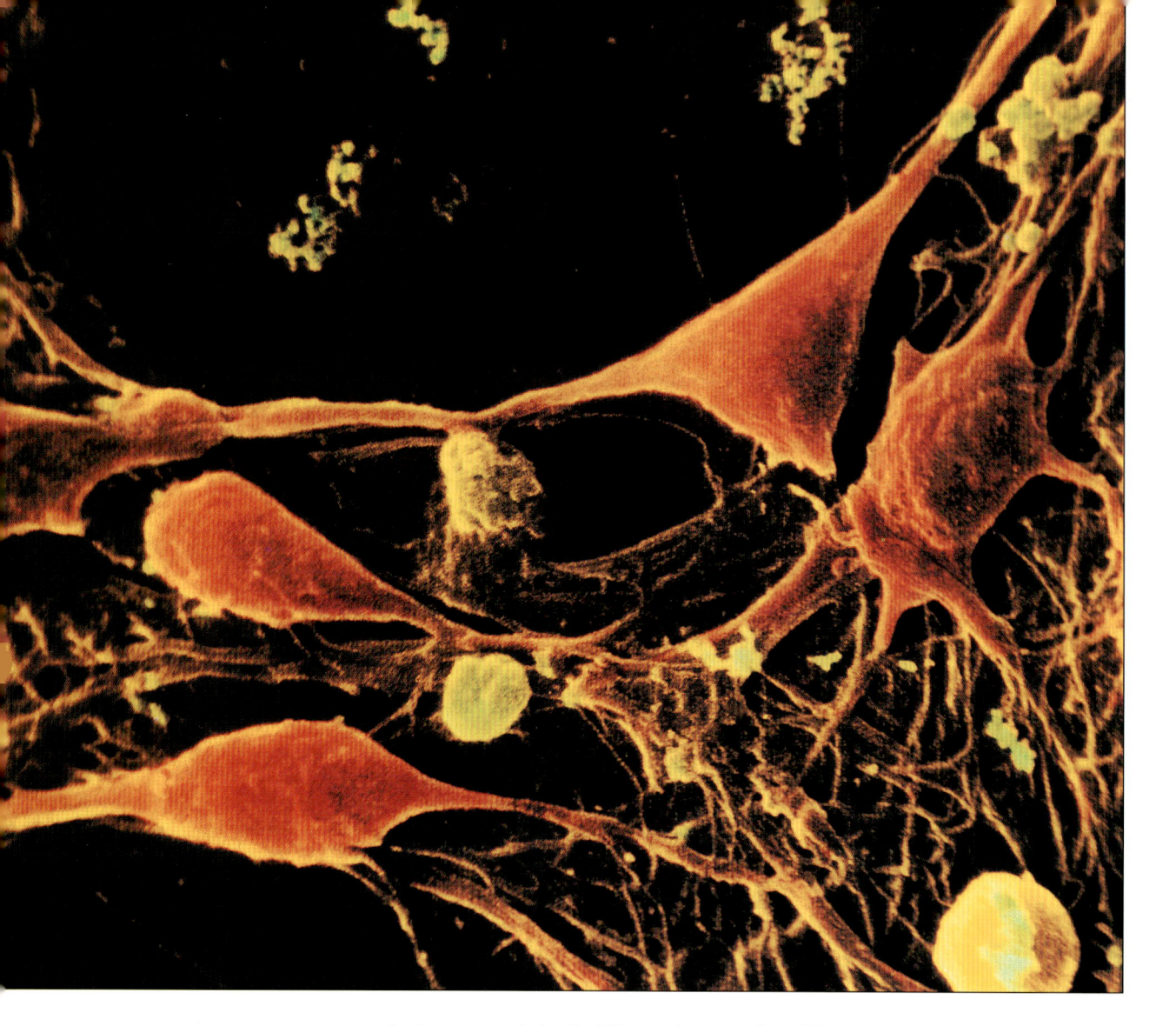

Neuronen oder Nervenzellen in der Gehirnrinde, der stark gefurchten „grauen Substanz". Die dünnen Kanäle, die vom Zellkörper des Neurons wegführen, heißen Dendriten. Sie verbinden die Nervenzellen untereinander oder enden in speziellen Sinnesrezeptoren – Nervenendigungen, die Informationen über Hitze, Schmerz, Freude und Berührungen übertragen.

zephalus staut sich die Flüssigkeit in den Hirnkammern aufgrund mangelnder Rückresorption oder einer Zirkulationsstörung in den Ventrikeln. Bei Säuglingen erweitert sich der Schädel infolge dieser Störung. Durch einen unbehandelten Hydrozephalus kann es zu extremer Kopfverformung und schwerer geistiger Behinderung kommen. Manchmal hat er jedoch auch keinerlei Auswirkungen auf das Leben der Betroffenen.

Lorber wurde durch Zufall darauf aufmerksam. Anhand eines Computertomogramms stellte der Neurologe erstaunt fest, daß der Schädel eines 26jährigen Studenten fast vollständig mit Zerebrospinalflüssigkeit gefüllt war. Das Gehirn selbst lag, zu einer etwa einen Millimeter dünnen Zellschicht geschrumpft, dicht an der Schädeldecke.

Weder der Hydrozephalus noch sein praktisch nicht vorhandenes Gehirn hatten den Studenten beeinträchtigt. Er hatte völlig normal gelebt, einen deutlich überdurchschnittlichen IQ von 126 und in seinem Fach – Mathematik – die Note eins („summa cum laude") erhalten.

Über Jahre hinweg wertete Lorber mehr als 600 CT-Aufnahmen von Menschen mit Hydrozephalus aus. In 60 Fällen hatten die Betroffenen 95 Prozent oder mehr ihres Gehirns „verloren". Wie häufig in der Naturwissenschaft, warfen diese Befunde mehr Fragen als Antworten zur Arbeitsweise des Gehirns auf. Etwa die Hälfte dieser extremen Fälle war geistig stark zurückgeblieben, bei der anderen Hälfte lagen die IQs zwischen 100 und 120. Warum die einen so stark beeinträchtigt waren und die anderen nicht und wie ein Gehirn, das nur ein Zwanzigstel seiner Normalgröße hat, normal funktionieren kann, bleibt rätselhaft.

Manche Neurologen glauben, daß das Gehirn im Falle einer Schädigung Funktionen eines Gehirnteils auf einen anderen übertragen kann. Andere vermuten, daß es ähnlich wie ein Hologramm arbeitet. Professor Paul

Ein Schnitt durch das Kleinhirn. Es bildet den größten Teil des Rautenhirns, das sich stammesgeschichtlich viel früher als das Vorderhirn entwickelte. Als Teil des Zentralnervensystems sorgt es für Körpergleichgewicht sowie Muskelspannung und -bewegung. Es erhält Meldungen von Sinnesorganen, spielt jedoch für intelligentes Verhalten keine Rolle.

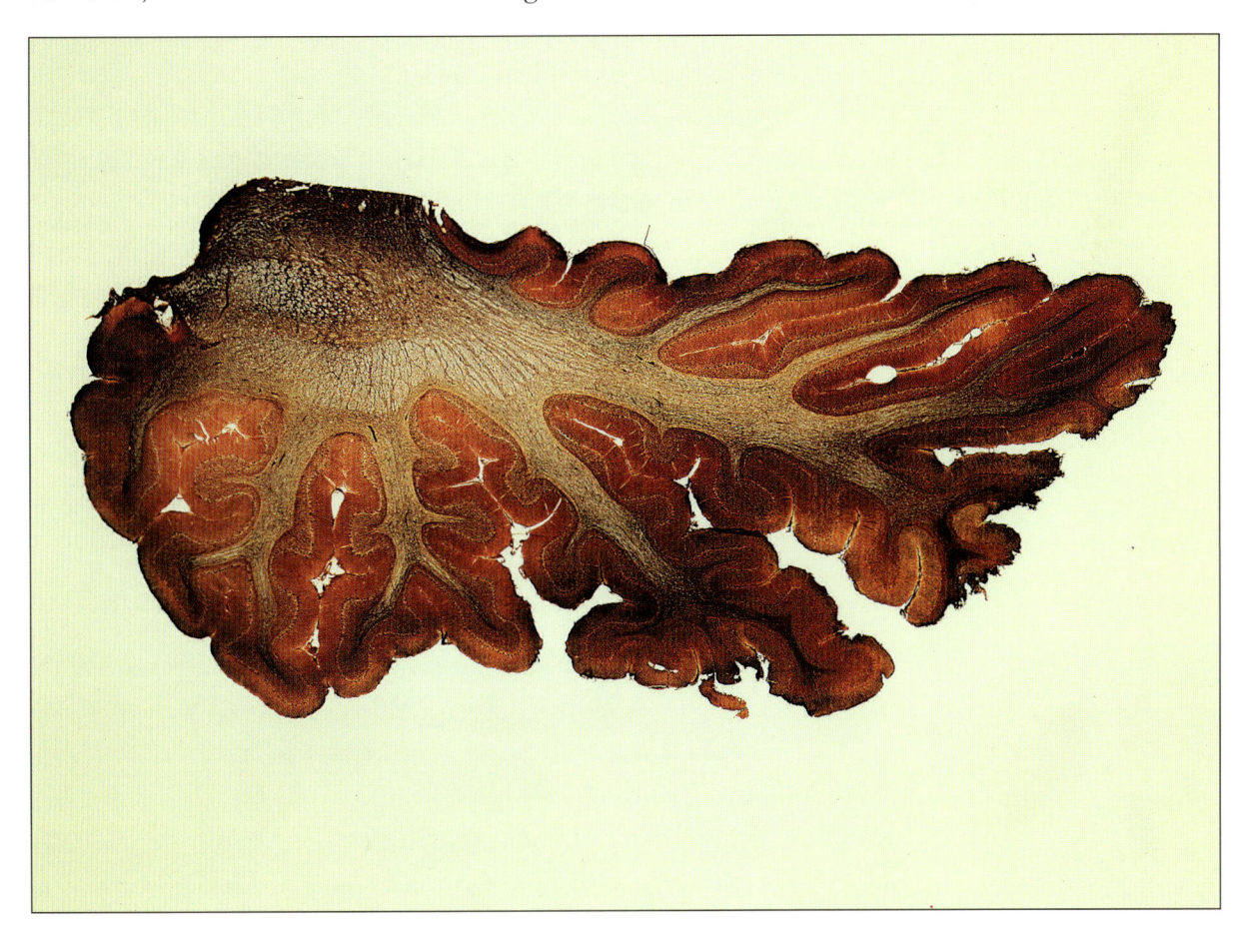

Pietsch von der Universität von Indiana faßte diese unterschiedlichen Auffassungen 1983 so zusammen:

> Wenn die Funktionsweise des Gehirns der Funktionsweise eines Hologramms ähnelt, könnte die einen Millimeter dicke Schicht für die Normalfunktion völlig ausreichen. Bestimmte Hologramme können in kleine Teile zerlegt werden, von denen jedes die gesamte Nachricht enthält. Im Gegensatz dazu sagt ein kleines Stück dieser Buchseite wenig über den gesamten Inhalt.
>
> Beobachtungen wie die Lorbers legen nahe, daß die Eingabe-Ausgabe-Funktionen verschiedener Hirnteile verlagert werden können und das Gehirn eine große Flexibilität hinsichtlich seiner Funktionen besitzt. Daß man Karten der Rindenfelder [die zeigen, welche Gehirnfelder für bestimmte Aufgaben zuständig sind] überhaupt erstellen kann, läßt vermuten, daß sich bei der Individualentwicklung bestimmte Hirnbereiche auf bestimmte Aufgaben spezialisieren. Wenn ein Gehirn mit nur einem Millimeter Dicke genauso gut wie eines mit 45 Millimetern funktioniert, so sind diese Spezialisierungen nicht völlig unabänderlich.

Die Diskussion über die Funktionsweise des Gehirns und womit sie am besten zu vergleichen ist, wird unvermindert fortgesetzt.

EIN VOLLER KOPF

1966 machte der Sänger und Liedermacher Bob Dylan in einem Interview mit der Zeitschrift *Playboy* eine etwas unorthodoxe Äußerung, die niemals von der Wissenschaft akzeptiert werden würde. Dylan erklärte, daß Leute mit langen Haaren freier denken könnten als solche mit kurzen, da „das gesamte Haar eines Menschen das Gehirn im Inneren des Kopfes umhüllt.

Haarige Erfahrungen

Ähnlich wie die Haartracht waren Bärte und Schnurrbärte im Lauf der Geschichte umstritten oder unterlagen Vorschriften. Die Römer empfanden die schnurrbärtigen Gallier als barbarisch. Das englische Parlament verfügte 1447 in einem Gesetz die Oberlippenrasur für alle Männer. 1838 gab es die gleiche Vorschrift für bayerische Soldaten, während englische Soldaten damals Schnurrbärte tragen mußten. Im Zweiten Weltkrieg erkannten sich die Besatzungsmitglieder der Royal Air Force an ihren riesigen Schnauzbärten. In der Royal Navy sind nur Vollbärte erlaubt. Der Prince of Wales machte Schlagzeilen, als er sich während seiner Marinedienstzeit einen Bart wachsen ließ.

Eine orthodoxe Auslegung der Bibel verbietet jüdischen Männern, „die fünf Bartecken" mit einem Messer zu scheren. Da diese niemand genau lokalisieren kann, rasieren sich orthodoxe Juden überhaupt nicht. Gesichtshaar darf jedoch mit Creme entfernt werden. Einfacher ist es im Islam, der für alle Männer möglichst üppige Bärte vorschreibt. Der Schnurrbart allerdings muß zurechtgestutzt werden. Mohammed soll die Rasur als einen von Allah verwünschten Versuch, „Frauen zu imitieren", angesehen haben. Männer der religiösen Sikhs dürfen ihre Haare überhaupt nicht schneiden und bändigen ihre Haarfülle mit einem Turban.

Die alten Ägypter kräuselten und färbten ihren Bart mit Henna oder anderem. Einige flochten ihre Bärte und woben Goldfäden hinein. In der Zeit von etwa 3000 bis 1580 v. Chr. trugen Mitglieder des ägyptischen Königshauses falsche Bärte aus Metall. Sie wurden mit einem goldenen Kopfband und einem Kinnriemen befestigt. Im Zuge seines Reform- und Modernisierungsprogramms verlangte der russische Zar Peter der Große im 18. Jahrhundert von seinen Fürsten die Bartrasur.

Im Mai 1994 warnte die offizielle chinesische Zeitung *Disaster Reduction Press*, daß Gesichtshaare Giftpartikel aus der Luft einfingen. Während von einem glattrasierten Mann nur eine „Gifteinheit" aufgenommen werde, seien es bei einem Bart- und Schnurrbartträger 6,1 Einheiten.

Noch grotesker war allerdings die im Artikel aufgestellte Behauptung, ein (ungenannter) Wissenschaftler habe herausgefunden, daß ein Bart die Fähigkeit des Körpers zur Wärmeabstrahlung behindere und Kahlheit die Folge sei. „Die Kopfhaut wird zu heiß, die Hirnfunktion beeinträchtigt. Der Körper reagiert mit Haarausfall." Diese merkwürdigen „wissenschaftlichen" Aussagen sollten wohl lediglich einen der regelmäßigen Angriffe der herrschenden Kommunistischen Partei gegen alte chinesische Traditionen unterstützen.

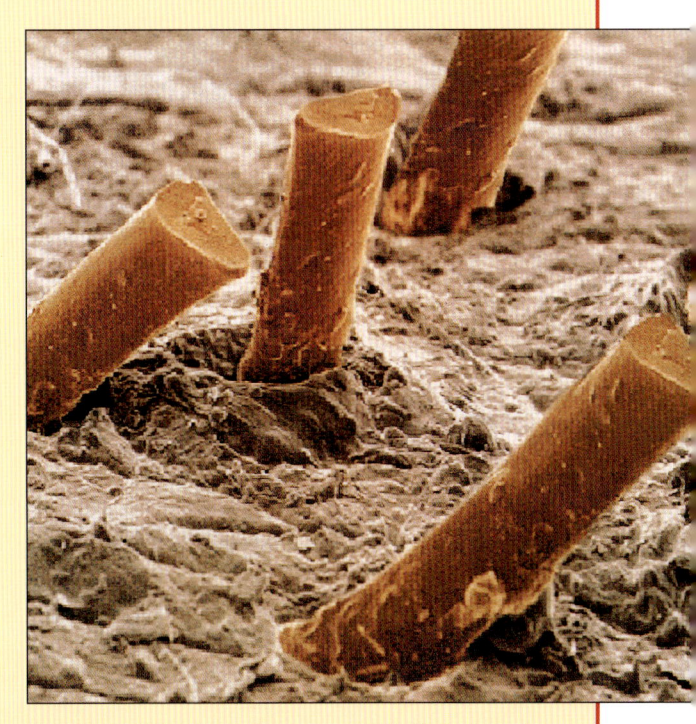

Elektronenmikrofoto einer Rasur. Die Bartstoppeln erscheinen dem bloßen Auge als „Fünfuhrschatten".

Je mehr man es also herauswachsen läßt, um so besser. Wer einen freieren Geist haben will, muß dafür sorgen, daß auch sein Gehirn frei ist."

Merkwürdig ist die Übereinkunft, daß Frauen längere Haare als Männer haben sollen angesichts der Tatsache, daß Frauenhaar langsamer wächst als Männerhaar und die Haarbälge von Frauen weniger aktiv sind als die von Männern. Frauenhaar legt nach einer Wachstumsphase von 22 Tagen eine Pause ein, Männerhaar nach 54 Tagen.

Mitte der 60er Jahre waren bei Männern lange Haare und Bärte eher verdächtig. Moden ändern sich, selbst wenn religiöse Vorschriften

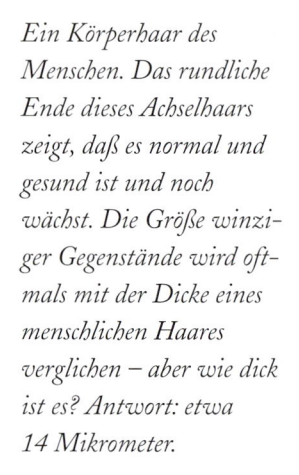

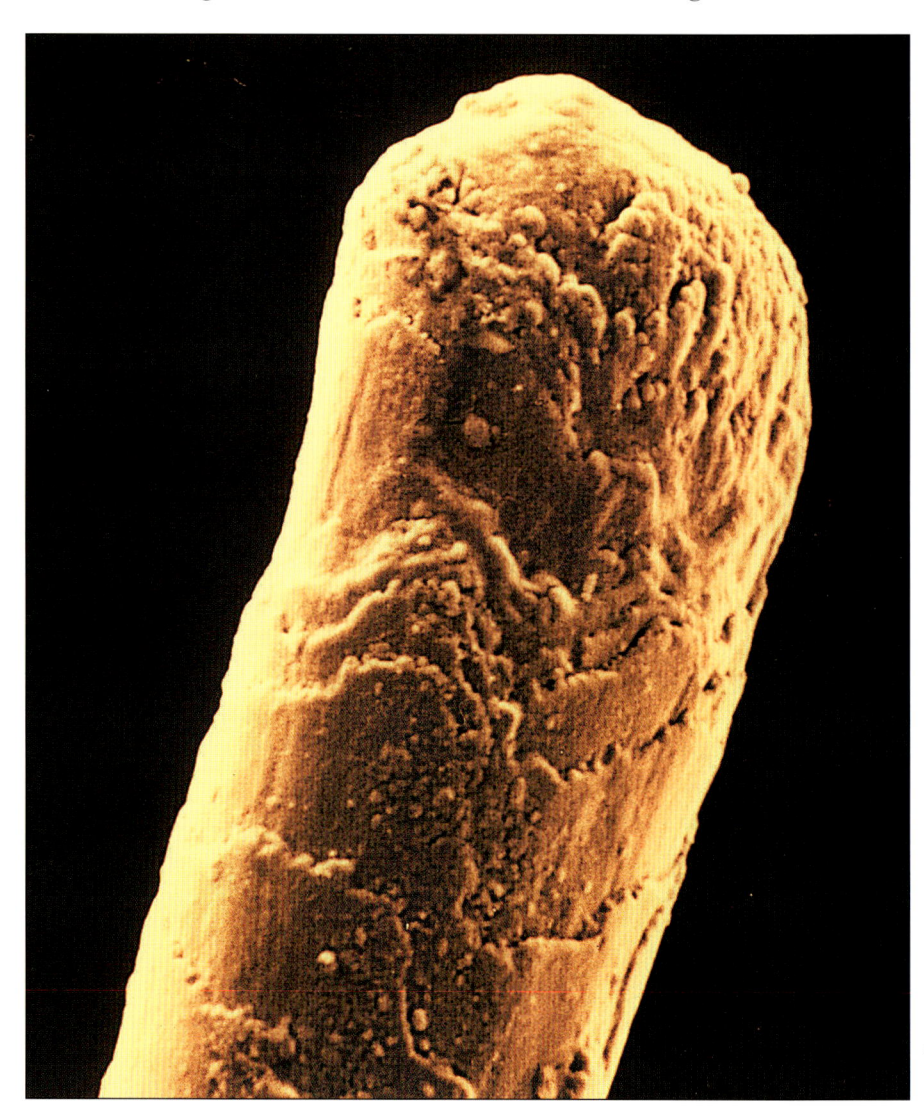

Ein Körperhaar des Menschen. Das rundliche Ende dieses Achselhaars zeigt, daß es normal und gesund ist und noch wächst. Die Größe winziger Gegenstände wird oftmals mit der Dicke eines menschlichen Haares verglichen – aber wie dick ist es? Antwort: etwa 14 Mikrometer.

bleiben (siehe Kasten). Warum aber wachsen Männern überhaupt Bärte? Das Wachstum der Körperbehaarung wird bei Männern und Frauen von Androgenen – den männlichen Hormonen – gesteuert. Frauen haben selten einen Bart. Im Gegensatz zu Männern fehlt Frauen das Enzym, das zwei Wasserstoffatome an Testosteron anfügt. Testosteron ist ein Androgen, das die Bildung verschiedener männlicher Geschlechtsmerkmale steuert und von Frauen nur in geringsten Mengen hergestellt wird. Ohne diese Umwandlung von Testosteron in Dihydrotestosteron scheinen zwar Scham- und Achselhaare zu wachsen, aber kein Bart.

Biochemisch ist die Ursache für den Bartwuchs klar, doch warum brauchen Männer einen Bart? Welchen evolutionären Vorteil bringt er? Er scheint von geringem praktischem Nutzen zu sein, zeigt jedoch bereits über Entfernungen an, wer ein Mann ist und wer keiner, ist also ein Nebenprodukt sexueller Differenzierung.

„Haare sind der schönste Schmuck der Frauen", sagte im 16. Jahrhundert der Reformator Martin Luther. Doch nicht nur Frauen bedauern die Wahrheit des griechischen Sprichworts, daß graues Haar „ein Zeichen von Alter, nicht von Weisheit" ist. Obwohl die westliche Gesellschaft im Durchschnitt immer älter wird, herrscht ein Jugendlichkeitskult, infolgedessen man beinahe hysterisch auf erste Anzeichen des Ergrauens reagiert. Frühes Ergrauen ist erblich bedingt. Man kann es akzeptieren oder seine Eitelkeit mit Färben und Tönen befriedigen. Ergrauen beruht auf einem vor dem Wachstumsstopp des Haares eintretenden Funktionsverlust der Melanocyten. Das sind die Zellen, die dem menschlichen Haar Farbe geben (siehe hierzu das erste Kapitel).

Der Haarbalg arbeitet periodisch, eher in Schüben als kontinuierlich. Nach einer Wachstumsphase (die auch viel länger sein kann als der oben angegebene Durchschnitt) verdickt das Wurzelende des Haares. Mit neugebildeten Würzelchen befestigt es sich in dem den Balg umgebenden Gewebe, während der Balg in eine Ruhephase eintritt. Sobald er wieder aktiv wird, bildet er eine neue Haarzwiebel, aus der ein neues Haar sprießt. Dieses wächst zur Hautoberfläche und lockert so den Halt des alten Haares, das abgestoßen wird. Wir verlieren täglich etwa 50 bis 100 Haare aus den etwa 150 000 Haarbälgen des Kopfes. (Im Spätsommer und Herbst sind es sogar noch mehr.)

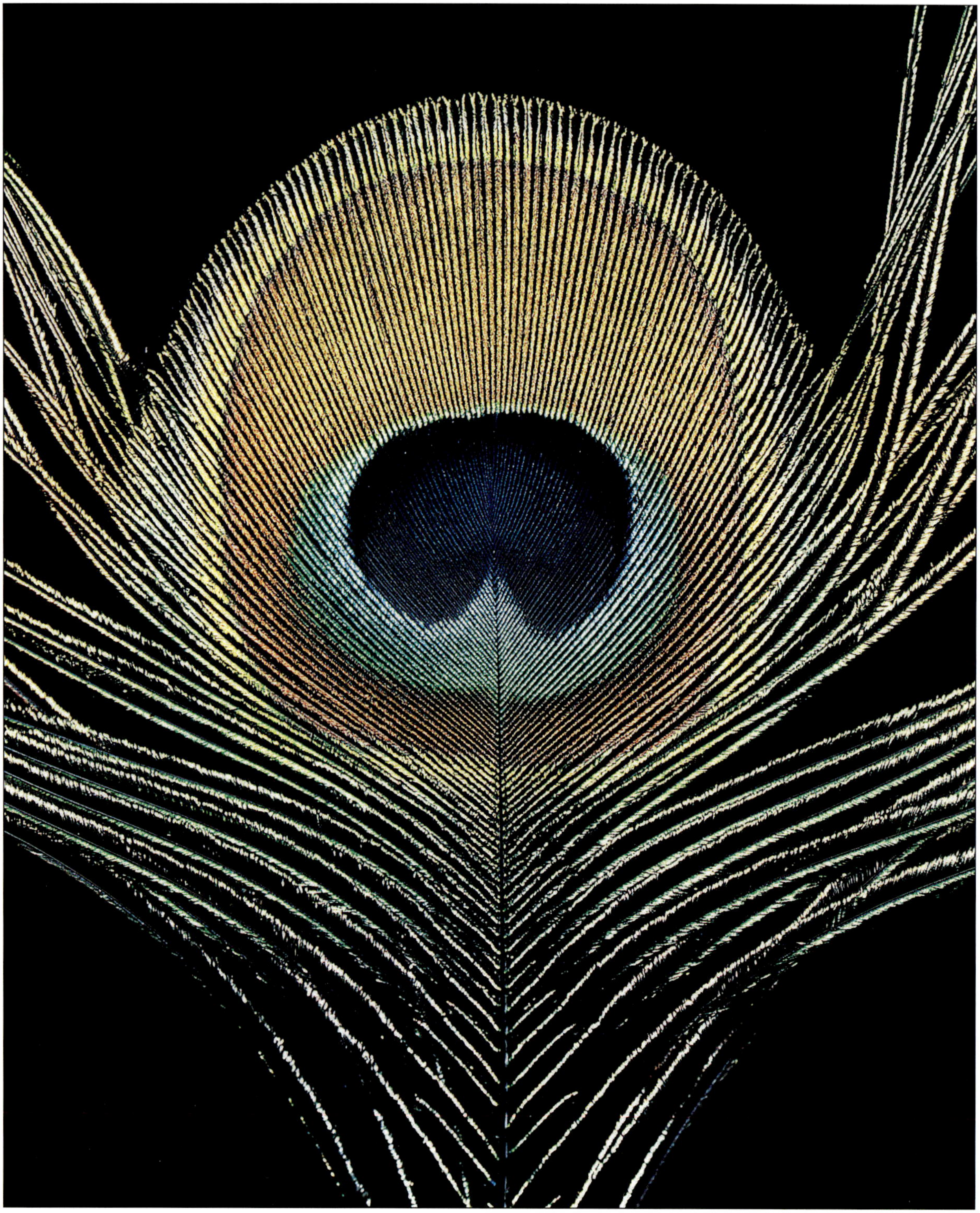

Auf große emotionale Belastung können Menschen mit Haarausfall oder sogar völligem Haarverlust reagieren. Die Geschichte vom plötzlichen Ergrauen könnte entstanden sein, als jemand mit bereits weißen und noch dunklen Haaren einen großen Teil seines oder ihres dunklen Haares in sehr kurzer Zeit verlor. Der Glaube, daß dunkle Haare innerhalb weniger Stunden weiß werden können, ist Phantasterei. Haare „werden" nicht weiß, sondern sind es von Anfang an.

Eine Pfauenfeder verdankt ihre herrlichen Farben nicht etwa Pigmenten in den Keratinfasern. Die Federn an sich sind farblos. Sie erscheinen nur so leuchtend, weil durch den Winkel, in dem die Federäste entspringen, nur Licht einer bestimmten Farbe gebrochen und reflektiert wird.

Leben in toter Materie

Tief unten, noch unter den Abwasserkanälen und Untergrundbahnen einer Großstadt, gibt es Leben, mit dem die Menschen nichts zu tun haben. Etwa 15 Kilometer unter der Erdoberfläche wimmelt es von Bakterien.

Trotz gegenteiliger Anzeichen bezweifelten Biologen und Geologen lange Zeit die Möglichkeit eines unterirdischen Lebens in so großer Tiefe. Man setzte allgemein die Grenze nach einigen Metern an, zumal Wärme und Gesteinsdruck nach unten zunehmen. 3500 Meter unter der Erdoberfläche (so tief liegt die tiefste südafrikanische Goldmine) beträgt die natürliche Temperatur 65 °Celsius und der Gesteinsdruck erreicht 400 Atmosphären. Die Minenarbeiter müssen während ihrer Achtstundenschicht bei 40 °Celsius, die ausschließlich durch Ventilation erreicht werden können, absolute Schwerstarbeit leisten. Die Mikroben leben dort, vermutlich klaglos, ständig.

Mitte der 80er Jahre erwies sich die Existenz dieses ungewöhnlichen unterirdischen Lebens als real. Das amerikanische Energieministerium suchte nach Bakterien, die unterirdisch deponierten nuklearen Abfall abbauen können, und machte daher unter dem Fluß Savannah in North Carolina in 500 Meter Tiefe Probebohrungen. Bei einer späteren Untersuchung in Virginia stieß man bis zu einer Tiefe von 2800 Metern vor. Die Wissenschaftler fanden 10000 Bakterienstämme, die etwa 40 Gattungen zugeordnet werden konnten. Einige der Bakterien waren unbekannt und „ziemlich ungewöhnlich". Bis in 100 Meter Tiefe fanden sich auch bakterienfressende Protozoen. Inzwischen entdeckten Meeresforscher auf dem Meeresboden an extrem heißen Spalten der Erdkruste Mikroorganismen, die bei einer theoretisch tödlichen Hitze von 113 °Celsius und in einer Tiefe von 750 Metern leben.

Diese Entdeckungen ermutigten zu weiteren Forschungen und trugen dazu bei, daß in Wissenschaftskreisen die Bedeutung der Bakterien für das Leben auf der Erde in neuem Licht gesehen wurde. Besonders erstaunt war man über die Entdeckung, daß Bakterienkolonien in Vulkangestein, etwa Granit und Basalt, in über 850 Meter Tiefe gediehen. Diese Gesteine, die vor Milliarden von Jahren durch Vulkantätigkeit entstanden sind, zeigten keinerlei Spuren organischen Materials, das den Bakterien als Kohlenstoff- und Energiequelle zur Verfügung stehen könnte. Wie überleben sie dann?

Da es keine fertige Nahrung in ihrer unmittelbaren Umgebung gibt, müssen sich die Bakterien ihre eigene Nahrung herstellen. Gelöst im Gestein finden sich Kohlendioxid und Wasserstoff. Die Bakterien bauen mit Hilfe eigener Stoffe diese Moleküle zu lebensnotwendigem Kohlenstoff und Wasser um. Dabei entsteht der Kohlenwasserstoff Methan, der Hauptbestandteil des als Brennstoff verwendeten Erdgases ist.

Wie waren die Bakterien ursprünglich dorthin gelangt? Die bislang ältesten Spuren oberirdischen Bakterienlebens sind etwa 3,5 Milliarden Jahre alte Fossilien. Damals, als die Erde gerade „erst" eine Milliarde Jahre alt war, prasselte noch immer Gestein aus dem Weltraum auf sie herab. Es handelte sich um Reste des Staubrings der Sonne, aus der sich die Planeten gebildet hatten. Gleichzeitig war die Erdkruste wegen der starken vulkanischen Aktivität sehr unruhig. Während solcher vulkanischer Eruptionen gelangten vermutlich Bakterien ins Erdinnere und paßten sich dort den neuen Bedingungen an. Manche Wissenschaftler vermuten, daß einige der in jüngster Zeit entdeckten unterirdischen Bakterien zwei Milliarden Jahre lang keinerlei Kontakt zur Erdoberfläche hatten.

Auch wenn viele dieser Mikroben erkennbar mit oberirdisch lebenden Bakterien verwandt sind, unterscheiden sie sich doch stark von ihnen. Die in Vulkangestein lebenden Bakterien müssen mit wenig Nahrung auskommen. Da sie auch für Bakterienverhältnisse sehr klein sind und sich pro Jahrhundert vielleicht nur einmal teilen (zum Vergleich: *E.-coli*-Bakterien teilen sich alle 20 Minuten), haben sie einen geringen Energiebedarf.

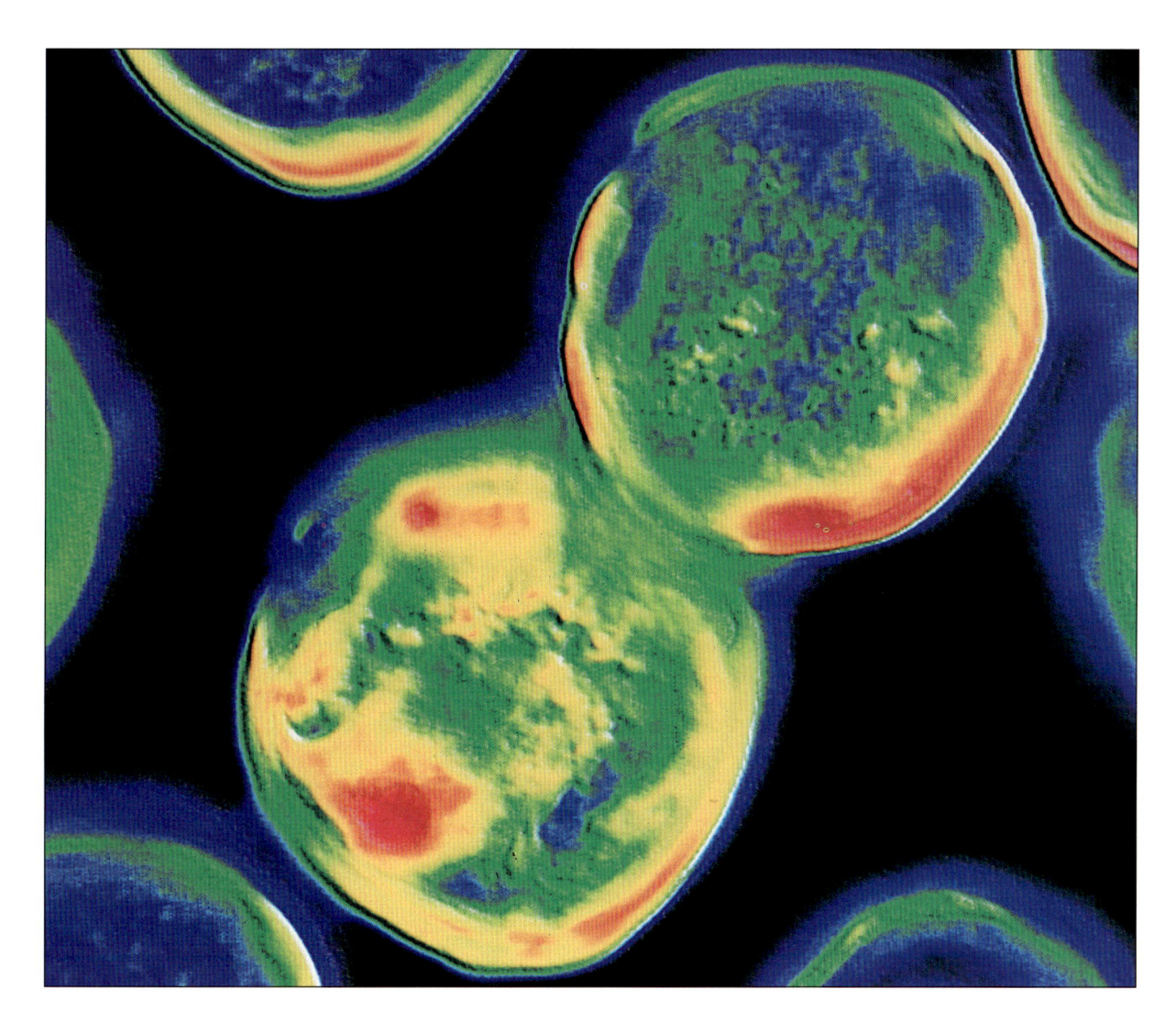

MARSBEWOHNER

Mikroorganismen findet man an Orten, wo man sie nie vermutet hätte. So gibt es Bakterien, die in Atomreaktoren oder unter ähnlich seltenen und extremen Bedingungen leben. Die Entdeckung von isoliert in Vulkangestein lebenden Mikroben hat das Interesse der Forscher an der Überlebensfähigkeit der Bakterien unter Extrembedingungen geweckt und zudem wissenschaftliche Überlegungen zur Entstehung primitiven Lebens auf anderen Planeten gefördert.

Die hitzeliebenden Bakterien Archaeoglobulus fulgidas *haben ihr Optimum bei 83 °Celsius. Sie leben in der Nähe von Heißwasserspalten am Meeresboden. Diesen Bedingungen haben sich wahrscheinlich ihre Vorfahren während der turbulenten Frühzeit der Erde angepaßt.*

Die hier gezeigten stäbchenförmigen Bakterien Thiobacillus thioparvus *brauchen keine organischen Stoffe. Sie ernähren sich von Schwefelverbindungen. Alle tief in der Erdkruste lebenden Bakterien gewinnen Energie, also Nahrung zum Leben, indem sie Stoffe im Gestein oxidieren.*

Der Bakteriologe Tom Gold von der Cornell-Universität berechnete, daß in der Erdkruste mehr Bakterien leben als oberirdisch. Er ging von möglicherweise 200 000 Milliarden Tonnen unterirdischer Bakterien aus. Damit könnte man die Landoberfläche der Erde mit einer 1,5 Meter dicken Schicht bedecken, und ihre Biomasse wäre größer als die aller übrigen Lebewesen. Die Erfolgsstory der Bakterien veranlaßte Gold zu den Worten:

> Das Leben auf der Erdoberfläche, das seine Energie aus der Photosynthese bezieht, stellt vermutlich eine äußerst rare Lebensform dar, eine spezifische Anpassung an einen Planeten, dessen Oberfläche so günstige Bedingungen bietet, wie sie nur sehr selten vorkommen ... Das primitivere, auf Chemosynthese basierende Leben findet sich vielleicht im Universum sehr viel häufiger.

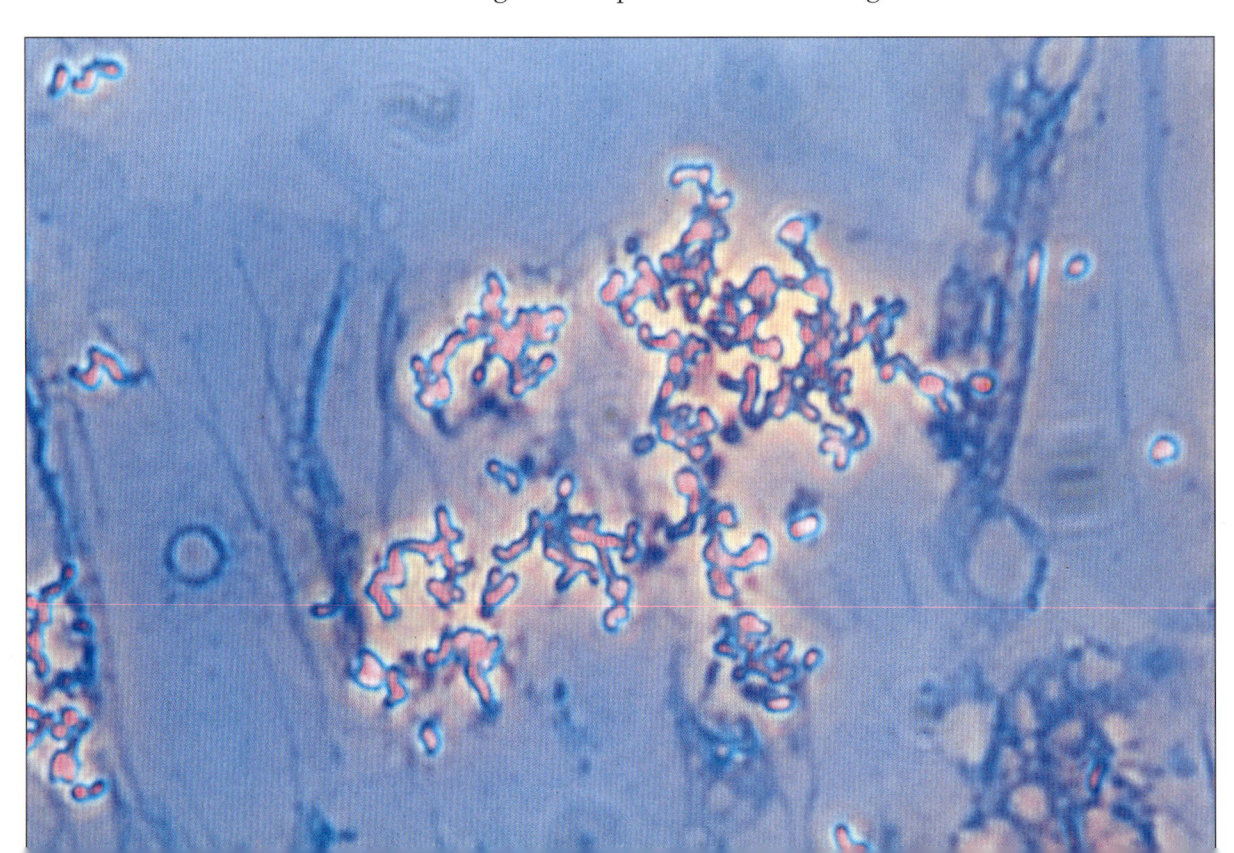

Kurz gesagt: Extraterrestrisches Leben ist also gar nicht so unwahrscheinlich, extraterrestrische Intelligenz jedoch durchaus fraglich. Nicht zwangsläufig entwickeln sich aus Bakterien komplexe Lebewesen, denn die Evolution reagiert auf spezifische lokale Gegebenheiten und wird durch zufällige Mutationen der Organismen bestimmt. Wenn sich die Umwelt von Organismen nicht grundlegend ändert, gibt es auch keinen starken Evolutionsdruck. Hinter Golds Worten steht die Annahme, daß Mikroben – unter der Voraussetzung, daß ihnen die Ausgangsbedingungen zusagen – in relativ ruhigen Perioden der Planetenfrühgeschichte entstehen und zählebig genug sind, um unabhängig vom Geschehen auf der Planetenoberfläche weiterexistieren können.

Im Hinblick auf andere wenig erforschte Planeten unseres Sonnensystems sind viele Bedenken gegenüber dieser Argumentation angebracht. Sie wirft jedoch interessante Fragen über unseren Nachbarplaneten Mars auf. Es gibt immer mehr Hinweise, daß früher einmal auf dem Mars Leben möglich war – wenn auch nur auf Mikrobenebene. Unser heutiges Wissen über Bakterien in der Erdkruste unterstützt die Vermutung, daß es noch immer lebende Bakterien unter der Marsoberfläche geben könnte.

STRAHLENDE KOST

Bakterien im Darm des Menschen fressen unsere Nahrung, Bakterien in Sickergruben und Kläranlagen verdauen unsere Ausscheidungen. Als die konventionelle Erzgewinnung in der Uranmine Stanrock in Kanada zu teuer wurde, setzte man die Mikrobe *Thiobacillus ferrooxidans* ein, um die Rentabilität der Mine wiederherzustellen. Dem Bakterium schadet die Nähe des Urans nicht, es kommt sogar häufig im Uranabraum vor und oxidiert Schwefelverbindungen. Ebenso wie viele teurere Substanzen führt es das radioaktive Metall im Uranerz in eine lösliche Form über, die dann aus dem Erz herausgelöst und gereinigt werden kann.

T. ferrooxidans geht das Erz nicht direkt an. Dieses muß zunächst abgebaut und dann unter Bakterienzusatz mit Eisen(II)-Sulfat-Lösung besprüht werden. Die Bakterien verbrauchen den Schwefel des Eisensulfiderzes und reduzieren es zu Eisen(III)-Sulfid. Durch diese Reaktion im Erz wird Uran

Bakterien, die Schiffe fressen

Mehrere Gattungen anaerober Bakterien haben Appetit auf Schwefel. Sie tummeln sich im Bilgewasser von Schiffen, falls es nicht regelmäßig abgepumpt wird. Gemäß den Vorschriften zum Schutz der Meere vor Ölverschmutzung dürfen Kielräume nur im Hafen geleert werden, wo Ölreste sicher beseitigt werden können. Um Kosten zu vermeiden, lassen manche Kapitäne lange Zeit Wasser im Kielraum zusammenkommen. Aerobe Bakterien haben nach einiger Zeit den gesamten Sauerstoff im Wasser verbraucht und sterben ab.

Nun kommen die anaeroben Bakterien zum Zug. Einige von ihnen leben von den Schwefelbestandteilen des Meerwassers.

In manchen Formen hat Schwefel auf den ersten Blick positiv erscheinende, zersetzende Wirkungen. Leider verbrauchen die Bakterien nicht den gesamten im Meerwasser befindlichen Schwefel: sie lösen einzelne Atome aus dem Molekül der Schwefelverbindung und lassen das reduzierte Molekül als Abfall zurück. So verwandeln sie harmlose Sulfate (mit drei Schwefelatomen) in Sulfide (mit zwei Schwefelatomen). Sulfide zerfressen Metalle, insbesondere Schiffsrümpfe. Durch Vermehrung der Bakterien entsteht ätzender Schlamm, der sich pro Jahr einen Zentimeter tief in den Stahl hineinfressen kann. Die dadurch verursachten Folgeerscheinungen können so wesentlich mehr Kosten verursachen als das Reinigen des Kielraums.

Neuerdings können sulfatreduzierende Bakterien jedoch auf einfache Weise entdeckt und entfernt werden. Man gibt eine Bilgewasserprobe in ein Gefäß mit einem das Bakterienwachstum fördernden Medium. Sind die Bakterien enthalten, färben sich die Eisensalze der Mischung über Nacht schwarz. Das mikrobiologische Institut in Cardiff (Wales), das den Test erfunden hat, präsentierte auch ein chemisches Mittel, das die Bakterien tötet, indem es ihr Atmungssystem angreift. Es verschont andere Bakterien und bewirkt, daß das nach sonstigen Bekämpfungsmaßnahmen wie dem Bleichen notwendige Entgiften des Kielraums entfällt.

Es gibt auch Bakterien, die von Kohlenwasserstoffen leben. Andere mögen es heiß und sauer: *Thermophila acidophilum* gedeiht bei 60 °Celsius und einem pH-Wert von 1 oder 2, was dem Säuregrad konzentrierter Schwefelsäure entspricht. Sie kommt auf brennenden Kohlen vor und erfriert bei 38 °Celsius. Anstatt teuer an Land zu entsorgen oder unter Umgehung der Vorschriften ölhaltiges Bilgewasser auf See zu verklappen, könnten in Zukunft Schiffskapitäne eine Reihe von Bakterien und Chemikalien bereithalten, welche die Mikroben im Bilgewasser vermehren bzw. reduzieren und es so sauberhalten.

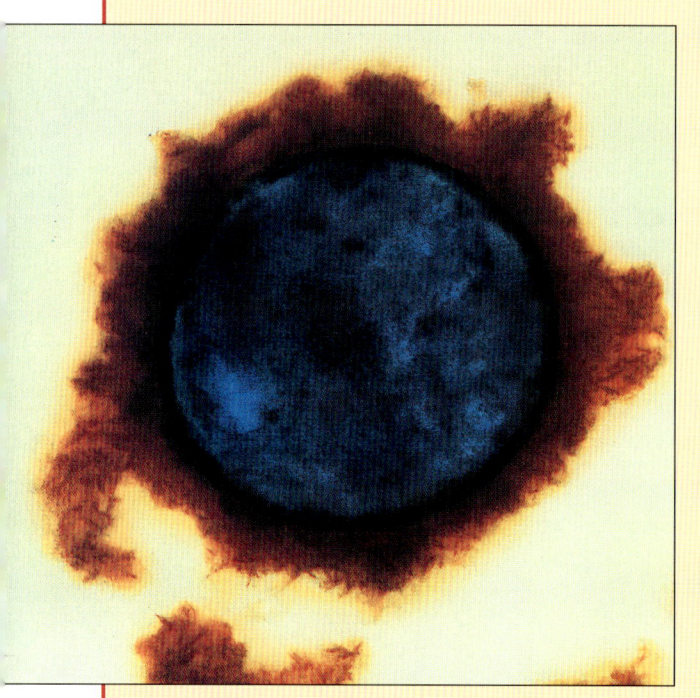

Ein schwefelfressendes Bakterium der Gattung *Desulphovibrio*. Die Abfallprodukte der Bakterien verbinden sich mit giftigem Metall im Abwasser, wodurch die pelzartige Umhüllung entsteht.

vom unlöslichen in den löslichen Zustand übergeführt. Das Uran löst sich dann in der Flüssigkeit, kann konzentriert, abgetrennt und schließlich gereinigt werden.

Die Kanadier entdeckten, daß mit Hilfe von Mikroben Uran auch in solchen Minen abgebaut werden kann, in denen ein Abbau mit konventionellen Methoden zu teuer oder gar unmöglich wäre. Jetzt interessieren sich indische Atomwissenschaftler für die Methode. Das Land hat 1974 insgeheim seine ersten Plutoniumsprengkörper gezündet. Im Mai 1998 – so teilte Indien der Weltöffentlichkeit mit – folgten weitere Tests unter anderem auch mit einer Wasserstoffbombe. Verteidigungsexperten schätzen, daß Indien etwa 400 Kilogramm waffenfähiges Plutonium besitzt. Das reicht für den Bau von etwa 90 Atombomben. Zur Herstellung und Unterhaltung eines Abschreckungsarsenals braucht das Land mindestens die zwei- oder dreifache Menge.

Eine Kugel aus reinem Plutonium, das für Kernwaffen verwendet wird, glüht während des radioaktiven Zerfalls leuchtendrot.

Luziferase enthaltende Zellen lassen Glühwürmchen bei Nacht leuchten. Britische Rüstungsbiologen wandten die Technik auf Bakterien an und machten aus ihnen lebende Meldeinstrumente, die aufleuchten, sobald sich die Umweltbedingungen ändern.

Die Tests von 1998 riefen weltweit Empörung hervor. Indien muß deshalb davon ausgehen, daß der Plutoniumimport künftig schwierig werden dürfte. Da die indischen Uranvorkommen jedoch dürftig sind, interessierten sich die indischen Kernwaffenhersteller für die bakterielle Methode der Uraniumlaugung. Die indischen Erze enthalten meist nur zwischen 0,05 und 0,08 Prozent des radioaktiven Metalls. Hier kann *T. ferrooxidans* zum Einsatz kommen. Pakistan, der politische Rivale Indiens, meldete kurz nach den indischen Tests seine eigenen erfolgreichen Kernwaffentests. Vor diesem Hintergrund können wir Menschen nur hoffen, daß dieses riesige atomare Waffenarsenal beider Länder nie zum Einsatz kommt und letztlich nur die schwefelfressenden Bakterien damit konfrontiert werden.

Warnleuchten

Die britische Versuchsanstalt für biologische Kriegsführung Porton Down steht gleichermaßen sowohl für die Erforschung als auch die Bekämpfung lebensfeindlicher Bakterien. Im April 1998 verkündeten Forscher in Porton Down, daß sie gentechnisch veränderte Bakterien entwickelt hätten, die vor Umweltveränderungen warnen können.

Ein solcher Organismus wäre für Soldaten, die von biologischen oder chemischen Kampfstoffen bedroht werden, außerordentlich nützlich. Die britischen Wissenschaftler wiesen jedoch darauf hin, daß er auch unschätzbare Dienste bei der Überwachung der Umwelt – in Luft, Wasser oder Atmosphäre – leisten könnte. Die Bakterien zeigen Änderungen in ihrer Umgebung mit einem Aufleuchten an.

Porton Down hält die Einzelheiten geheim, die Erfindung folgt jedoch relativ einfachen Grundprinzipien, denn die Wissenschaftler nutzten die Proteine auf der Bakterienoberfläche, die Gifte, Feinde oder Nahrung anzeigen. Die Proteine entdecken spezifische, für den jeweiligen Mikroorganismus erforderliche oder gefährliche Substanzen und aktivieren daraufhin im Nucleoid der Zelle ein Gen. Dieses veranlaßt die Mikrobe zu Flucht, Angriff oder sonstigem situationsgemäßem Verhalten. Die Leistung des Wissenschaftlerteams von Porton Down bestand darin, zunächst das Gen zu identifizieren, das die Reaktion des Bakteriums steuert. Dann stellten sie eine Verbindung zwischen diesem Gen und einem „Luxgen" her. Dieses produziert das Protein Luziferase, das in angeregtem Zustand leuchtet.

Sobald das genmanipulierte Bakterium auf sein „Zielobjekt" trifft, sendet das Oberflächenprotein ein Signal an das Gen, welches daraufhin das Luxgen anschaltet: die Mikrobe leuchtet auf. Lichtsensoren registrieren und übermitteln das Leuchten dem menschlichen Beobachter. Die Wissenschaftler haben einen auf Druckveränderungen reagierenden Prototyp entwickelt und arbeiten nun an Modellen für Säure und Temperatur. Abgewandelte Oberflächenproteine (auch von anderen Bakterien übernommene) können alle möglichen Veränderungen anzeigen. Im Gegensatz zu mechanischen Sensoren ist dieses System pannensicher und muß nicht ersetzt werden, denn es erneuert sich von selbst.

Herrscher der Welt

Früher ordnete man in den Naturwissenschaften die Lebewesen dem Tierreich oder dem Pflanzenreich zu. Bakterien erfüllten in keiner Gruppe sämtliche Kriterien. Da jedoch viele von ihnen Photosynthese betreiben, zählte man sie trotz ihrer an Tiere erinnernden Beweglichkeit offiziell zu den Pflanzen. Deshalb sprechen wir auch heute noch von „Darmflora".

Nach dem Wissensfortschritt wurde ihnen in den 50er Jahren, ähnlich wie den Pilzen, ein eigenes Reich zugewiesen. Ende der 60er Jahre wurde aus einem neuen Verständnis heraus eine weitere Änderung der Systematik erforderlich. Vielzellige Lebensformen – Tiere, Pflanzen und Pilze – behielten ihre Einteilung. Eigene Reiche erhielten die eukaryotischen Einzeller – Protozoen, Amöben und andere Organismen mit komplizierten Organellen (etwa einem von Membranen umgebenen Zellkern) – und ebenso die einfacher gebauten Prokaryoten, zu denen Bakterien und Blaualgen zählen.

Noch damals bestimmte die äußere Gestalt der Bakterien ihre Einteilung in spiralförmige Spirochäten, stäbchenförmige Bazillen oder runde Kokken. Erst nach der Entwicklung der DNA-Sequenzierung in den 70er Jahren konnte man mit der Aufstellung eines auf Verwandtschaft beruhenden Systems der Bakterien beginnen. Durch die hervorragende Leistung Professor Carl Woeses von der Universität von Illinois wurde die Aufstellung einer neuen Bakterienabteilung erforderlich und damit auch eine neue Sicht der Bakterien und ihr Verhältnis zu den anderen Lebewesen.

Woese erkannte, daß die unter extremen Bedingungen lebenden Mikroorganismen alle miteinander verwandt sind: Schwefelbakterien; Bakterien, die in heißen Spalten am Meeresgrund einem Vielhundertfachen des Atmosphärendrucks ausgesetzt sind; jene in Vulkanen und Kernkraftwerken sowie in stark salziger oder saurer Umgebung. Er nannte sie „Archaea", da sie sich in der Frühzeit unseres Planeten solchen unwirtlichen Bedingungen angepaßt hatten. Das Pflanzenreich und das Tierreich gehören zusammen mit dem Pilzreich zu den Eukaryoten. Die Bakterien bilden eine sehr große Abteilung mit elf großen Hauptgruppen. Die genetischen Unterschiede

VERBORGENE WELTEN 173

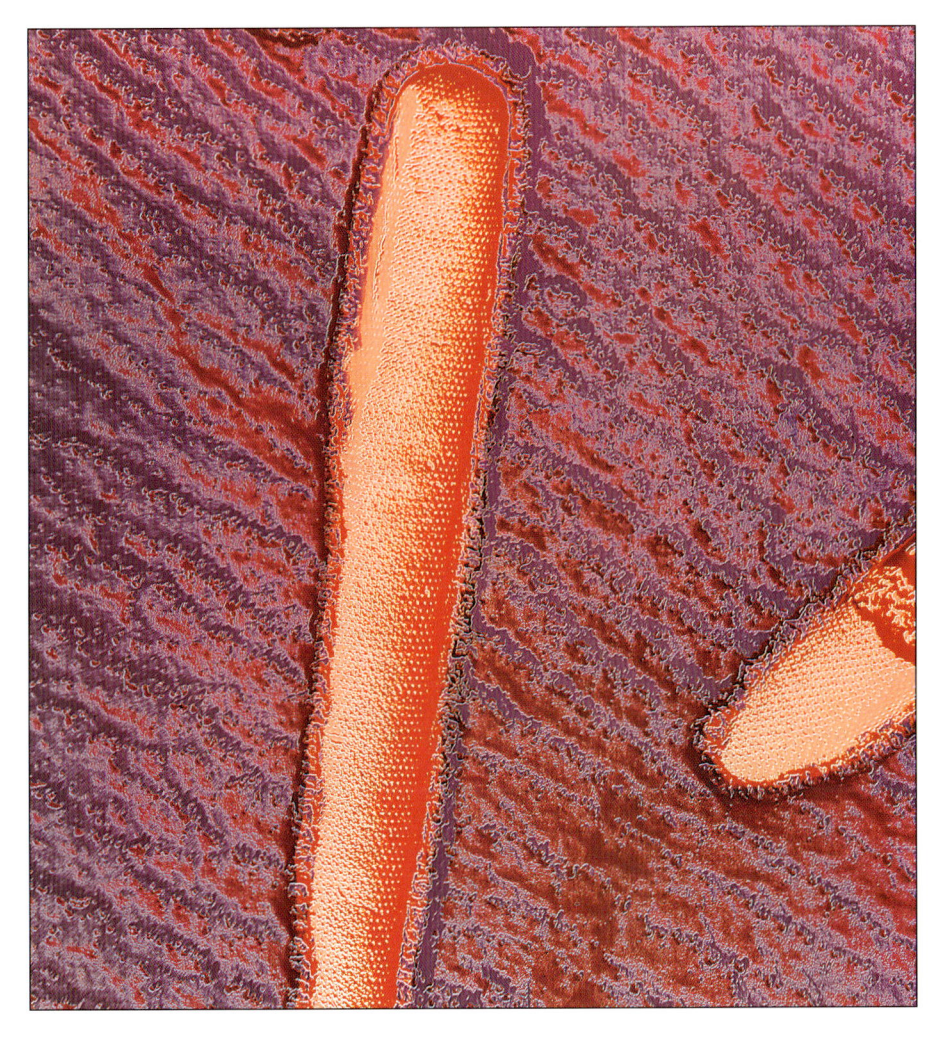

Das Bakterium Thermoproteus tenax *ist hyperthermophil, mag also sehr hohe Temperaturen. Es gehört zur alten und primitiven Gruppe der Archaeen, die in heißen Quellen leben und Temperaturen bis zu 96 °Celsius aushalten.*

zwischen den Hauptgruppen sind mindestens genauso groß wie die zwischen Pflanzen- und Tierreich. Wie wir gesehen haben, können Bakterien praktisch überall leben. An Anzahl und Masse übertreffen sie die Gesamtheit aller anderen Lebewesen.

Seit ihrer Frühzeit wird die Erde von Bakterien beherrscht. Dank Zufall und Umweltgegebenheiten konnten sich einige von ihnen sehr langsam zu der erstaunlichen Fülle an Lebensformen weiterentwickeln, die uns heute umgibt. Ohne die unserem Auge verborgenen Bakterien und Archaeen gäbe es uns nicht. Wir könnten sie weder als unsere Vorfahren würdigen noch unser Essen verdauen. Letztlich werden die Mikroben die Erde erben, die ihnen schon immer gehört hat.

GLOSSAR

Allergen: Jede Substanz, die eine heftige Reaktion des Immunsystems mit oftmals für die betroffene Person quälenden Symptomen hervorruft.
Amöbe: Mikroskopisch kleines einzelliges Tier, das bei Fortbewegung und Nahrungsaufnahme ständig seine Gestalt verändert
Antibiotikum: Ein Stoff, der Mikroorganismen zerstört, ihr Wachstum oder ihre Vermehrung behindert
Atom: Kleinste Untereinheit eines chemischen Elements
Bakterien: Mikroorganismen, deren DNA nicht in einem abgegrenzten Zellkern liegt. Die meisten M. sind harmlos, einige produzieren krank machende Toxine.
Bakterienflora: Kommensale Bakterien, z. B. Darmflora
Basalganglien: Innerhalb der weißen Substanz des Vorderhirns liegende, aus grauer Substanz bestehende Strukturen; sind an der Steuerung von Bewegungen beteiligt.
Darmflora: Im Darm lebende Mikroorganismen
Diatomeen: Zweischalige, einzellige Grünalgen
DNA: Desoxyribonukleinsäure Chemischer Träger der Erbsubstanz; kommt in den Chromosomen vor und besteht aus zwei einander umschlingenden, von Nukleotiden gebildeten Strängen.
Drüse: Zelle oder Zellgruppe, die bestimmte Substanzen ausscheidet, z. B. Schweiß oder Hormone
Elektronenmikroskop: Arbeitet statt mit Licht mit Elektronenstrahlen und erzeugt eine vieltausendfach vergrößerte Abbildung eines in einem Vakuum befindlichen Gegenstandes.
Enzyme: Lebenswichtige Proteine, die den Ablauf biochemischer Reaktionen im Organismus beschleunigen, ohne sich dabei selbst zu verändern. E. binden sich an Substrate und wandeln sie um.
Epithel: Zellschichten, die Körperhohlräume auskleiden

Gattung (Genus): Systematische Kategorie zwischen Art und Familie. Der erste Teil eines lateinischen Artnamens ist gleichzeitig Gattungsname.
Hormone: Von endokrinen Drüsen gebildete Stoffe, die vom Blut zu verschiedenen Körperbereichen transportiert werden und deren Struktur oder Funktion beeinflussen
Hypophyse: Drüse, die die Tätigkeit der endokrinen (hormonproduzierenden) Drüsen steuert
Impfstoff: Für Impfzwecke angefertigtes Präparat aus geschwächten oder abgetöteten Bakterien, Viren oder Toxinen, das geringe oder keine Symptome auslöst, jedoch die Bildung von Antikörpern und damit Immunität gegen eine bestimmte Krankheit fördert
Infrarot: Elektromagnetische Strahlung, die eine etwas größere Wellenlänge als sichtbares Licht hat; wird als Wärme wahrgenommen.
Isolation: Absonderung und Behandlung von Patienten mit stark ansteckenden Krankheiten
Kollagen: Hauptbestandteil des fibrillären Bindegewebes des Körpers (z. B. in Sehnen)
Kommensale: Organismus, der in einem anderen Organismus oder mit diesem eng verbunden lebt, ohne ihn zu schädigen
Krankheitserreger: Potentiell krank machender parasitischer Mikroorganismus
Kryogentank: Wärmeisolierter Transportbehälter für sehr tiefe Temperaturen
Larve: An die Embryonalentwicklung anschließendes Entwicklungsstadium verschiedener Tiergruppen, auf das bei manchen Insekten das Puppenstadium folgt
Läsion: Durch Krankheit oder Verwundung geschädigter Gewebebereich
Lymphgefäßsystem: Dränagesystem, das aus den Blutkapillaren ins Gewebe übergetretene Flüssigkeit (Lymphe) aufnimmt. In die Lymphbahnen sind Lymphknoten als Filter eingelagert
Lysosomen: Zellorganellen, die Enzyme enthalten und dem Abbau von Fremdkörpern und anderen Stoffen dienen
Mikroben (Mikroorganismen): Mit bloßem Auge nicht wahrnehmbare Lebewesen
Molekül: Aus zwei oder mehreren miteinander verbundenen Atomen bestehende kleinste Einheit einer Substanz, die noch alle Substanzeigenschaften besitzt
Mutation: Gestalt- oder Verhaltensänderung, die auf einer im Vergleich zur vorhergehenden Generation veränderten DNA beruht
Nukleinsäuren: DNA und RNA
Nymphe: Der Adultform vorangehendes und ihr stark ähnelndes Entwicklungsstadium mancher Insekten und Spinnentiere
Parasit: Organismus, der bei einem anderen Nahrung oder Unterschlupf findet und den Wirt meist organisch oder funktionell schädigt
Parthenogenese: Fortpflanzung durch Entwicklung eines neuen Individuums aus einer unbefruchteten Eizelle
Photosynthese: Aufbau von Kohlenhydraten (Energie) aus Wasser und Kohlendioxid mit Hilfe von Lichtenergie
Plaque: Flache oder erhabene Gewebsschädigung oder (etwa auf den Zähnen) Auflagerungen von Bakterien
Plasma: Hellgelbe Flüssigkeit, in der sich Blutzellen befinden. Plasma besteht u. a. aus Salzen, Proteinen, Spurenelementen.
Protein: Biochemische Verbindung aus Wasserstoff, Kohlenstoff, Sauerstoff und Stickstoff, zudem manchmal Schwefel und Phosphor. Proteine bilden das Grundmaterial des Körpergewebes und steuern als Enzyme und Hormone die Körperfunktionen.
Protozoen: Mikroskopisch kleine einzellige Tiere
Puppe: Entwicklungsstadium verschiedener Insekten, in dem, oft in einem Kokon, der Umbau von der Larve zur Adultform stattfindet
RNA (Ribonukleinsäure): Steuert die Proteinsynthese und enthält bei manchen Viren die genetische Information.

Schilddrüse: Endokrine Drüse, deren Hormone für Individualentwicklung und Stoffwechsel unverzichtbar sind
Stamm (Phylum): Systematische Kategorie innerhalb des Tierreichs. So enthält z. B. der Stamm der Arthropoden die Klassen Insekten, Krebstiere, Spinnentiere u. a.
Symbiose: Beziehung artverschiedener Organismen zum gegenseitigen Nutzen
Toxämie: Von Bakterien verursachte „Blutvergiftung"
Toxin: Von einem Lebewesen produziertes Gift
Trematoden (Saugwürmer): Zu den Plattwürmern gehörende parasitische Klasse. Trematoden können sich in Leber, Darm oder Lunge festsetzen und eine Reihe von Krankheiten verursachen.
Tumor: Abnorme Schwellung von Körpergewebe, das gutartig oder bösartig (Krebs) sein kann
Ultraviolett: Elektromagnetische Strahlung, die eine etwas kürzere Wellenlänge als sichtbares Licht hat
Virus: Winziges Partikel, das aus genetischem Material und einer Proteinumhüllung besteht und sich nur innerhalb einer lebenden Zelle reproduzieren kann. Viele Viren sind harmlos, manche verursachen leichte Erkrankungen, andere können hochinfektiöse, oftmals tödliche Krankheiten bei Pflanzen, Tieren und Menschen auslösen.
Vitamine: Für bestimmte Lebensfunktionen unentbehrliche, fett- oder wasserlösliche Verbindungen
Wirbel: Drehende Bewegungen von Strömungsteilchen in Flüssigkeiten oder Gasen, etwa in Whirlpools, Tornados, Strudeln
Zellkern: Zellkompartiment, das DNA und RNA enthält und von zwei Membranen begrenzt wird
Zyste: Kapselartiges Gebilde

REGISTER

Seitenzahlen in *Kursivschrift* weisen auf Abbildungen hin.

Aerobe Bakterien 58–59
AIDS, *76*, 77, *80*
Akne 13
Allergien 106, 123–124, 126, 127
Altern 28, 154
Alveolen 48
Amblyomma 21
Amboß (Incus) 39
Ameisen 99, 112–116, 144
Anaerobe Bakterien 58–59, 168
Androgene 161
Angell, Marcia 151
Anobium punctatum 130, 131
Anopheles gambiae siehe Moskitos
Antibiotika 64–68
Antigene 53–54, 80
Antikörper 54
Apokrine Drüsen 13
Archaea 172–173
Archaeoglobulus fulgidas 165
Arion-Bläuling 115–116
Arzneimittelresistenz 64–68
Aspergillus repens 127
Asthma 126, 127
Atmung 46–48
Augen 29–32, *111*
Autoimmunerkrankungen 151
Avilamycin 68
Avoparcin 68

Bacillus 66
Bakterien
 aerobe 58–59
 anaerobe 58–59, 168
 Darm- 55–59
 Erzlaugung 167–170
 Evolution 59–61, 165–167
 Fuß- 14–15
 Haut- 17–18
 Joghurt- *135,* 136
 Krankheitserreger *52–53, 58,* 59, 63–75, 76–77
 Mund- 47
 Systematik 172–173
 unterirdische 163–166
 Verschmutzungen anzeigende 171
Bandwürmer 7, 63, 91, *91–93,* 95
Bärte 159, *160–161*
Bärtierchen 94, 101–102
Bettwanzen 126, *127,* 128
Beulenpest 71–74
Biber 117
Bienen 99, 105–109, 118, 140
Bilharziose 88–89
Billing, Jennifer 132
Biologische Kriegsführung 71, 171
Blattläuse 114–115
Blattschneiderbiene 99, 109
Blut 48–55
Blutgefäße 11–13, 48
Blutgerinnung 50–51, *50*
Blutplättchen 50–51
Bodanis, David 30

Borrelia vincentii 47
Botulismus 69–71, 154
Brustimplantate *150,* 151–155
Bücherläuse 128, 130–131
Bücherwürmer *130,* 131
Buckelfliegen 144

Cajalzellen 145
Caraphractus cinctus 111
Carson, Dennis 75
Carvon (R-, S-) 45
Cheyletus 125–126
Çiftçiglu, Neva 75
Cilien *43*
Clostridium 58, 59, 68–70
Cochlea (Innenohrschnecke) 39
Cocktailpartyeffekt 41
Conicera tibialis 144
Corynebakterien 14–15

Darm 55–59, 93, 145
De Jong, Ruurd 14–15
Dendriten 156
Dermatophagoides pteronyssinus siehe Hausstaubmilbe
Dermatophyten siehe Hautpilze
Dermoidzyste 26
Desoxyribonukleinsäure (DNA) 77
Desulphovibrio 168
Diatomeen 146–147
Dixon, Bernhard 15
DNA (Desoxyribonukleinsäure) 77
Donne, John 7–8
Dornwarzen (Verruca) 16–17, 25
Douglas, Trevor 84
Draschia-Würmer 98–99
Dylan, Bob 158

Eier (Salmonellen) 137–138
Eiter 52
Ekkrine Drüsen *12,* 13
Ellington, Charles 142–143
EMRSA siehe epidemischer Methicillin-resistenter *Staphylococcus aureus*
Entamoeba gingivalis 47
Enterokokken 66–68
Enzephalitis 83
Ephippium 105
Epidemischer Methicillin-resistenter *Staphylococcus aureus* (EMRSA) 66
Erkältung 63, 81–83
Erzlaugung, bakterielle 167–170
Escherichia coli 57, 58–59
Eustachische Röhre 38
Evolution 59–61, 165–167
Extraterrestrisches Leben 165–167

Fadenwürmer 90
Fakultative Aerobier 58–59
Falten 154
Farbige 26–28
Faulds, Henry 24

Fibrin 51, 64
Filarien 90
Filzläuse 6–7, 18
Fingerabdrücke 24
Fliegen 98–101, 138–144
Flöhe 8, 19, *20,* 73–74, 95–96, *122,* 123
Flug (Insekten) 140–143
Formica fusca 113
Fortpflanzung 104–105, 107–108, 110–112, 126, 128
Frank, Norman 139
Füße 14–17
Fußpilz *16,* 17, 21

Gametozyten 86–87
Gehirn
 Hören 39, *39,* 41
 Geruchssinn *44*
 Wasser im 155–158
Geruchssinn 42–45, 117
Geschmack 47–48
Gesicht 26–32
Gespaltene Haarspitzen 33–34
Giftstoffe 68–71, 97–98
Glühwürmchen *170*
Gold, Tom 166, 167
Gould, Stephen Jay 60
Granulozyten 51–52
Greatbatch, Wilson 149
Grubel, Peter 143–144
Grüner Leguan 139

Haarbalgmilben (Demodex) 32, 33, 95–96
Haare 9, 13, 32–35, 158–163
Habronema-Würmer 98–99
Hakenwürmer 90
Hämagglutinin 80–81
Hammer (Malleus) 39
Hämoglobin 50
Hände 22–25
Hausstaub 10, *120–121, 122*–124
Hausstaubmilben 122, 124–126, *125,* 127
Haustiere 95–101, 116–117, 118–119
Haut 10–13
 Bakterienkolonien 17–18
 Hautfarbe 26–28
 Hausstaub *120–121,* 122
 Pilzinfektionen *16,* 17, 21, 22, 23
Hautkrebs 28
Hautpilze *16,* 17, 21, *22,* 23
Henry, Edward 24
Herschel, William 24
Herzschrittmacher *148,* 149
Heuschnupfen 123–124
HIV siehe Humanes Immunschwächevirus
Hoover, J. Edgar 24
Hören 38–41
HPV siehe Human-Papillom-Virus
Hühner 68, 137–138
Humanes Immunschwächevirus (HIV) *76*, 77, *80*
Human-Papillom-Virus (HPV) 16–17, 23, 25
Hunde 95–96, 116–118
Hussein, Saddam 71
Hyatiden 93

Hydrozephalus 155–158
Hypnozoiten 87

Immunsystem 8, 43, 51–55, 64
Impfstoffe 80–81
Implantierter Defibrillator 149
Incus (Amboß) 39
Indische Küche 132
Influenza 77–81
Innenohrschnecke (Cochlea) 39
Intelligenz (Tiere) 116–119
Intestinale Toxämie 56
Iris 31–32
Ixodes 21

Jackson, Michael 154
Joghurt 134–136

Kajander, Olavi 75
Kapillaren 48
Käse 14–15, 131–133, *134*
Käsemilben 132–133, *134*
Katzen 95–96, 116–119
Keratin *9,* 10, 26, 122
Kernwaffen 169–170
Kleiderlaus 18
Kleinhirn (Cerebellum) 157
Kluger Hans 119
Knochenmark 49–51
Knols, Bart 14–15
Koagulase 64
Komplexauge *111,* 123
Kopf 26–35, 37–38
Körpergeruch 13, 17–18, 43
Körpergleichgewicht *36–37,* 37
Körperhaare *160,* 160
Körperöffnungen 37–38
Körpertemperatur 11–13
Koryni siehe Corynebakterien
Küchen 136–138

Laktobazillen *135,* 136
Lane, Arbuthnot 56
Läuse *6–7,* 8, 18
Lederhaut 10–11, 13
Legeröhre 106, 110
Lepisma saccharina siehe Silberfischchen
Lernen 118–119
Lidschlag 32
Lincoln, Abraham 14
Lorber, John 155–158
Lügendetektor 30
Lunge 48
Lungenentzündung 65
Lungenpest 74
Luther, Martin 161
Lymphozyten *49,* 51, 53–55
Lysosomen 53

Madenwürmer 90
Maeterlinck, Maurice 108
Malaria 85–88
Mars 167
Medinawurm 90
Medium 30
Megaselia scalaris siehe Buckelfliegen
Melanin 10, 27–28

Merozoiten 86–87
Methicillin-resistenter *Staphylococcus aureus* (MRSA) 66
Microsporum canis 22
Milben 108
    Käse- 132–133, *134*
    Cheyletus 125–126
    Haarbalgmilbe *(Demodex)* 32, *33*, 95–96
    Hausstaubmilbe 122, 124–125, 127
Milchsäure 134–136
Mitochondrien 60, *61*
Monozyten 51, 52
Moskitos 14–15, 86–87
MRSA siehe Methicillin-resistenter *Staphylococcus aureus*
Mund 37–38, 47
Musca domestica 141
Myrmica sabuleti 115–116

Nabel 38
Nägel 25–26, 34
Nahrungsmittelvergiftung 59, 64, 69–71, 137–138
Nanobakterien 75
Nase 37, 42–45, 47
Netzhaut 31
Neuraminidase 80
Neuronen *40*, 156
Neutrophile 51–52
Nierensteine 75
Niesen 46, 47

Oberhaut (Epidermis) 10, *11*, 27
Obligatorische Aerobier 58
Ohren *36–37*, 37–41
Ohrmuschel 40
Ölbeseitigung 168
Östradiol 153
Östron 153
Ovales Fenster 39

Pain, Nesta 114
Parthenogenese 104–105
Pasteur, Louis 56
Pediculus humanus corporis 18
Peitschenwürmer 90
Penicillin 66, *133*

Pferde 98–101, 116–119
Pferdemagenbremsen 99–101
Pfungst, Professor 119
Phagozyten 51–53
Pheromone 43
Phthirus pubis siehe Filzläuse
Pietsch, Paul 157–158
Pilze
    Fußpilz *16*, 17, 21
    Penicillin 66, *133*
    Pilzflechte 21, *22*, 23
Pityrosporum ovale 33
Plasma 51
Plasmide 66
Plasmodium 85–88
Plutonium 169–170
Pollen 123–124
Polyembryonie 111
Pompiliden 111–112
Porton Down 171
Proteus vulgaris 65
Pseudomonas aeruginosa 53
Pulex irritans siehe Flöhe
Purkinje, Jan 24

Radetsky, Peter 78–79
Ramel, Gordon 144
Ratten 73–74, 119
Räude 32, 96
Reptilien 139
Retroviren *76*, 77
Rhinoviren 76, 81–83, *82*
Rhipicephalus sanguineas 97
Rhyssa persuasoria 109–110
Ribonukleinsäure siehe RNA
Ricketts, Howard Taylor 21
Rickettsien 21
RNA (Ribonukleinsäure) 77
Roja, Francisca 24
Rote Blutkörperchen 48–50, *49*

Salmonella enteridis 136–139
Salmonellen 136–139
Sauerstoff 60
Schamläuse siehe Filzläuse
Schildkröten 139
Schistosomiasis 88–89
Schizonten 86–87, *87*
Schlafzimmer 124–126

Schleim 46, 82–83
Schmetterlinge 115–116
Schnecken 88–89
Schnurrbärte 159
Schönheitschirurgie *150*, 151–155
Schuppen 32–33, 35
Schwarzer Tod 71–74
Schwefel 167, 168
Schweine 68, 81
Schwitzen 11–13
Seborrhöisches Ekzem 33
Seki, Kunihiro 102
Sherman, Paul 132
Sherrington, Charles 29, 31
Sialinsäuren 47
Silberfischchen 128–130
Simocephalus vetulus 104
Sinneswahrnehmungen
    siehe auch Augen
    Hören 38–41
    Riechen 42–45, 117
    Schmecken 47–48
Sommerwunden 98–99
Sonnenbad 28
Soorpilze 136
Speichel 47
Spinnen 112
Sporozoiten 86–87
Stachel 105–106, *107*
Stapes (Steigbügel) 39
Staphylococcus aureus 52, 59, 62–63, 64–66
Starr, Isaac 79
Steigbügel (Stapes) 39
Steinbeck, John 18
Superkeim 64–68
Swift, Jonathan 19
Synercid 68
Systematik 172–173

Talg 13, 32–33
Tardigraden siehe Bärtierchen
Teppiche 122–124
Tetanus 69
Thermophila acidophilum 168
Thermoproteus tenax 173
Thiobacillus 166, 167, 169–170
Thomas, Lewis 60
Tinea pedis siehe Fußpilz

Toxine 68–71, 97–98
Trichine 90
Trichinella spiralis siehe Trichine
Trichophyta 21
Trichophyton interdigitale 16
Trommelfell 38, 41
Turin, Luca 45
Typhus 18, 21

Ultraviolette Strahlung 28
Umbilicus (Nabel) 38
Umgebungsgeräusche 41
Umweltverschmutzung 168, 171
Uran 167, 169–170
Urocerus gigas 110

Vancomycin 66–68
Varma jacobsoni 108
Verbrechensaufklärung 24
Verdauungstrakt 55–59, 145
Viren 76–84
Vucetich, Juan 24

Wachstumsförderungsmittel 68
Warzen 16–17, 23, 25
Waschen 17–18
Wasser im Gehirn 155–158
Wasserflöhe 90, 104–105
Wasserläufer 103
Wegener, Henrik 67–68
Weiße Blutkörperchen 51–55, *52*
Wellenzahl 45
Wespen 106–107, 109–112
Wheatley, Dennis 37–38
White, T. H. 99
Wilsson, L. 117
Wirbel 142–143
Woese, Carl 172

Xenopsylla cheopis 73–74

Yersinia pestis siehe Schwarzer Tod
Young, Mark 84

Zähne 47
Zecken 19–20, 96–98
Zerebrospinalflüssigkeit 155–156
Ziracin 68
Zysten 26, 93

Dank

Standardwerke, die Fundgrube World Wide Web, die allwöchentlich neue Wunderwelt im *New Scientist* und folgende Autoren haben viel zum Entstehen des Buches beigetragen: David Bodanis *(The Secret Family)*, John Carey (Herausgeber von *The Faber Book of Science*) und Peter Radetsky *(The Invisible Invaders).*

    Dank schulde ich auch Sally Harper, Brian Burns und Samantha Nunn von Amber Books, die meine ständigen Wünsche mit unerschöpflicher Geduld ertragen und meist auch erfüllt haben, sowie Lesley Riley, die sich wieder einmal meines Stils angenommen und die Lesbarkeit des Buchs entscheidend verbessert hat.

Bildnachweis

Science Photo Library: Dr. Tony Brain 2–3, 49, 70, 73, 160, (David Parker) 130, Eye of Science 6–7, 20, 34, 55, 67, 72, 80, 85, 108, 125, 145, CNRI 9, 15, 53, 61, 91, 156, (E. Gueho) 22, (Secchi-Lecaque/Roussel-UCLAF) 54, Quest 11, Custom Medical Stock Photo 69 (Richard Wehr) 12, (M. Marshall) 150.

Biophoto Associates 16, Dr. Linda Stannard, UCT 23, Dr. Jeremy Burgess 24, 35, 42, 94–95, 106, 111, 133, 134, Andrew Syred 25, 33, 107, 113, 135 unten, 159, John Burbridge 27, 29, BSIP (Collet) 29, (Vern) 43, 148, (Ducloux) 44, (Dr. Amar) 50, Martin Dohrn 30, Professoren P.M. Motta/Dept. of Anatomy/University „La Sapienza", Rom 39, 40, 45, (A. Caggiati) 36, Matt Meadows, Peter Arnold Inc. 46, Jürgen Berger, Max-Planck-Institut 52, 62–63, Scott Camazine 75, (Sharon Bilotta-Best) 57, Dr. Karl Lounatmaa 58, 78, 135 oben, Lee D. Simon 65, Petit Format/Institut Pasteur Charles Dauquet 76, Dr. Gopal Murti 82, 87, A. B. Dowsett 83, 137, Manfred Kage 89, 129, Sinclair Stammers 90, K. H. Kjeldson 97, 122, Claude Nuridsany & Maria Perennou 103, 110, 115, 141, 142, 143, Michael Abbey 104, George Bernard 116, Gene Cox 117, Cath Wadforth/Dept. of Zoology/University of Hull 118, David Scharf 120–121, 123, 127, Jan Hinsch 146–147, Sidney Moulds 153 unten, Alfred Pasieka 153 unten, 157, 165, Dr. Morley Read 162, Michael Abbey 166, Prof. Jim Watson/University of Southampton 168, U. S. Dept. of Energy 169, Steve Percival 170, Wolfgang Baumeister 173.

Oxford Scientific Films: Avril Ramage 100.